월호 스님의
화엄경 약찬게 강설

월호 스님의

# 화엄경
# 약찬게
# 강설

조계종
출판사

# 꽃이 먼저, 잎이 나중!

어떤 분이 물었습니다.

"이 스님에게 가면 『금강경』이 최고라 하고, 저 스님에게 가면 『천수경』을 지송하라고 하고, 또 다른 스님에게 가면 『법화경』 사경이 제일이라 하는데, 모두 다 할 수도 없고, 그중 한 가지만 하려면 도대체무얼 해야 합니까?"

사실 이런 경우가 적지 않습니다. 불교는 마치 큰 바다와 같아서모든 강물을 가리지 않고 수용하고 있기 때문에, 파악하기가 쉽지 않습니다. 그래서 자칫하면 장님이 코끼리 만지듯이, 제 깜냥대로 이해해 버리게 됩니다. 숲을 보지 못하고 나무만 보는 우愚를 범하는 것이지요.

예컨대, 『천수경』이 비타민A라고 한다면, 『금강경』은 비타민C, 『법화경』은 비타민D라고 할 수 있습니다. 각각의 분야에서 쓸모가 있는 것이지요. 『천수경』은 관세음보살의 마음과 하나되는 가르침, 『금강경』은 아상我相을 없애는 가르침, 『법화경』은 누구나 부처가 될 수 있다는 가르침에 초점을 맞추고 있습니다. 그러므로 자신의 입장과 상황을 잘 생각해서 그에 맞는 가르침을 선택해 꾸준히 공부하고 실천하면 되는 것입니다.

하지만 굳이 하나만 선택하라고 한다면, 필자는 단연코 『화엄경』을 권합니다. 『화엄경』이야말로 종합비타민 같은 경전이기 때문입니다. 『화엄경』의 엑기스라 할 수 있는 용수 보살의 「화엄경 약찬게」만 놓고 보더라도, 삼신불三身佛부터 시작해서 문수, 보현, 관음, 미륵보살은 물론 수많은 보살과 성문, 그리고 39위位 신중에 이르기까지 사부대중을 모두 포괄하고 있습니다. 또한 선재 동자가 만난 선지식들 중에는 비구, 비구니는 물론 심지어 포악하기 이를 데 없는 무염족왕 내지는 사창가 여인인 바수밀다와 이교도까지 포함되어 있습니다. 이세상에 선지식 아닌 사람이 없고, 중요하지 않은 존재가 없다고 하는 것이지요.

이 세상에 필요 없는 존재는 없습니다. 모두가 필요하기 때문에 존재하는 것입니다. 그러므로 지금 이 모습 그대로를 인정하고, 서로 사랑하면서 스스로에게 충실한 삶을 살면 그뿐입니다.

이 땅에서 불교가 찬란한 문화를 꽃피울 수 있었던 것도 화엄 사상 덕입니다. 삼국 시대 신라의 원효, 의상, 자장 스님이나 고려 시대 균여 스님 같은 위대한 스님들도 모두 화엄종사華嚴宗師였습니다. 신라가 삼국통일을 이루게 된 원동력 또한 화엄 사상이라고 말할 수 있습니다. 화엄 사상이 지극히 현실 긍정적인 가르침을 담고 있었기 때문입니다.

　『금강경』에서는 "만약에 몸뚱이로 나를 보려 하거나 음성으로 나를 구한다면, 그는 잘못된 길을 가는 것이다. 여래를 볼 수 없으리라."라고 말합니다. 말하자면, 눈앞의 현실을 벗어나는 색즉시공色即是空의 도리를 강조한 것입니다. 하지만 『화엄경』에서는 "몸뚱이는 부처가 아니고 음성 또한 그러하지만, 몸뚱이와 음성을 떠나서 부처의 신통력을 볼 수 있는 것도 아니라네."라고 설합니다. 눈앞의 현실에 입각한 공즉시색空即是色의 도리를 강조한 것이지요. 애착이 많은 사람으로 하여금 애착을 놓도록 하는 것이 『금강경』이라면, 낙담과 절망에 떨어져 있는 이에게 희망을 주어 열심히 살도록 해 주는 것이 『화엄경』입니다. 칼로 비유하자면, 『금강경』은 사람을 죽이는 칼인 살인도殺人刀요, 『화엄경』은 사람을 살리는 칼인 활인검活人劍이라는 것이지요. 『금강경』은 아상我相을 죽여 주고, 『화엄경』은 개성個性을 살려 줍니다. 그래서 화엄이 살아야 이 땅에 불교가 생동하고 세상이 아름다워지는 것입니다.

　현대는 개성의 시대입니다. 각자 저마다의 개성을 살리되 서로 존중하고 융화해서 살아갈 필요가 있습니다. 이것이 바로 잡화엄雜華嚴의 세계입니다. 화엄경의 본래 이름은 『잡화엄경』입니다. 갖가지 꽃으로 장엄된 경전이라는 의미지요. 부처님 꽃은 무슨 꽃일까요? 연꽃일까요? 아니면 장미? 백합? 들국화일까요? 『화엄경』에서는 말합니다. 갖가지 꽃, 모든 꽃이 부처님 꽃이라고. 장미는 장미대로, 들국화는 들국화대로 저마다의 멋과 향이 있습니다. 들국화는 장미꽃을 부러워하지 않으며, 장미는 들국화를 능멸하지 않습니다. 다만 저마다의 멋과 향을 한껏 피울 뿐입니다.

　모든 생명은 이미 불성佛性을 지니고 있습니다. 이것은 수행을 통해서 얻어지는 것도 아니고, 깨닫지 못한다고 해서 사라지는 것도 아닙니다. 이렇게 여여부동如如不動한 성품을 바라보는 경지에서 한 걸음 더 나아가 성품이 몸과 마음을 돌이켜보는 차원에 들어설 때, 각각이 가진 성품 그대로가 불성이라고 하는 화엄의 가르침에 대면하게 되는 것입니다.

　『화엄경』에서는 '꽃깨달음이 먼저, 잎수행이 나중'이라는 도리를 설합니다. 꽃 중의 꽃은 웃음꽃입니다. 웃다 보면 웃을 일이 생길까요? 웃을 일이 생겨야만 웃어야 할까요? 웃을 일이 생겨서 웃는 것은 누구나 할 수 있습니다. 하지만 먼저 웃음으로써 웃을 일이 생기게 만드는 것은 화엄의 이치를 터득한 이만 할 수 있는 것입니다.

　"우하하하! 웃자, 웃을 일이 생긴다."


불기 2560년 와룡산 행불선원에서
행불사문 월호 화남

# 차
# 례

제1부

부처님 꽃으로
장엄한 경전

# 제1장

대 방 광 불 화 엄 경
## 大方廣佛華嚴經

용 수 보 살 약 찬 게
## 龍樹菩薩略纂偈

크고 반듯하고 광대한 부처님 꽃으로 장엄한 경전

용수 보살이 간략히 편찬한 게송

『화엄경』을 대승경전의 꽃이라고 합니다. 부처님이 가장 먼저 설하신 경전이며, 모든 불교 사상을 담고 있는 방대한 경전이기도 합니다. 그래서 『화엄경』이라고 하면 어렵다는 선입견을 갖기 쉽습니다. 그러나 「화엄경 약찬게」를 차근차근 공부하다 보면 『화엄경』에 담긴 뜻을 환희롭게 이해할 수 있을 겁니다.

「화엄경 약찬게」는 세 종류의 『화엄경』 중 실차난타가 번역한 80권본 『화엄경』을 용수 보살이 골수만을 골라 108행의 게송으로 간략히 줄여 놓은 겁니다. 『화엄경』 전체를 읽기는 어렵습니다. 『화엄경』을 간략히 줄여 놓은 「약찬게」 108행을 하나하나 읽고 공부하다 보면 『화엄경』 일체의 내용을 한눈에 본 것과 같은 효과가 있습니다.

"대방광불화엄경 용수보살약찬게"는 제목입니다. 「화엄경 약찬게」는 제목까지 110행이고 이 제목을 빼면 108행이 됩니다. 『화엄경』은 매우 방대한 경전인데 그것을 108행으로 압축하였다는 것은 대단한 일입니다.

현존하는 한문본 『화엄경』은 세 종류가 있습니다. 첫 번째가 진본晉本 『화엄경』60권입니다. 동진東晉 때 불타발타라가 번역하였으며 7처 8회 34품으로 구성되어 있습니다. 두 번째 당본唐本 『화엄경』80권은 대주大周 때 실차난타가 번역한 것으로 7처 9회 39품으로 구성되어 있습니다. 세 번째 정원본貞元本 『화엄경』40권은 반야般若가 번역하였으며 「입부사의해탈경계보현행원품入不思議解脫境界普賢行願品」입법계품 1품으로 구성되어 있습니다.

대 방 광 불 화 엄 경
# 大方廣佛華嚴經

'대'는 크다, '방'은 반듯하다는 뜻입니다. 학교에서 주는 상장을 받아 보면 '위의 학생은 품행이 방정하여……'라는 글귀가 있습니다. "대방광불화엄경"의 '방'은 그 글귀에 쓰인 것처럼 '품행이 방정하다.'는 뜻입니다. 방정맞다는 말과는 다릅니다. '광'은 광대하다는 뜻입니다. 그러므로 '대방광'은 크고 반듯하고 광대하다는 뜻이 됩니다. 무엇이 크고 반듯하고 광대한가? 불화佛華, 부처님의 꽃이 그렇다는 겁니다. 대, 방, 광, 세 글자가 모두 '불화'를 수식합니다. 그래서 엄밀하게 따지면 '대방광불 화엄경'이라고 읽지 않고 '대방광 불화엄경'이라고 읽어야 합니다.

제목을 다시 정리하면 '크고 반듯하고 광대한 부처님의 꽃으로 장엄한 경전'이라고 할 수 있습니다. 동양적 세계관에서는 체상용體相用의 구성 원리로 사물을 설명하기도 합니다. 대는 체體, 방은 상相, 광은 용用을 의미합니다. 본체가 크고 모양은 반듯하며 쓰임새는 광대하다는 뜻입니다. 그와 같은 부처님의 꽃으로 장엄한 경전이라는 겁니다. 장엄했다는 것은 꾸몄다는 말입니다.

그런데 불화, 부처님의 꽃은 무슨 꽃인가? 이게 매우 중요합니다. '들국화는 장미꽃을 부러워하지 않는다.'는 말이 있습니다. 그러나 요즘 세태를 보면 장미를 부러워하듯 성형을 많이 합니다. 들국화가 장미를 닮으려고 난리입니다. 들국화는 들국화 나름의 멋과 맛이 있지만, 굳이 장미꽃 닮으려다가 자기의 고유한 향기조차 피우지 못하게 되는 겁니다. 우리가 어떻게 사는 게 잘 사는 것인가? 생긴 대로 사는 게 가장 잘 사는 겁니다. 억지로 남을 닮아 가려다 보면 자기의 개성조차 말살되고 맙니다.

『화엄경』에서는 '모든 꽃이 부처님의 꽃이다.'라고 말합니다. 부처님 꽃이 아닌 게 없습니다. 여러분이 이 세상에 태어난 것은 이 세상이 여러분을 간절히 원했기 때문입니다. 이 세상에 쓸모없는 사람은 없습니다. 쓸모가 있기 때문에 태어난 겁니다. 자기의 쓸모에 알맞게 쓰이면 완전 연소이고 그렇지 못하면 불완전 연소입니다.

그래서 '대방광불화엄경'이란 제목만으로도 큰 의미가 있습니다. 부처님 꽃은 한 가지 꽃이 아닙니다. 사계절 내내 가는 곳마다 장미만 피어 있다면 어떻겠습니까? 아무리 장미를 좋아하는 사람이라도 저 장미꽃 좀 치우라고 할 겁니다. 봄에는 온갖 봄꽃이 피어납니다. 그 꽃 중에는 큰 꽃도 있고 작은 꽃도 있으며, 붉은 꽃도 있고 노란 꽃도 있습니다. 여름은 여름대로 가을은 가을대로 온갖 꽃이 장엄합니다. 또 한겨울과 같이 꽃이 피지 않을 때도 있습니다. 때문에 봄만 되면 사람들이 꽃을 찾아 나들이를 다니는 겁니다. 겨울에도 꽃이 피어 있다면 굳이 꽃구경 하겠다고 나들이를 다니겠습니까? 세상은 이렇듯 때론 없기도 하고, 또 있는 것도 한 가지만 있는 게 아니라 다양하게 존재하는 것이 좋습니다. 심지어 드라마나 영화 속 악역도 필요해서 존재합니다. 악역이 있어야 재미가 있습니다. 시나리오의 극적인 전개를 위해 멀쩡한 사람에게 악역을 시키기도 합니다. 약초와 독초의 경계도 없습니다. 약초도 진하게 먹으면 독초가 되고 독초도 알맞게 먹으면 약초가 됩니다.

『화엄경』「입법계품」은 선재 동자의 구도 여정을 담고 있습니다. 선재 동자는 구도자로서 진리를 구하러 선지식을 찾아다닙니다. 선지식은 요즘 말로 하면 멘토mentor라 할 수 있습니다. 어느 날 선재 동자가 문수보살을 찾아뵙고 가르침을 청하니 문수보살이 말씀하십니다.

"이 산에서 약이 아닌 풀을 찾아오너라."

이에 선재 동자는 한참을 돌아다닌 후 말합니다.

"이 산중에는 약이 아닌 풀이 없습니다."

다시 문수보살이 말합니다.

"그래, 그럼 약이 되는 풀을 찾아오너라."

그러자 선재 동자는 자기 발밑에 있던 잡초를 쑥 뽑아 "여기 있습니다." 하며 바칩니다. 약이 아닌 풀은 이 세상에 없다는 뜻입니다.

이게 바로 화엄 사상입니다. 부처님 꽃 아닌 꽃은 없다는 겁니다. 우리는 부처를 찾으려고 하지만, 사실은 부처님 아닌 게 없습니다. 화엄은 절대 긍정의 사상을 말해 주고 있습니다. 이게 바로 『대방광불화엄경』의 정신입니다.

다시 한 번 정리하면 '대'는 마음의 본체가 밝고 무변함을, '방'은 정법의 반듯함이 스스로 갖추어져 있음을, '광'은 진리에 들어맞는 작용의 광대함을, '불'은 대방광의 심오한 진리를 깨달은 부처님을, '화'는 꽃과 같이 아름다운 보살의 바라밀행을, '엄'은 정법의 장엄으로 사람이 원만함을 이루는 것을, '경'은 중생을 구제하는 진리가 마르지 않는 샘물처럼 솟는 것을 말합니다.

# 龍樹菩薩略纂偈

"용수보살약찬게"는 용수龍樹 보살이 간략하게 찬술한 게송이라는 뜻입니다.

용수 보살은 인도 사람으로 본래 이름은 '나가르주나Nāgārjuna'입니다. 보살은 범어 '보디사트바bodhisattva'를 음사한 보리살타菩提薩埵의 준말입니다. 보살은 상구보리 하화중생上求菩提 下化衆生, 즉 위로는 깨달음을 구하고 아래로는 중생을 구제하는 것을 목적으로 합니다. 그런데 위로 깨달음을 구하는 것도, 아래로 중생을 구제하는 것도 부처님의 가르침에 의해서만 가능합니다. 때문에 진정한 보살은 대부분 논사입니다. 부처님의 가르침을 그 시대의 용어로 잘 정리해 놓은 분이 진정한 보살이라고 할 수 있습니다. 용수 보살은 『중론』을 지었고, 마명 보살은 『대승기신론』을 지었습니다. 또 세친 보살은 『구사론』을 지었습니다. 모두 당대 최고의 보살로 일컬어지는 분들입니다.

용수 보살은 대승 최고의 논사로 추앙되는 분입니다. 특히 공空 사상에 대해서 잘 정리하였으며, 『화엄경』「십지품」의 주석서인 『십주비바사론』과 화엄의 유심 사상을 논하는 『십이문론』을 쓴 대단한 분입니다.

일설에 의하면 용수 보살이 용궁에서 『화엄경』을 가져왔다고 합니다. 『화엄경』은 본래 굉장히 방대한 경전인데 이것을 110행으로 정리한 분이 바로 용수 보살입니다. 우리는 용수 보살이 정리한 게송만 잘 읽어도 『화엄경』의 핵심 사상을 그대로 파악할 수 있습니다.

그러므로 "대방광불화엄경 용수보살약찬게"라는 제목은 크고 반듯하고 광대한 부처님의 꽃으로 장엄한 경전을 용수 보살이 간략히 편찬한 게송이라고 정리할 수 있습니다.

제2부

삼신불께
귀의합니다

## 제1장

나 무 화 장 세 계 해
南無華藏世界海

비 로 자 나 진 법 신
毘盧遮那眞法身

현 재 설 법 노 사 나
現在說法盧舍那

석 가 모 니 제 여 래
釋迦牟尼諸如來

화장세계 바다의

비로자나 진법신

현재 법을 설하시는 노사나 부처님

석가모니 부처님과 모든 여래께 귀의합니다.

『화엄경』은 대승경전 중에서도 최고봉이라 일컫는다고 했습니다. 특히 대승불교를 지향하는 우리의 경우라면 대승경전 중에서도 최고봉인 『화엄경』을 반드시 봐야 합니다. 『금강경』은 많이 보고, 『법화경』도 많이 사경하는 것에 비해 『화엄경』 공부는 상대적으로 소홀한 편입니다.

삼국 시대부터 통일신라, 그리고 고려 시대까지 우리나라 불교의 핵심 사상은 '화엄'이었습니다. 의상, 원효, 균여 대사 등이 모두 화엄 사상의 대가였습니다. 우리나라에서 화엄 불교가 융성했을 때는 한국 불교에 생동감이 넘쳤습니다. 화엄 사상이 굉장히 현실 긍정적인 가르침을 담고 있기 때문입니다. 『금강경』은 아상我相을 파하는 가르침을 담고 있습니다. 아상을 죽입니다. 반면 『화엄경』은 개성을 살리는 가르침을 담고 있습니다. 때문에 저는 화엄 사상이 살아나야 한국불교가 살아난다고 확신하고 있습니다.

나 무 화 장 세 계 해
## 南無華藏世界海

화장세계는 석가모니 부처님의 진신인 비로자나 부처님의 정토입니다. 화장세계의 맨 밑에는 바람이 흐르고 그 위에 향수가 흐르는 바다가 있으며, 가운데에는 큰 연못이 있고, 그 연못에는 무량 무수 무진 무궁한 세계가 있습니다. 화장세계는 가장 아름다운 모습을 수식하는 말이라고 생각하면 됩니다. 바다와 같은 우주에 꽃 화華 자, 장엄할 장藏 자, 즉 꽃으로 장엄한 세계가 화장세계입니다.

'나무'는 '귀의한다.'는 뜻입니다. 돌아가 의지한다는 말입니다. 그런데 왜 그냥 의지한다고 하지 않고 돌아가 의지한다고 했는가? 이는 사람이 죽으면 '돌아가셨다.'고 말하는 것과도 연관이 있습니다. 화장세계가 본마음인 참나 자리에서 나왔기 때문에, 그 세계가 나에게도 갖춰져 있기 때문에 돌아가 의지한다고 한 겁니다. 밖으로 의지하는 것이 아니라 본래 자리로 돌아가 의지한다는 겁니다.

비 로 자 나 진 법 신
## 毘盧遮那眞法身

비로자나 부처님은 화장세계에 계시는 부처님으로 법신불法身佛이라고도 합니다. 불교에는 삼신불三身佛 사상이 있습니다. 부처님에겐 세 가지의 몸이 있다는 겁니다. 여기서 삼신불이란 법신불, 보신불報身佛, 화신불化身佛을 말하는데, 그중 법신불은 진리를 인격화한 것으로 진리를 있는 그대로 드러낸 우주 그 자체를 말합니다. 『화엄경』에서는 이를 정확히 구분하고 있습니다.

『금강경』에 다음과 같은 구절이 있습니다.

약인색견아　若人色見我
이음성구아　以音聲求我
시인행사도　是人行邪道

불능견여래　　不能見如來

만약에 몸뚱이로 나를 보고자 하거나
음성으로 나를 구한다면
이 사람은 잘못된 길을 가는 것이니
여래를 볼 수 없으리라.


이게 바로 법신불의 세계입니다. 법신불은 일정한 형상이나 음성으로 나타날 수가 없습니다. 이 세계에는 법신불 아닌 것이 없기 때문입니다. 만약 어떤 한 가지 형상을 놓고 그것을 법신불이라 하면 나머지는 모두 법신불이 아닌 게 됩니다. 모든 꽃이 부처님 꽃이란 말과 같은 말입니다.

어떤 제자가 선사에게 물었습니다.

"스승님, 도대체 부처가 무엇입니까?"

"내가 말해 줄 수는 있지만 네가 믿지 않을까 봐 이야기해 줄 수가 없다."

"어떻게 스승님 말씀을 제가 믿지 않을 수가 있겠습니까? 말씀해 주십시오."

"알았다. 내가 말을 해 주마."

제자가 귀를 기울이며 솔깃하고 있을 때 스승이 뭐라고 그랬을까요?

"네가 부처다."

멋진 말입니다. "네가 부처다."라는 말은 온 우주에 부처 아닌 것이 없다는 말입니다. 이게 바로 이 세계에 법신불이 아닌 것이 없다는 뜻입니다.

<br>

현 재 설 법 노 사 나
## 現在說法盧舍那

노사나 부처님은 현재 설법하시고 계시는 부처님으로 보신불이라고도 합니다. 보신불은 어떤 인因, 인과에 따라 과보로 나타난 부처님, 또는 인과응보를 대답해 주시는 부처님입니다. 대표적인 보신불로는 아미타불, 노사나불, 약사불, 관세음보살 등이 있습니다. 법신불은 일정한 형상과 음성이 없기 때문에 중생을 제도하기 어렵습니다. "네가 부처다." 하면 누가 믿겠습니까. 머리로는 그런가 보다 이해하겠지만 정말 몸에 와 닿지는 않을 겁니다. 그래서 중생을 제도하기 위해서 마음으로 나투신 부처님이 보신불입니다. 『화엄경』에는 노사나 부처님이 설법을 하는 것으로 나옵니다. 그러나 이 마음의 세계도 아무나 볼 수 있는 것은 아닙니다. 심안이 열린 사람만 볼 수 있습니다. 기도하다가 관세음보살을 친견했다는 말은 많지만 누구나 다 보는 건 아닙니다. 왜 그럴까요? 심안이 열리거나 부처님의 신통력에 힘입어야 볼 수 있기 때문입니다. 그래서 육안으로도 볼 수 있는 부처님이 필요했습니다.

# 釋迦牟尼諸如來

　석가모니 부처님은 중생을 제도하기 위하여 육안으로 볼 수 있도록 나투신 부처님으로 화신불입니다. 『화엄경』은 청정법신 비로자나불, 원만보신 노사나불, 천백억 화신 석가모니불이라는 삼신불에게 귀의하는 내용으로 시작합니다. 법신불에서 보신불이 나왔고 보신불에서 또 화신불이 나와 중생을 끊임없이 제도합니다.

## 제2장

과 거 현 재 미 래 세
**過去現在未來世**

시 방 일 체 제 대 성
**十方一切諸大聖**

근 본 화 엄 전 법 륜
**根本華嚴轉法輪**

해 인 삼 매 세 력 고
**海印三昧勢力故**

과거 현재 미래 삼세에
시방에 계신 일체 성인이
화엄을 근본으로 법륜을 굴리심은
해인삼매의 세력인 연고라.

우리의 본마음은 보름달과 같습니다. 보름달은 항상 크고 밝고 둥글게 있습니다. 태양과의 위치 관계에 따라 우리 눈에 초승달로 보였다, 그믐달로 보였다, 반달로 보였다 하는 것이지 실제 달이 찌그러지거나 잘리는 게 아닙니다. 이처럼 우리의 본마음도 항상 크고 밝고 둥글다는 의미입니다. 우리가 본마음, 참마음으로 살게 되면 세상사 아무리 어려운 일, 힘든 일, 이해 못할 일이 있어도 모두 다 웃으면서 극복할 수 있습니다. 어려운 일, 힘든 일, 이해 못할 일은 모두 착각일 뿐이지 그와 같은 일은 실재하지 않기 때문입니다. 이것이 바로 대방광의 뜻이고 부처님의 꽃으로 장엄한 세계입니다. 불화는 어떤 꽃이라고 했습니까? 민들레도 아니고, 장미도 아니고, 연꽃도 아닌 잡화雜花입니다. 갖가지 꽃, 온갖 꽃, 모든 꽃이 바로 부처님 꽃입니다. 부처님 꽃 아닌 꽃이 없습니다. 그것처럼 우리도 본래 부처 아닌 사람이 없다는 의미입니다. 모두가 이 세상에 꼭 필요했기 때문에 태어났습니다. 이 세상이 필요로 하지 않는 존재는 하나도 없습니다.

과 거 현 재 미 래 세
## 過去現在未來世

시 방 일 체 제 대 성
## 十方一切諸大聖

과거, 현재, 미래를 합쳐 삼세라고 합니다. 동서남북과 그 사이에 있는 간방 네 군데, 그리고 상방, 하방을 합쳐 시방이라고 합니다. 불교에서 모든 시간을 이야기할 때는 삼세, 모든 공간을 이야기할 때는 시방으로 표현합니다. 그러므로 "과거현재미래세 시방일체제대성"은 모든 시간과 모든 공간에 계신 일체의 대성인이란 뜻입니다.

불교에서 성인聖人이라고 할 때는 아라한과를 얻은 사람을 뜻합니다. 그리고 수다원과, 사다함과, 아나함과까지 이르렀으나 아직 아라한과를 얻지 못한 이를 현인賢人이라고 합니다. 수다원과 이상에 이르러야 현인이 되고, 아라한과 이상을 얻어야 성인이 됩니다. 이 둘을 합쳐서 현성賢聖이라 합니다.

부처님은 불교의 근본 진리를 만나지 못한다면 그 누구도 성인의 지위에 이를 수 없다고 하셨습니다. 진리 중에 진리는 사성제四聖諦이고, 도 중에 도는 팔정도八正道입니다. 불교에서 나의 고통의 원인은 '나', 즉 아집 때문이라고 설명합니다. 그런데 다른 종교에서는 나의 고통과 행복은 '신'에게 달려 있다고 이야기합니다. '아집'에 그 원인을 두지 않습니다. 때문에 수다원과에 이를 수 없는 겁니다. 나의 고통, 행복, 불행은 나의 작품이라는 것을 확실하게 믿는 사람이 수다원입니다. 다른 종교에서는 나의 행복과 불행은 신에게 달려 있다고 가르치기 때문에 아무리 노력해도 수다원과에 이를 수 없습니다. 첫 단추가 잘못 끼워졌기 때문입니다.

근 본 화 엄 전 법 륜
# 根本華嚴轉法輪

해 인 삼 매 세 력 고
# 海印三昧勢力故

삼세와 시방의 모든 성인이 화엄을 근본으로 해서 법륜을 굴리심은 해인삼매의 세력인 연고라는 뜻입니다.

제가 주석하는 행불선원에는 '행불행자의 서원'이라는 것을 합니다. 그 내용은 다음과 같습니다.

부처님 감사합니다.

법륜을 굴리겠습니다.

행불하겠습니다.

서원은 소원과 다릅니다. 소원은 '이렇게 저렇게 해 주세요.'라고 바라고 원하는 바를 나 아닌 그 무엇에 기대하는 겁니다. 반면 서원은 '○○하겠습니다.'라며 스스로 성취하겠다는 마음으로 맹서하는 겁니다. 서원이라고 할 때의 '서'는 맹서盟誓라고 할 때의 서誓 자입니다. 맹서하고 원을 세운다는 뜻입니다. 그래서 항상 '부처님 감사합니다.'라고 말하는 겁니다. '인신난득 불법난봉人身難得 佛法難逢', 사람 몸 받기 어렵고 불법佛法 만나기 어려운 것인데 사람 몸 받아서 감사하고, 부처님 법 만났으니 더욱 감사한 일입니다. 저는 부처님 법을 만나지 못했다면 지금쯤 어디에서 어떻게 있을까 하고 생각해 봅니다.

우리가 불법을 만났다는 것은 그만큼 수승한 인연을 만났다는 것이고, 견해는 벌써 다른 차원으로 들어섰다는 것을 의미합니다. 즉 남의 탓을 안 하게 된다는 겁니다. 우리가 지옥계, 아귀계, 축생계라는 삼악도에 떨어지는 것은 모든 것을 남의 탓으로 돌리기 때문입니다. '너 때문에 내가 잘못됐다.'는 생각 때문에 살생을 하게 되고, 도둑질을 하게 되고, 삿된 음행을 하게 되는 겁니다. 행복과 불행의 원인을 밖에서 찾는 것입니다. 그러나 불법에서는 내가 인因이요, 남이 연緣입니다. 먼저 인을 충실히 하고 연을 다스려야 한다는 입장입니다. 그래서 어떠한 일이 있어도 불필요한 살생, 도둑질, 사음 등을 하지 않습니다. 수다원과 이상에 이르면 절대 지옥계, 아귀계, 축생계에 떨어지지 않습니다.

'부처님 감사합니다.'에 대한 보답으로 할 일은 법륜을 굴리는 겁니다. 우리가 부처님께 꽃을 바치고, 향을 바치고, 돈을 바쳐도 부처님은 좋아하시지 않습니다. 부처님이 좋아하는 것은 우리가 법륜을 굴리는 겁니다. 부처님의 가르침을 많은 사람에게 전하는 것이야말로 부처님이 기뻐하는 바이고, 부처님이 바라시는 바이고, 부처님의 은혜를 갚는 오직 한 가지 길입니다.

여기에서는 화엄을 근본으로 해서 법륜을 굴린다고 했습니다. 화엄의 입장에서는 모든 존재가 태어난 이유가 있다고 말합니다. 아무리 하찮은 존재라 하더라도 우주가 간절히 원했기 때문에 태어난 겁니다. 또 내 마음에 안 드는 사람도 역시 이 세상이 필요로 했기 때문에 존재하는 겁니다. 화엄 사상은 모든 존재에 대해 있는 그대로의 가치를 인정합니다. 그래서 화엄을 근본으로 해서 법륜을 굴리는 겁니다.

'해인삼매'는 바다 해海 자와 도장 인印 자, 바다에 도장이 찍히는, 즉 바다의 풍랑이 잔잔해져서 만상을 있는 그대로 나타내는 경지입니다. 풍랑이 그치면 바다는 잔잔하여 하늘의 구름 등이 그대로 비춰집니다. 마음이 고요해진 상태를 말합니다. 우리의 마음은 항상 무명이라는 풍風과 번뇌라는 파波, 풍파가 일어납니다. 무명의 바람이 홀연히 불어서 번뇌의 파도가 일어납니다. 그러면 이 세상을 있는 그대로 보지 못하게 됩니다. 자기의 번뇌에 입각해서 세상을 보게 되고, 그렇기 때문에 결코 진리를 볼 수 없습니다. 진리를 있는 그대로 보려면 번뇌파가 쉬고 무명풍이 쉬어야 합니다. 풍파를 두려워하지도 말고 풍파를 잘 관찰하다 보면 풍파는 쉬게 되어 있습니다. 풍파를 잘 관찰하여 모진 풍파가 쉬어진 상태가 해인삼매입니다.

해인삼매에 들면 지혜가 생깁니다. 세상만사를 있는 그대로 볼 수 있는 지혜입니다. 그런 지혜야말로 최고의 힘이라고 할 수 있습니다. 화엄을 근본으로 해서 법륜을 굴리는 것이 해인삼매의 세력인 까닭이 여기에 있습니다.

불교는 관찰의 종교입니다. 바로 지금 여기에서 몸과 마음을 관찰하는 것에서 불교 수행은 시작됩니다.

부처님 당시의 이야기입니다. 한 비구가 공부를 하는데 잘 되지 않았습니다. 스님이라고 해서 모두 공부가 잘되는 것은 아닙니다. 잘되는 사람도 있고, 안되는 사람도 있고, 잘됐다가 안되는 사람도 있고,

또 안되었다가 잘되는 사람도 있습니다. 이 비구는 더는 안 되겠다 싶어 새로운 수행법을 얻기 위해 부처님을 찾아갑니다. 그렇게 가는 길에 멀리서 아지랑이가 아른아른 피어나는 것을 봤습니다. 아지랑이를 보면서 '알고 보면 내 마음이라는 것도 저 아지랑이 같은 것이 아닐까?'라는 생각을 합니다. 언뜻 보면 있는 것 같지만 가서 잡으려고 하면 잡히지 않습니다. 그래서 '마음이라는 것도 아지랑이처럼 실체가 없는 것이 아닐까?'라는 생각이 들었던 겁니다. 계속 길을 가던 비구는 어느 폭포수 밑에서 잠시 쉬어 가게 됩니다. 쉬면서 폭포수를 바라보다가 콸콸 쏟아지는 폭포수에 물거품이 반복적으로 일었다 사라지는 모습을 보게 됩니다.

그 모습을 보고 '이 내 몸뚱이가 저 물거품과 같은 게 아닐까? 생로병사로 생겨났다가 사라지는 인간의 몸은 물거품 같구나.' 하고 또 생각을 했습니다. 그때 멀리서 부처님이 이 생각을 읽으시고 홀연히 보신불로 광명의 몸을 나투셨습니다. 그리고 비구에게 게송을 설하십니다.

몸이 물거품과 같고
마음이 아지랑이 같음을 안다면
그는 능히 감각적 쾌락의 화살을 꺾으리니
죽음의 왕도 그를 보지 못한다.

누가 죽었다 해서 가 보면 몸은 그대로 있는 것을 볼 수 있습니다.

죽으면 영혼을 데려 갑니다. 그런데 그 영혼이라는 것은 사실 분별심입니다. 고정된 실체로서 내가 있다는 생각 때문에 죽음의 왕 염라대왕에게 끌려가서 고생하게 되는 겁니다. 이 비구처럼 몸이 물거품과 같고 마음이 아지랑이 같음을 안다면 죽음의 왕도 그를 보지 못하기 때문에 데려 갈 수가 없습니다. 그것이 윤회에서 벗어나는 비결입니다. 몸은 물거품 같은 것이고, 마음은 아지랑이 같은 것이라고 관찰해야 합니다. 현상만 있지 실체가 없다는 것을 알아야 합니다. 이것을 꿰뚫어 알게 되면 무아법에 통달하고 무아법에 통달하면 감각적 쾌락에 빠지지 않게 됩니다. 그렇게 되면 죽음의 왕도 그를 데려 갈 수가 없습니다.

제3부

화엄 회상의
대중

## 제1장

보 현 보 살 제 대 중
普賢菩薩諸大衆

집 금 강 신 신 중 신
執金剛神身衆神

족 행 신 중 도 량 신
足行神衆道場神

주 성 신 중 주 지 신
主城神衆主地神


보현보살과 보살 대중
금강저를 든 신과 몸이 여럿인 신
발이 여럿인 신과 도량을 수호하는 신
성을 지키는 신과 땅을 지키는 신

부처님은 『법화경』을 설할 때 무량의처삼매無量義處三昧에 들어서 설하셨습니다. 『열반경』을 설하실 때는 흔들림 없는 부동삼매不動三昧, 『화엄경』은 해인삼매에서 설하셨습니다.

경전 속 게송과 선정삼매는 불교의 핵심이라고 할 수 있습니다. 우리가 식사할 때 밥과 국이 주식인 것과 같습니다. 나머지는 반찬에 해당하는 부식입니다. 불교의 주식은 게송과 선정삼매입니다. 부처님 당시 아라한과를 얻었다거나 깨달음을 성취했다는 내용을 보면 대부분 부처님이 설하신 게송을 듣고 이루어졌다고 합니다. 또 선정삼매를 통해 깨달음을 얻었습니다.

우리는 불·법·승을 삼보三寶라 합니다. 세상에는 수많은 보배가 있지만 삼보 이외에 보배라 불리는 대부분은 일시적인 행복은 줄지 몰라도 결국 탐욕을 증장시킵니다. 또 윤회의 굴레를 가속화시키는 역할을 합니다. 부자가 되면 행복해질 줄 알지만 실제로는 생각하는 것처럼 행복하지 않습니다. 돈에는 반드시 근심 걱정이 함께합니다. 돈으로 인해 형제간에 싸움이 일어나기도 하는 등 온갖 병고액난의 원인이 되기도 합니다. 비록 부자가 아니고, 명예도 높지 않으며, 권력을 누리지는 못한다 하더라도 지금 이 순간을 충만하게 사는 자세가 중요합니다. 그러면 더욱 열심히 살게 되고, 주인 된 삶을 누릴 수 있습니다. '조금만, 조금만 더' 하다가는 맨날 종노릇하기 바쁩니다.

천상세계를 상계, 중계, 하계의 삼계로 구분합니다. 상계는 욕색제천중欲色諸天衆이라 하여 욕계와 색계의 천신이 살고 있습니다. 여기에는 월천자, 일천자, 도리천왕, 야마천왕, 도솔천왕, 화락천왕, 타화자재천왕, 대범천왕, 광음천왕, 변정천왕, 광과천왕, 대자재천왕이 속합니다. 중계에는 팔부사왕중八部四王衆이라 하는 팔부신중과 사천왕이 삽니다. 팔부신중은 아수라, 가루라, 긴나라, 마후라가, 야차, 제대용왕, 구반다, 건달바를 말합니다. 하계에는 잡류제신중雜類諸神衆이라 하는 호법선신이 삽니다. 호법선신은 주로 땅을 의지해 사는 신들로 집금강신, 신중신, 족행신, 도량신, 주성신, 주지신, 주산신, 주림신, 주약신, 주가신, 주하신, 주해신, 주수신, 주화신, 주풍신, 주공신, 주방신, 주야신, 주주신을 말합니다.

보 현 보 살 제 대 중
## 普賢菩薩諸大衆

　여기서부터는 승보인 부처님 제자에 관한 내용입니다. 승보 중에 보현보살이 가장 먼저 등장합니다. 보현보살은 문수보살과 더불어 석가여래의 협시보살입니다. 보현보살이 좌측, 문수보살이 우측에서 석가여래를 모십니다. 문수보살은 지혜제일의 보살로서 사자를 타고 있고, 보현보살은 행원제일의 보살로서 코끼리를 타고 있습니다. 보현보살이 타고 있는 코끼리는 육바라밀을 상징하는 여섯 개의 이빨을 가지고 있습니다. 육바라밀은 바로 보살의 수행입니다. 보현보살은 보시·지계·인욕·정진·선정·지혜를 상징하는 코끼리를 타고 있는 것입니다.

　그런데 재미있는 것은 문수보살이 타고 있는 사자는 산문 밖을 향하고 있고, 보현보살이 타고 있는 코끼리는 산문 안 법당 쪽을 향해 서 있다는 것입니다. 지혜를 상징하는 문수보살은 그 지혜를 산문 밖으로 펼치라는 뜻에서 사자가 밖을 향해 서 있고, 자비 실천을 상징하는 보현보살은 동시에 지혜를 구족하라는 의미에서 코끼리가 법당을 향해 서 있는 겁니다. 상호보완적인 의미를 담고 있습니다.

『화엄경』을 장엄한 인물로 문수보살을 비롯한 수많은 보살이 출현하지만 보현보살이 첫 번째로 등장하는 것을 보면 『화엄경』이 그만큼 실행을 중시하는 경전이라는 사실을 알 수 있습니다. 『금강경』은 '색즉시공'에 철저하지만 『화엄경』은 '공즉시색'에 철저합니다. 텅 비었기 때문에 무엇으로든 채울 수 있다는 겁니다. 그리고 무엇으로 채울 것인가는 내 행위가 결정합니다. 다시 말해서 고정된 실체로서의 '나'는 없고 오직 '행위'만 있다는 것입니다. 보살행을 하는 자가 보살이지 보살이 따로 있어 보살행을 하는 게 아닙니다. 지금부터라도 내가 보살행을 하면 보살이 되는 것이고, 인간다운 행을 하면 인간이 되는 것이고, 축생 같은 짓을 하면 축생이 되는 겁니다. 이게 바로 역동적인 화엄 사상입니다.

보현보살은 여러 보살을 거느리며 다닌다고 했습니다. 보덕, 보광, 보보, 보음, 보계, 보각, 보청, 보명, 혜월, 운음, 공덕, 자재, 선용, 운일, 정진, 함염, 대명, 대복 등 미진수微塵數의 보살을 거느리며 행원을 펼칩니다. 이 보살들은 부처님의 공덕을 구족했기 때문에 공경을 받습니다. 그래서 "보현보살제대중"이라고 표현했습니다.

보현보살 다음에는 온갖 신을 거명합니다. 불교에서 신의 존재를 어떤 위치에 놓고 있는지에 대해 알아볼 필요가 있습니다. 대웅전 등의 법당 정면에는 석가모니불, 아미타불, 관세음보살, 대세지보살 등의 불보살님과 십대 제자를 모십니다. 이곳을 상단이라고 합니다. 상단은 아라한과 이상을 성취한 분, 즉 성인이 올라 갈 수 있는 자리입니다. 법당의 한쪽 옆으로는 신들을 모셔 놓은 단이 있습니다. 이를 신중단, 또는 중단이라고 합니다. 중단에는 수다원과 이상을 얻었거나 살아생전에 복을 많이 지은 분들을 모십니다. 제석천왕과 범천왕을 비롯하여 『화엄경』에 등장하는 수많은 신이 모셔져 있습니다. 중단 맞은편에는 영단이 있습니다. 영단을 하단이라고 합니다. 영단에 모셔지는 분들은 살아 있을 때 크게 복을 지은 것도 없고, 그렇다고 수다원과 이상도 얻지를 못한 분들입니다. 복 닦기, 도 닦기가 덜 된 분들입니다.

이렇듯 불교에서는 신의 존재를 인정합니다. 그러나 다른 종교와 차이가 있습니다. 불교에서의 신은 내 인생을 주관하지 않는다는 겁니다. 내가 이 세계에 살듯, 신도 역시 신의 세계에서 삽니다. 신들에게는 신들의 영역이 따로 있고 나에게는 나의 영역이 따로 있는 겁니다. 내 인생을 주관하는 것, 내 인생의 주인공은 나라는 사실입니다. 부처님 말씀 중에 "부모님이야말로 최상의 신이다."라는 내용이 있습니다. 신이 있다고 한들 부모님보다 더 잘해 줄 수 있겠습니까? 부모님은 나를 낳아 주시고 키워 주시고 가르쳐 주셨을 뿐만 아니라, 노심초사 전전긍긍 모든 애정을 쏟아서 자기 몸보다 더 나를 사랑하는 분들입니다. 그런데 그 부모님도 내 인생을 대신 살아 줄 수는 없습니다. 불교는 신의 존재를 인정하지만 모든 것이 신의 뜻이라는 관점에는 동의하지 않습니다. 이것이 다른 종교와의 가장 큰 차이점입니다. 불교에서는 '나'가 가장 중요하다고 봅니다. 행복도 불행도 나의 작품이라는 겁니다. 불교에서 신은 '연'에 해당하기 때문입니다. 내가 인이고 불보살님을 비롯한 모든 신은 연에 해당합니다. 마치 두 손바닥이 부딪쳐야 소리가 나는 것처럼 말입니다. 나는 열심히 하지만 주변 여건과 부모님, 부처님, 신중님 등의 협력이 없다면 그 효과가 미미할 수밖에 없습니다. 한편 주위에서 아무리 도와주려고 애써도 내가 하지 않으면 아무런 소용이 없습니다. 그래서 인과 연으로써 존재하는 겁니다.

『화엄경』을 설하면 수많은 인물이 등장하지만 그중에는 신이 가장 많습니다. 『화엄경』에 등장하는 신들을 39위라고 합니다. 즉 서른아홉 종류의 신중님들이 나타나는 것입니다.

## 집 금 강 신 신 중 신
# 執金剛神身衆神

집금강신이 신중 중에서 처음으로 등장합니다. 집금강신은 금강저를 가진 신입니다. 금강저를 가지고 부처님 곁에서 언제나 호위의 임무를 맡고 있습니다. 또 절과 불자님들을 옹호하는 역할을 합니다. 금강저라는 것은 최상의 무기를 의미합니다. 그 어떤 것도 대적할 수 없는 최상의 무기를 들고 도량을 옹호하고 있는 겁니다.

'신중신'은 몸이 여럿인 신이라는 뜻입니다. 신중신을 '삼두육비三
頭六臂'라고 합니다. 신중단에 모셔진 탱화에서 머리가 셋이고 팔이 여
섯 개로 그려진 신이 바로 신중신입니다. 이런 분들은 싸움을 잘합니
다. 머리가 셋이니 안 보이는 데가 없고, 팔이 여섯이니 한쪽 팔엔 칼,
한쪽 팔엔 창, 한쪽 팔엔 활, 한쪽 팔엔 방패 등 갖가지 무기를 들고
동시 다발적으로 사용할 수 있기 때문에 공격과 방어에 굉장히 유리
합니다.

부처님 당시에도 기원정사를 지키는 신중님들이 있었다는 내용이
『법구경』 등에 기술되어 있습니다. 어느 날 야차에게 쫓기는 여인이
아이를 데리고 절로 피신을 하였습니다. 야차는 이 여인의 아이를 잡
아먹으려다가 여인이 절로 피신하는 바람에 신중에 막혀 절에 들어가
지 못합니다. 그때 부처님이 야차를 들어오게 하여 과거 전생에 얽힌
사연을 설명하고 여인과의 원결을 풀어 주었다고 합니다.

이와 같은 신들이 바로 집금강신과 신중신으로 도량을 지키고, 불
법을 옹호하는 역할을 합니다.


족 행 신 중 도 량 신
# 足行神衆道場神

족행신은 발이 여럿인 신이거나 발이 아예 없는無足 신입니다. 그
래서 굉장히 빨리 달리는, 말 그대로 운행의 귀신입니다. 절에서 자주
왔다 갔다 하는 사람을 보고 족행신이 붙었냐고 하는 연유가 여기에

있습니다. 족행신은 무량한 세월 동안 부처님 가까이에서 떠난 적이 없다고 합니다.

도량신 역시 도량을 지키는 신입니다. 도량신은 항상 부처님 가까이에서 도량을 청정히 장엄합니다.

## 주성신중주지신
# 主城神衆主地神

주성신은 성을 지키는 신이며 주지신은 땅을 지키는 신입니다.

옛날에는 전쟁이 일어나면 성을 중심으로 공격과 수비가 이루어졌습니다. 때문에 성을 지키는 신이 있다는 믿음이 자연스럽게 형성되었습니다. 그래서 성을 지키는 주성신이 등장하게 됩니다. 땅을 지키는 주지신도 마찬가지입니다. 주지신은 토지신이라고도 합니다. 흔히 말하는 '터줏대감'이 바로 토지신을 일컫는 말입니다.

부처님은 깨달음을 성취하기 직전 전정각산前正覺山에서 수행하셨습니다. 그런데 어느 날 그 산의 산신이 나타나 이곳은 깨달음을 성취하기 위한 장소로 적합하지 않다고 부처님께 이야기합니다. 그리고 네란자라 강을 건너면 보드가야라는 곳이 있는데, 그곳이 성도하기에 적합한 곳이라고 조언을 합니다. 부처님은 그 조언을 듣고 자리를 옮깁니다. 저도 인도 성지를 순례할 기회가 있어 부처님이 걸으셨던 전정각산에서 네란자라 강을 건너 보드가야까지 신도들과 함께 걸었던 경험이 있습니다. 참으로 감개무량했습니다. 보드가야는 부처님이 성도하신 땅입니다. 부처님이 성도를 하셨는데 그것을 증명해 줄 사람이 없었습니다. 그때 토지신이 나타나 증명해 줍니다. 또 부처님이 성도하시고 전법에 대해 고민하실 때 범천이 권청을 합니다. 이와 같이 부처님 당시에도 전정각산의 산신이 자리를 옮기기를 권했고, 토지신이 부처님의 깨달음을 증명했으며, 또 범천이 내려와 사람들에게 법을 펼 것을 권하는 등 수많은 신이 등장합니다.

주성신과 관련해서 『법구경』에 전해 오는 이야기가 있습니다. 과거세에 농부로 살았던 사람이 벽지불에게 공양을 올리는 공덕을 지었습니다. 이 사람이 공덕을 짓고 나서 벽지불에게 "제가 이다음에 '없다'는 말을 모르고 살게 해 주십시오." 하는 원을 세웠습니다. 너무나 결핍된 삶을 살았기 때문에 그 가난에서 벗어나고 싶다는 심정으로 '없다'는 말을 모르고 살기를 바랐던 겁니다. 벽지불은 "그렇게 이루어지리라." 하고 축원을 했습니다. 이 사람은 죽어 왕자의 몸을 받아 태어납니다. 그리고 출가하여 부처님의 십대 제자 중 한 사람이 됩니다. 그 사람이 출가하기 전, 즉 왕자의 신분으로 있을 때의 일입니다. 그는 다른 왕자들과 구슬치기 놀이를 즐겨했습니다. 어느 날은 빵 내기 구슬치기를 했는데 연거푸 지는 겁니다. 왕자는 계속 하인을 시켜 어머니에게서 빵을 받아 오게 했습니다. 빵을 주다 보니 빵이 떨어졌습니다. 하인이 또 빵을 가지러 오니 어머니는 빈 접시에 뚜껑을 닫으면서 "이제는 더 이상 빵이 없다고 이야기를 해라."라고 말하며 빈 접시를 보냅니다. 이때 그 광경을 성을 지키는 신이 보았습니다. 그 신은 왕자가 과거 생에 복덕을 짓고 벽지불과의 사이에서 있었던 일을 목격한 신이였습니다. 그 현장을 목격했던 인연으로 이 신은 빈 접시에다 천상의 빵을 담아 줍니다. 하인은 이것을 들고 어머니가 전하는 대로 "더 이상 빵이 없답니다." 하며 왕자에게 접시를 전합니다. 그런데 왕자가 접시를 열어 보니 향기로운 빵이 가득 들어 있는 겁니다. 이 왕자는 벽지불에게 공양 올린 공덕으로 축원을 받았기 때문에 '없다 빵이 있다.'는 뜻으로 알아들었습니다. 이 빵의 이름이 '없다'라고 생각한 겁니다. 이와 같이 '없다 빵'을 빈 접시에 담아 준 주인공으로 주성신이 나옵니다.

# 제2장

主山神<sup>주산신</sup>衆主林神<sup>중주림신</sup>

주산신중주림신
主山神衆主林神

주약신중주가신
主藥神衆主稼神

주하신중주해신
主河神衆主海神

주수신중주화신
主水神衆主火神


산을 주관하는 신과 숲을 주관하는 신

약을 주관하는 신과 곡식을 주관하는 신

강을 주관하는 신과 바다를 주관하는 신

물을 주관하는 신과 불을 주관하는 신

『화엄경』에서 신들이 계속 나열되는 이유는 모든 존재의 개성을 각각 인정해 주고 있기 때문입니다. 각각의 개성에 신격을 부여해 주는 겁니다. 엄청난 사상입니다. 현실에 대한 절대 긍정의 사상입니다.

부처님 당시에도 수많은 신이 등장하지만 우리나라의 경우 산이 많다 보니 옛날부터 산신 신앙이 매우 발달하였습니다. 특히 절에서 산신, 칠성, 독성 세 분을 성인으로 모신 삼성각은 불교의 토착화 과정에서 나타난 민족 신앙과의 결합이라고 할 수 있습니다. 하늘에 있는 북두칠성을 신성화한 칠성님은 하늘 신앙을 나타내고, 산에 있으면서 산을 지키고 마을을 지키는 산신은 산악 신앙, 중생을 위하여 열반에 들지 않고 인간 세상에 머무는 독성님은 인간 신앙을 나타냅니다. 우리 민족 고유의 천지인天地人 신앙과 같다고 할 수 있습니다.


주 산 신 중 주 림 신
# 主山神衆主林神

주산신은 산을 수호하는 신, 주림신은 숲을 지키는 신입니다.

숲속엔 나무가 많습니다. 나무에 깃들어 사는 신을 목신이라고 합니다. 그 목신들 중의 상수가 바로 주림신입니다. 경전을 살펴보면 목신과 관련된 일화가 많이 나옵니다. 그중에 대표적인 것이 『자애경』입니다. 부처님이 『자애경』을 설하시게 된 동기가 바로 목신들 때문입니다.

비구 오백 명이 멋진 숲을 발견하고는 "이번 여름 안거는 여기서 정진을 해야겠다.” 하고 그 숲으로 들어갑니다. 그런데 그 숲에는 목신들이 살고 있었습니다. 목신들은 스님들이 오셔서 처음에는 공경스런 마음을 냈습니다. 그런데 하루, 이틀, 사흘이 지나도 스님들이 갈 생각을 하지 않으니 생활이 불편해지는 겁니다. 목신들은 나무 위에 사는데 나무 밑에서 스님들이 정진을 하니까 스님들 머리 위에 있는 형국이 됩니다. 이에 마음이 불편해 나무에서 내려와 있었습니다. 땅바닥에 내려와 있으려니 본인들이 사는 곳과 달라서 불편한 겁니다. 우기라서 진흙탕 물이 흐르자 생활은 더욱 어렵게 되었습니다. 이래서는 안 되겠다 싶어 스님들을 쫓아내기 위해 목신들은 무서운 형상으로 나타나 수행을 방해했습니다. 목이 없는 귀신, 배가 없는 귀신, 다리가 없는 귀신 등으로 나타나서 방해를 합니다. 그런데 그 정도 가지고는 스님들이 꼼짝을 안 하는 겁니다. 머리가 없는 귀신이 나오면 “너는 좋겠다. 골치 아플 일이 없겠구나.”, 배가 없는 귀신이 나타나면 “너는 위장병에 걸릴 일이 없겠구나.”라며 귀신들을 쫓아냅니다. 더 이상 안 되겠다 싶었던 목신들은 이번에는 역한 냄새를 풍깁니다. 스님들은 도저히 정진할 수 없어 결국 숲을 나오게 됩니다. 이에 놀란 부처님이 “어떻게 된 일이냐. 안거 기간에는 한곳에 모여 정진을 해야 마땅하지 않느냐?” 하고 묻습니다. 스님들이 자초지종을 말씀드리자 부처님은 “그곳이야말로 너희가 정진할 곳이다.”라고 말씀하십니다.

선방을 다닐 때도 마찬가지입니다. 온전히 내 마음에 맞는 곳은 없습니다. 정진하기에 분위기는 좋은데 음식이 신통치 않다거나, 음식은 좋은데 도반들이 신통치 않다거나, 음식과 도반은 괜찮은데 산세가 나와 맞지 않다는 등 갖가지 핑곗거리가 있습니다. 그럼에도 불구하고 그러한 것을 극복하고 한철을 살아야 다른 데 가서도 잘 살 수 있습니다. 나에게 딱 맞는 곳이 이 세상 어디에 있겠습니까?

그런데 숲을 나왔던 스님들은 숲으로 가지를 못합니다. 숲에서 허구한 날 곡소리에 이상한 냄새까지 풍겨 집중을 못하겠다는 겁니다. 그러자 부처님은 "너희는 무기가 없어서 당한 것이다. 내가 무기를 줄 테니 이걸 가지고 가거라. 그러면 괜찮을 것이다." 하며 무기를 주십니다. 그때 부처님이 주신 무기가 바로『자애경』입니다. 오백 명의 스님들은 부처님으로부터 배운『자애경』을 외우면서 숲으로 들어갑니다. 목신들은 먼발치에서 이를 보고 "어, 또 왔네. 쫓아내야겠다." 하고 결연한 의지를 다집니다. 그런데 오백 명의 스님들이『자애경』을 합송하며 숲으로 들어오는 겁니다.

경전은 혼자 외우는 것보다 여럿이 합송을 하면 더 큰 위력을 발휘합니다. 「화엄경 약찬게」를 혼자 49독 하는 것은 힘들지만 합송으로 108독을 하면 쉽게 해 낼 수 있습니다. 혼자서 108독을 하는 것은 어렵습니다. 별 핑곗거리가 다 생깁니다. 허리가 아프고, 목이 아프며, 전화 받아야 되고, 가족 챙겨 줘야 되는 등 일이 많습니다. 때문에 제대로 경전 독송을 하려고 마음먹었다면 경전 독송을 하는 도량에 가서 함께 해야 가능하고 힘도 덜 수 있습니다.

오백 명의 스님들이 합송하는『자애경』을 들은 목신들은 순간 마음이 따뜻해졌습니다. 그리고 스님들에 대한 존경심도 우러나게 됐습니다. 그래서 처음 의도했던 것과는 달리 인간의 모습으로 변해 나무 밑으로 내려와 스님들의 수행을 돕게 됩니다. 수행을 방해하는 악귀에서 수행을 돕는 선신으로 바뀌게 된 겁니다. 그 결정적 계기는 『자애경』에 있습니다. 오백 명의 스님들은 『자애경』을 듣고 마음이 바뀐 목신들의 시봉을 받으며 열심히 정진하여 마침내 모두 아라한과를 이루었다고 합니다. 부처님은 오백 명의 스님이 목신들의 시봉으로 아라한이 된 것을 아시고 게송을 설하십니다.

이 몸은 항아리처럼 부서지기 쉬우니
난공불락의 요새처럼 굳건히 지켜라.
지혜의 칼로 마라를 물리치고
물리친 뒤에도 굳건히 보호하며
크고 작은 얻음에 집착해서는 안 된다.


주 약 신 중 주 가 신
## 主藥神衆主稼神

주약신은 약을 관장하는 신, 주가신은 곡식을 주재하는 신을 말합니다.

약을 상징하는 부처님으로는 약사여래불이 계십니다. 특별히 병든 이들을 고쳐 주는 부처님입니다. 약을 관장하는 신인 주약신도 마찬가지입니다. 주가신의 '가'는 곡식 가稼 자 입니다. 곡식을 주관하는 신,

말하자면 곡식의 신입니다. 초기경전에 곡식의 신에 대한 유래가 나옵니다. 앞에서 신중신을 이야기할 때 여인과 야차에 대한 이야기를 한 바 있습니다. 그 전말을 자세히 알아보면 다음과 같습니다.

한 여인이 시집을 갔는데 아이를 낳지 못했습니다. 아이를 낳지 못하니 눈치가 보인 겁니다. 보아하니 시어머니와 남편이 대를 잇기 위해 둘째부인을 얻으려는 것 같았습니다. 이 여인은 차라리 본인이 나서서 마음에 드는 여인을 데려오는 게 좋겠다고 생각합니다. 그래서 수소문 끝에 한 여인을 데려와 둘째부인으로 맞이하게 했습니다. 그리고 둘째부인에게서 애가 생겼습니다. 둘째부인이 애를 배니 자신이 잊힐까 걱정이 되었습니다. 그래서 둘째부인의 애를 유산시키려고 음식에 약을 탑니다. 둘째부인은 의심 없이 먹다가 유산이 되고 맙니다. 첫째 애도 그렇고 둘째 애도 그렇게 됩니다. 세 번째는 이상하다는 생각에 첫째부인이 주는 음식을 먹지 않다가 첫째부인의 집요함에 결국 음식을 먹게 됩니다. 그때는 뱃속의 애가 너무 큰 상태였기 때문에 독이 든 음식으로 인해 산모도 함께 죽게 됩니다. 이 사실을 알게 된 남편은 화를 참지 못하고 그만 첫째부인을 때려죽이게 됩니다. 죽고 난 후 첫째부인은 닭으로 둘째부인은 표범으로 태어납니다. 이렇듯 첫째부인과 둘째부인은 생을 달리하면서 죽고 죽이기를 반복합니다. 마침내 하나는 야차로, 하나는 여인으로 태어납니다. 아이를 가진 여인은 부처님께 가서 아이를 살리게 되고, 야차는 부처님께 교화가 되어 아이를 잡아먹지 않게 됩니다. 부처님의 가르침을 받고 마음이 순화된 야차는 "부처님, 저는 앞으로 어떻게 먹고 삽니까?" 하고 하소연을 합니다. 부처님은 야차의 말이 옳다 싶어 여인에게 "야차를 데려고 가서 단을 만들어 먹을 것을 제공해라."라고 말씀하십니다. 여인은 자기의 아들이 살아난 데 대한 감사의 마음으로 단을 만들어 야차를 모시고 먹을 것을 공급해 줍니다. 그런데 야차는 밥만 먹기가 미안했던지 그해 그해 날씨와 그에 맞는 농사지을 거리를 가르쳐 줍니다. 비가 많이 올 것인지 적게 올 것인지에 따라 농사짓기에 적합한 장소와 알맞은 곡물을 가르쳐 준 겁니다. 여인의 남편이 야차가 가르쳐 준 대로 농사를 지으니 계속 풍년이 들었습니다. 이웃 사람들이 그 비결을 남편에게 묻습니다. 농부는 동네 사람들에게 '야키니'라는 야차를 모시게 된 사연과 그 야차가 농사지을 것을 가르쳐 준다는 것을 고백합니다. 동네 사람들은 농부에게 '아키니' 야차를 동네 사당에 모시고 농사에 대해 함께 가르침을 받자고 합니다. 이렇게 해서 곡식을 관장하는 주가신이 탄생합니다.


주 하 신 중 주 해 신
# 主河神衆主海神

강과 바다를 주재하는 신입니다. 주하신은 강을 주재하는 신, 주해신은 바다를 주재하는 신으로, 그리스 신화에 나오는 바다의 신 포세이돈과 같다고 할 수 있습니다.

부처님 당시 갠지스 강의 신이 등장하는 이야기가 있습니다. 아함경에 나오는 이야기입니다. 부처님의 제자 중에는 신통력이 뛰어난 이들이 많았습니다. 그중에 한 비구에게 강을 반으로 가르는 재주가 있었습니다. 이 비구는 진시오전 7시~9시에 탁발을 다녀와 사시오전 9시~11시에 공양을 하는데 탁발을 갠지스 강 건너편 마을로 나갔습니다. 가사를 수하고 발우를 들고 갠지스 강 입구에 서서 '갈라져라 뚝딱' 하면 갠지스 강이 갈라지는 겁니다. 강을 갈라놓고 걸어서 건너가는 겁니다. 탁발이 끝나면 또 강을 갈라 훤히 드러난 강바닥을 걸어서 이쪽 마을로 건너오는 거지요. 그런데 이 스님은 오갈 때마다 꼭 갠지스 강의 신을 불러 훈계와 더불어 꿀밤을 한 대씩 먹이고 다녔습니다.

인도에서는 갠지스 강을 강 중에서 최고의 강으로 여깁니다. 갠지스 강은 '신의 젖줄'이라고 하여 이 강에서 목욕을 한 번만 해도 업장이 소멸된다고 합니다. 갠지스 강에서 목욕해 보는 것이 모든 인도인의 소원일 정도입니다. 그리고 죽어서는 갠지스 강변에서 화장되는 게 더 큰 소망입니다. 그 강의 신이니 강의 신 중에서도 최고의 신이라고 할 수 있습니다. 그런데 스님으로부터 매일 훈계와 함께 꿀밤을 얻어맞고 있으니 그 위신이 말이 아니었습니다. 참다 못한 갠지스 강의 신은 부처님을 찾아뵙고 그간의 사정을 털어놓습니다. 이 말을 들은 부처님이 비구를 부릅니다. 그리고 묻습니다.

"갠지스 강의 신이 이런저런 이야기를 하는데 그게 사실이냐?"

비구가 "네, 사실입니다. 제가 그렇게 했습니다." 하고 대답하자 부처님은 "앞으로는 절대 그런 짓을 하지 마라." 하고 충고를 하십니다. 부처님은 비구들에게 신통력을 절대 보여서는 안 된다고 하셨습니다. 특히, 재가자가 보는 앞에서는 신통력을 보이면 안 된다고 선포하셨습니다.

독성각에 모셔진 빈두로 존자를 아실 겁니다. 빈두로 존자와 관련한 이야기가 있습니다.

어느 날 빈두로 존자가 목련 존자와 함께 길을 가다가 시장통을 지나게 되었습니다. 그 시장 한가운데에는 기다란 장대가 있고, 그 위에 전단나무로 만든 바리때가 걸려 있었습니다. 그리고 어떤 사람이 공지를 하는 겁니다.

"누구든지 바리때를 가져가도 된다. 다만, 이 장대에 손을 대거나 건드려서는 절대 안 된다."

허공을 날아서 가져가라는 뜻이었습니다. 수많은 종교가 자기 종교가 신통제일이라 하니 바리때 주인은 어떤 종교의 신통력이 최고인지를 확인하고 싶었던 겁니다. 수많은 종교인이 온갖 술수를 부렸지만 모두 실패했습니다. 이것을 본 빈두로 존자는 하늘로 붕 날아올라 장대 꼭대기에서 가부좌 상태로 세 바퀴를 돈 뒤, 바리때를 들고 사뿐히 내려 왔습니다. 시장 한복판이었으니 수많은 사람이 이를 지켜보았습니다. 그래서 빈두로 존자가 부처님이 계시는 처소로 돌아올 때 군중이 쫓아옵니다. 그 광경을 본 사람은 한 번 더 보여 달라고 쫓아오고, 보지 못한 사람은 보여 달라며 쫓아온 겁니다. 부처님은 무슨 일인지 아난 존자에게 나가서 알아보라 합니다. 그리고 아난 존자는 부처님께 그간의 사정을 말씀드립니다.

부처님은 빈두로 존자를 불러 묻습니다.

"네가 진짜 신통을 보였느냐?"

"네, 그랬습니다."

"왜 그리했느냐?"

"사람들이 불교가 뛰어난 종교라고 믿을 것 같아서 그리했습니다."

빈두로 존자의 대답을 들은 부처님은 "아니다. 비록 일시적으로는 많은 사람이 모일지 몰라도 불교를 신통력이나 전수해 주는 하찮은 종교로 알게 된다. 그러니 앞으로 재가자들 앞에서 절대 신통력을 보이지 마라." 하고 모든 제자에게 선포합니다. 그리고 빈두로 존자에게 "너는 이미 많은 사람과 신통력으로 연을 맺었기 때문에 미륵보살이 오실 때까지 이 세간에 남아서 불법이 끊어지지 않도록 해라."라고 특별히 말씀하십니다. 이러한 연유로 독성단에 수염과 얼굴이 하얀 빈두로 존자가 계시는 것입니다.


주 수 신 중 주 화 신
# 主水神衆主火神

물과 불이야말로 인류의 생활에 있어서 없어서는 안 될 중요한 요소입니다. 주수신과 주화신은 각각 물과 불을 주관하는 신입니다.

현장 삼장 법사가 천축국에 다녀온 이야기가 『서유기』입니다. 『서유기』는 비를 관장하는 용왕을 천도하는 데 필요한 대승경전을 구하기 위해 삼장 법사가 천축국으로 떠나는 것으로 시작합니다. 그 이야기의 배경은 다음과 같습니다.

　어느 날 남해 바다를 순찰하던 물고기가 용왕에게 어족이 급격히 줄고 있다고 보고합니다. 어떤 어부가 어족이 몰려다니는 시간과 장소를 잘 알아 집중적으로 그물질을 했기 때문이라는 겁니다. 이에 용왕은 어찌된 영문인지 알아보기 위해 인간으로 변장하고는 그 어부를 찾아가 묻습니다. 어부는 성안의 선비가 고기 잡을 시간과 장소를 가르쳐 주는데, 선비가 시키는 대로만 하면 풍어였다고 말합니다. 용왕은 선비를 찾아가 정말 고기 잡는 데를 잘 알 수 있는지 묻습니다. 선비가 알 수 있다고 답하자 용왕은 내기를 제안합니다. 이 지역에 언제 얼마만큼의 비가 올 것인지를 맞추는 내기입니다. 이에 선비도 동의를 합니다. 용왕은 비를 관장하는 신이니 당연히 자신이 있었습니다. 선비는 담담한 표정으로 내일 12시부터 1시까지 50밀리미터의 비가 올 것이라고 말합니다. 그런데 용왕은 내일 비를 내릴 계획이 없었습니다. 그래서 용왕은 "좋다. 네가 내기에서 지면 여기를 바로 떠나야 된다. 내가 지면 네가 원하는 바를 들어주겠다." 하고는 돌아갑니다. 용왕은 '내일 두고 보자' 하고 다음날 일찍 일어났는데 천상에서 갑자기 명령이 하달됩니다. 12시부터 1시까지 50밀리미터의 비를 내리라는 겁니다. 큰일입니다. 시키는 대로 하려니 내기에서 질 것 같고, 그렇다고 시키는 대로 안 하면 죽음을 면치 못할 것 같아 고민 고민하다가 조금 다르게 명령을 이행했습니다. 12시 5분부터 1시 5분까지 45밀리미터의 비를 내린 겁니다. 그러고는 의기양양하게 선비를 찾아가 "그것 봐라. 네가 틀렸으니 얼른 떠나라."고 말합니다. 이에 선비는 담담한 표정으로 "나야 가면 되지만 당신이 문제야. 당신은 지시 사항을 어겼잖아. 아마 죽음을 면키 어려울 거야." 하고 말합니다. 깜짝 놀란 용왕은 살아날 방법을 선비에게 묻습니다. 선비는 용왕을 처형할 장수로 당나라 태종의 두터운 신임을 받고 있는 위징이라는 사람이 정해졌다고 말합니다. 그러고는 죽음을 모면하기 위해서는 처형 시간에 맞춰 당 태종에게 그 장수를 붙들고 있어 달라고 부탁하는 방법밖에 없다고 가르쳐 줍니다. 용왕의 부탁을 받은 당 태종은 위징을 불러다 바둑을 둡니다. 그런데 위징이 바둑을 두다가 그 시간에 조는 겁니다. 다시 깨어 바둑을 두는데 성안으로 용의 머리가 떨어졌다는 보고가 전해집니다. 남해 용왕이 참수 당한 겁니다. 당 태종이 어찌된 영문인지 위징한테 물어 봤더니, 위징은 바둑을 두다가 잠시 조는 사이 영혼이 빠져 나가서 용왕을 죽이고 왔다고 합니다. 그 후 매일 밤 당 태종의 꿈에 용왕이 나타나 자기를 구해 주지 않았다고 하소연을 합니다. 그래서 이 용왕을 천도하기 위해 필요한 대승경전을 구하러 길을 떠나는 것으로 『서유기』가 시작됩니다.

주화신은 불을 주관하는 신입니다. 부처님 당시에도 불의 신을 섬기는 사람이 많았습니다. 지금도 배화교라고 불에 참배하고 불에 예배하는 종교가 있습니다.

부처님이 성도하시고 나서 전법의 길을 떠나십니다.

그대들은 길을 떠나서 도를 전하라.
모든 사람의 이익과 행복을 위해서

나도 모든 사람의 이익과 행복을 위해서

길을 떠나리라.


부처님은 이와 같은 전법선언을 하시고 길을 떠나 우르웰라에 있

는 가섭 삼형제를 만납니다. 그 당시 가섭 삼형제는 첫째가 오백 명,

둘째가 삼백 명, 셋째가 이백 명의 제자들을 거느리며 불의 신을 섬기

고 있었습니다. 부처님은 가섭 삼형제 중 첫째를 만나 하룻밤 유숙하

기를 청했습니다.

첫째 가섭이 "여기는 잘 곳이 없다. 굳이 자고 싶다면 저 굴밖에

없다." 하고 굴에서 머물라고 합니다. 그런데 그 굴에는 자신들이 섬

기는 불의 신, 용이 살고 있었습니다. 그 굴에 들어갔다가 살아 나온

사람이 없었습니다. 용신이 불을 뿜어 태워 죽이는 겁니다. 부처님은

이 사실을 뻔히 알면서도 "그렇습니까? 그럼 거기서 하룻밤 자겠습

니다." 하고 안으로 들어 가셨습니다.

첫째 가섭은 '보나마나 저 사람도 내일 아침에는 시커멓게 타 죽고

말겠지.'라고 생각합니다. 그런데 밤이 지나고 새벽이 되었는데 부처

님이 살아서 걸어 나오는 겁니다. 첫째 가섭은 자기 눈을 의심했습니

다. 그래서 부처님께 묻습니다.

"간밤에 아무 일 없으셨습니까?"

"별일 없었습니다. 잘 잤습니다. 그 안에 들어가니 용이 불을 뿜고

있었습니다."

"어떻게 하셨습니까?"

"제가 발우에 담아 가지고 나왔습니다."

첫째 가섭이 발우 뚜껑을 열어 보니 발우 속에 정말 자기네들이 섬기던 불의 신, 용이 축소되어 얌전히 있는 걸 보고 깜짝 놀랍니다. 이를 계기로 첫째 가섭은 부처님으로부터 여러 법문을 듣고 제자가 됩니다. 그리고 자기 제자들에게 "나는 이분의 제자가 되겠다. 너희는 너희들이 가고 싶은 데로 가라."고 말합니다. 자기가 섬기던 스승이 부처님의 제자가 된다고 하니 오백 명의 제자도 부처님의 제자가 되겠다고 합니다. 첫째 가섭의 동생들과 그 제자들도 마찬가지로 부처님께 귀의합니다. 이렇게 천 명의 제자가 생깁니다. 1,250명의 아라한을 상수 대중이라 하는데 그중에 천 명이 바로 우르웰라에서 탄생합니다. 드디어 불교 교단이 형성된 것입니다.

# 제3장

주풍신중주공신
**主風神衆主空神**

주방신중주야신
**主方神衆主夜神**

주주신중아수라
**主晝神衆阿修羅**

가루라왕긴나라
**迦樓羅王緊那羅**


바람의 신과 허공의 신
방위의 신과 밤의 신
낮의 신과 아수라왕
가루라왕과 긴나라왕

『화엄경』에는 모든 불보살님과 온갖 신중이 등장합니다. 예를 들어 경전을 비타민으로 비유하면 『금강경』은 비타민C, 『법화경』은 비타민D 등 한 가지 비타민으로 비유할 수 있습니다. 반면 『화엄경』은 미네랄까지 포함된 종합 비타민이라고 할 수 있습니다. 그래서 『화엄경』을 『잡화엄경』이라고도 합니다. 한 가지 꽃으로만 장엄된 게 아니라 갖가지 꽃으로 장엄됐다는 겁니다.

불교에서는 신이 하늘에만 있는 게 아니고 모든 현상과 온갖 존재에 깃들어 있다고 봅니다. 모든 존재는 신성을 갖추고 있다는 겁니다. 신성에서 진일보하면 불성입니다. 신성은 신이 될 수 있는 가능성이고, 불성은 부처가 될 수 있는 가능성입니다. 부처님을 부르는 명호 중에는 '천인사天人師'라는 말이 있습니다. 천신과 인간의 스승이라는 말입니다. 우리는 누구나 신은 물론이고 신의 스승까지 될 수 있다는 것이 화엄의 사상입니다.


주 풍 신 중 주 공 신
# 主風神衆主空神

주풍신은 바람을 주재하는 신, 주공신은 허공을 주재하는 신을 말합니다.

우리가 살아가는 데 가장 필요하고 중요한 요소가 물과 불, 그리고 바람입니다. 연말연시가 되면 흔히 삼재풀이를 위해 부적을 써야 한다든지, 기도를 해야 한다든지 등의 이야기를 합니다. 삼재풀이는 어떻게 하는 거냐? 바로 주풍신, 주수신, 주화신을 잘 다루는 겁니다.

물로 인한 수재, 불로 인한 화재, 바람으로 인한 풍재의 근원이 무엇이겠습니까? 물로 인한 재앙은 탐욕에서 나옵니다. 탐욕이 지나치면 수재를 입게 됩니다. 불로 인한 재앙은 분노에서 나옵니다. 분노의 불길이 활활 타오를 때 분노를 다스리는 게 화재를 다스리는 겁니다. 풍재는 어리석음에서 나옵니다. 바람은 오락가락 합니다. 우리 마음의 어리석음을 뜻하는 겁니다. 우리 마음이 갈피를 잡지 못하고 허영심에 들떠 왔다 갔다 하는 게 풍재입니다. 삼재를 푼다는 것은 다른 게 아니라 우리 마음속의 탐·진·치 삼독을 풀어내는 것, 삼독을 줄여 주는 것, 삼독을 없애 주는 것입니다. 탐·진·치 삼독을 줄이는 여러 방법 중 「화엄경 약찬게」를 독송하는 것이 가장 효험이 큽니다. 절실한 마음을 모아 지극정성으로 염송하다 보면 탐·진·치 삼독심이 다 녹아내리게 되어 있습니다. 바로 주수신, 주화신, 주풍신을 다스리는 것입니다.

주공신은 말 그대로 허공을 주재하는 신이라는 뜻입니다. 『화엄경』에 허공을 주재하는 신이 부처님의 위신력을 받들어 게송을 설하는 내용이 있습니다.

> 여래의 넓고 큰 눈 깨끗하기 허공 같아
> 여러 중생 두루 보고 온갖 것을 환히 아네.
> 부처님 몸 큰 광명이 시방에 두루 비춰
> 가는 데마다 앞에 두루 하심 보네.

부처님 몸 허공처럼 나지 않고 잡히지도 않아

얻을 성품 없으니

상서로운 바람 내는 허공 맑은 신이 본 것이고

여래께서 오랜 겁에 성인의 도 말씀하여

중생 업장 소멸하니 장애 없는 신이 아네.

불교에서는 수행의 정도에 따라 다섯 가지 눈, 즉 오안五眼을 갖춘다고 합니다. 부처님은 그중 불안佛眼을 갖추셨습니다. 모든 것을 꿰뚫어보는 겁니다. 반면 범부에게는 육안肉眼, 육신의 눈이 있습니다. 육신의 눈으로 볼 수 있는 것은 매우 한정되어 있습니다. 중생은 육안만 가지고 있기 때문에 멀리 보지를 못하고, 보이지 않는 세계에 대해서는 믿지 않거나 잘못 알고 있는 경우가 태반입니다. 그 밖에 천인이 갖추고 있는 눈을 천안天眼, 성문 연각이 갖추고 있는 눈을 혜안慧眼, 보살이 갖추고 있는 눈을 법안法眼이라고 합니다. 이 다섯 가지를 오안이라고 하는 것입니다.

『화엄경』에서는 부처님의 눈은 깨끗하기가 허공 같아서 중생을 두루 보고 온갖 것을 환히 안다고 했습니다. 『금강경』에서는 여래는 '실지실견悉知悉見', 모두 알고 모두 보신다고 합니다. 부처님이 모든 것을 아시고, 모든 것을 보신다는 것은 나의 생각과 행위에 대해서도 그렇다는 겁니다. 내가 한 선한 일과 악한 일에 대해서도 다 알고 보고 계십니다. 때문에 외롭다고 한탄하거나 다행이라고 기뻐할 필요가 없습니다.

주 방 신 중 주 야 신
# 主方神衆主夜神

주방신은 방위를 주관하는 신입니다.

사찰 초입에는 사천왕을 모신 사천왕문이 있습니다. 이 사천왕 역시 동서남북의 방위를 관장하는 신입니다. 지국천왕은 천상의 악사인 건달바를 거느리고 동방을 관장합니다. 지국천왕은 악기를 들고 있으며 인간의 땅을 지켜줍니다. 증장천왕은 굼반다와 프레타를 거느리며 남방을 관장합니다. 굼반다는 욕심이 매우 많은 아귀를, 프레타는 죽은 자의 영혼을 부리는 아귀를 뜻합니다. 증장천왕은 자신의 위엄과 덕으로 만물을 소생시키고 중생의 이익을 증대시켜 줍니다. 광목천왕은 용과 부단나를 거느리며 서방을 관장합니다. 인간세계의 선과 악을 살피고 죄인에게는 벌을 내려 반성하게 합니다. 다문천왕은 야차와 나찰을 거느리며 북방을 관장합니다. 부처님의 도량을 지키는 호법신의 역할을 합니다.

사천왕과 부처님의 사촌동생인 로히니 공주 사이에 재미있는 일화가 있습니다. 로히니 공주는 본래 아주 아름다운 용모를 가졌습니다. 그런데 심한 피부병에 걸려 온몸이 상처투성이가 되었습니다. 이때 부처님의 가르침으로 공양간을 짓고 온갖 패물을 시주한 공덕으로 피부병이 낫게 됩니다. 이 로히니 공주가 죽어서 삼십삼천의 천신 세계 중 사천왕의 경계 지역에 태어났습니다. 살아 있을 때의 공덕으로 다음 생에서도 매우 사랑스럽고 아름다웠다고 합니다. 네 명의 천신은 그녀를 보자마자 아내로 맞이하고 싶다는 강한 욕망에 사로잡혔습니다. 그런데 하필이면 경계 지역에 태어났기 때문에 자기 소유라고 서로 싸우게 되었습니다. 사천왕은 할 수 없이 제석천왕에게 중재를 요청하기로 합니다. 제석천왕 역시 그녀를 보자마자 아내로 맞이하고 싶다는 욕망이 강하게 일어났습니다. 제석천왕은 사천왕에게 "그대들은 이 천녀를 보자 어떤 생각이 일어났는가?"라고 묻습니다. 첫 번째 천신은 "저는 그녀를 보자 전쟁터의 북소리보다 더 제 가슴을 진정시킬 수 없었습니다."라고 대답합니다. 가슴이 북소리처럼 쿵쾅쿵쾅 뛰었다는 겁니다. 두 번째 천신은 "그녀를 본 순간 높은 산에서 흐르는 물보다 더 저의 피가 빠르게 흐르는 것을 느꼈습니다."라고 대답합니다. 세 번째 천신은 "저는 그녀를 본 순간 눈알이 튀어 나올 뻔했습니다."라고, 네 번째 천신도 "저의 마음은 저기 걸려 있는 깃발보다 더 펄럭거려서 진정시킬 수 없었습니다."라고 이야기를 합니다. 이를 다 들은 제석천왕이 말했습니다.

"친구들이여! 그대들은 사랑의 열병으로 불타고 있구나. 하지만 내 마음에 비하면 아무것도 아니다. 나는 그녀를 얻으면 살고 얻지 못하면 죽어버릴 것이다."

사천왕은 이 말을 듣고 할 수 없이 제석천왕에게 그녀를 바치고 되돌아갔다고 합니다.

주야신은 밤을 관장하는 신입니다. 『화엄경』에 밤을 관장하는 신이 게송으로 부처님을 찬탄하였다는 내용이 있습니다.

너희들은 부처님의 행위를 보라.

넓고 크고 고요한 허공의 모양
끝없는 욕심의 바다 깨끗이 하니
때 없고 단정함이 시방 비치네.


우리는 욕심을 비우기 전에는 무한대의 행복을 맛볼 수 없습니다. 행복은 소유를 분자로, 욕심을 분모로 합니다. 그림으로 보면 아래와 같습니다.


$$\text{행복} = \frac{\text{소유}}{\text{욕심}}$$


분자인 소유가 아무리 커져도 행복이 무한대가 되진 않습니다. 분모인 욕심이 제로가 되어야만 달성할 수 있습니다. 욕심이 없어져야 무한한 행복을 맛볼 수 있다는 겁니다. 『화엄경』에는 주야신이 부처님의 위신력을 받들어 온갖 무리를 살펴보고 설하는 게송이 나옵니다.


부처님이 복 없는 중생 가운데
큰 복으로 장엄하신 위풍이 늠름하고
티끌 없고 정멸한 법 보이니
보발수화 주야신이 깨치었고
……

우리는 복을 좋아합니다. 복 받으러 절에 다니고 교회에 다니는 경우가 많습니다. 부처님도 박복한 중생을 위해 무량한 대복으로 장엄하셔서 때로는 복을 나눠주기도 합니다. 그런데 우리가 받아 쓰는 복은 유한합니다. 언젠가 다 쓰고 나면 없어질 복이라는 겁니다. 그래서 부처님은 복을 나눠주시기도 하시지만 아무리 사용해도 없어지지 않는 무루無漏의 복을 짓는 방법을 가르치십니다.

우리나라 전래설화 중에 복 받으러 천축국으로 떠난 노총각의 이야기가 있습니다. 이 총각은 나이가 먹도록 돈이 없어서 장가를 가지 못했습니다. 그러던 어느 날 주변 사람들의 이야기를 들어 보니 부처님이 복을 주신다는 겁니다. 그래서 '좋다. 그렇다면 부처님을 직접 만나서 복을 받아 오리라.' 생각하고 지금의 인도 땅, 천축국으로 출발을 합니다.

도중에 길을 잃고 헤매던 총각은 한 점 불빛이 아른거리는 집을 발견합니다. 늦은 밤 문을 두드리니 소복 차림의 여인이 나타납니다. 사정 이야기를 하고 하룻밤 묵기를 간절히 부탁합니다. 그렇게 하룻밤을 묵고 그 다음날 일찍 길을 떠나려고 총각이 채비를 하는데 이 여인이 밥상을 잘 차려 주고 노자까지 주면서 말을 합니다.

"부처님을 만나러 가신다니 저도 한 가지 부탁이 있습니다."

"부탁이라는 게 무엇입니까?"

"제가 청상과부가 된 지 얼마 되지 않았습니다. 혼자 살기에 앞길이 막막합니다. 앞으로 어떻게 살아야 할지 부처님께 여쭤봐 주세요."

총각은 "예, 알겠습니다." 하고는 노잣돈을 챙겨 길을 떠납니다.

그리고 한참을 가다 보니 동자 셋이 모래 장난을 하고 있었습니다. 더욱이 보배구슬을 가지고 놀면서 주문을 외우고 있는 겁니다. 총각은 궁금하여 무엇을 하는지 묻습니다. 동자들은 보배구슬에서 줄기가 나와 하늘로 올라가야 승천할 수 있는데 이렇게도 해 보고 저렇게도 해 보았지만 줄기가 나오질 않아 고심하고 있다고 말합니다. 이런저런 이야기 끝에 노총각이 부처님을 만나러 간다고 하니 동자들도 부처님께 여쭤봐 달라고 부탁을 합니다. 그러고는 노잣돈을 보태어 줍니다.

온갖 어려움을 겪고 천축국에 거의 다 왔습니다. 그런데 큰 강에 가로막혀 건널 수가 없었습니다. 배도 없고 돈도 없고 해서 땅을 치며 울고 있는데 갑자기 이무기가 나타나서는 "왜 그러느냐?" 하고 묻습니다.

"제가 여차저차 해서 이러고 있습니다."

"그렇다면 내가 이 강을 건네줄 테이니 그 대신 내 부탁도 들어다오."

"무엇입니까?"

"내가 천년이 넘었는데 아직도 이무기다. 어떻게 용이 되어 승천할 수 있는지를 여쭤봐 다오."

"알겠습니다."

그리고 마침내 부처님을 만났습니다. 부처님을 보자마자 "부처님 복 주십시오."라고 했더니 부처님은 "복을 왜 나한테 달라고 그러느냐?"고 합니다. 노총각이 "사람들이 말하기를 부처님께 복을 빌면 부처님이 복을 주신다고 했습니다. 사람들의 말이 다 틀린 겁니까?"하고 묻자 부처님은 "그래, 나는 복을 닦으라고 했지 복을 준다고 한 적이 없다."라고 하는 겁니다. 한참을 낙심하고 있던 노총각은 부탁받은 일들이 생각나서 다시 부처님께 여쭸습니다.

"제 복은 그만 두고 이것만 여쭤보겠습니다."

"무엇이냐?"

"이무기는 어떻게 용이 되겠습니까?"

"이무기라는 놈은 욕심이 너무 많아서 여의주를 두 개나 물고 있기 때문에 무거워서 승천하지 못한다. 하나를 뱉어 내라고 그래라."

"예, 알겠습니다. 동자들은 어떻게 하면 천상으로 올라가는 꽃을 피울 수 있습니까?"

"보배구슬을 각자 하나씩 갖고 있기 때문이다. 두 개를 모아서 흙을 덮으면 줄기가 나온다고 그래라."

"예, 알겠습니다. 그럼 여인은 어떻게 됩니까?"

"청상과부가 된 후 처음으로 집에 와서 잔 사람을 남편을 삼으면 잘 산다고 하여라."

"예, 알겠습니다."

노총각은 원하던 복은 하나도 받지 못했지만 남들의 고민과 어려움에 대해서는 부처님으로부터 답을 들었다는 기쁜 마음으로 돌아갑니다. 그리고 이무기한테 물고 있는 두 개의 여의주 중 하나를 뱉어내야 승천할 수 있다고 한 부처님의 말씀을 전합니다. 이무기는 이 이야기를 들고 여의주 하나를 뱉어 내어 바로 승천을 합니다. 뱉어낸 여의주 하나는 노총각에게 주었습니다. 동자에게도 부처님의 말씀을 전합니다. 구슬을 두 개 붙여 놓으니 하나의 보배구슬에서 줄기가 나서 승천을 하게 됩니다. 남은 하나의 보배구슬은 역시 노총각에게 주었습니다. 마지막으로 여인에게 부처님의 말씀을 전합니다. 그런데 처음 방문하여 하룻밤을 잔 사람이 다름 아닌 자기였던 겁니다. 노총각은 졸지에 아름다운 여인, 보배구슬, 여의주가 생기는 온갖 복을 받았다는 이야기입니다. 결국 이 이야기는 복 닦는 법을 가르치고 있다고 하겠습니다.


주 주 신 중 아 수 라
## 主晝神衆阿修羅

주주신은 낮을 관장하는 신입니다. 낮을 관장하는 신이 부처님의 위신력을 받들어 낮을 맡은 온갖 신을 두루 살펴보고 게송을 설합니다.

> 중생이 험난한 데 헤매는 것을
> 여래가 슬피 여겨 세간에 출현하셔서
> 모든 괴로움 남김없이 소멸하시니
> 낮 맡은 주주신의 해탈이라.

여래께서 세간에 출현하신 이유는 험난한 데서 헤매는 중생을 구제하기 위해서입니다. 부처님이 보시기에 중생의 삶이란 물가에 내몰린 어린아이와 같고, 불타는 집안에서 정신없이 노는 어린아이와 같습니다. 거친 파도에 언제 휩쓸릴지, 화마에 언제 휩싸일지 모릅니다. 그와 같은 중생의 온갖 괴로움을 소멸해 주시기 위해 부처님이 이 세상에 오신 것입니다.

그렇다면 괴로움은 어떻게 해야 소멸하느냐? 부처님이 "중생의 모든 괴로움은 소멸되어라. 뚝딱!" 하면 괴로움이 소멸되는 게 아닙니다. 신이 제아무리 전지전능하다 해도 인간은 항상 고통과 괴로움 속에서 살고 있습니다. 우리는 술에 취하면 기분이 좋고 행복감에 젖어듭니다. 그런데 술에서 깨고 나면 더 괴롭습니다. 머리까지 아파집니다. 마약도 취하면 행복합니다. 그러나 깨고 나면 더 괴롭고 점점 더 중독이 됩니다. 종교도 마찬가지입니다. 마치 신이라는 제삼의 존재가 나를 행복하게 만들어 줄 수 있을 것처럼 이야기하지만, 그것은 술에 취하는 것이나, 마약에 취하는 것이나, 그릇된 신념에 취하는 것과 똑같습니다. 결국은 깨고 나면 더 괴롭습니다. 괴로움은 어떻게 하면 소멸되느냐? 부처님은 이 괴로움을 소멸시키는 방법을 우리에게 분명히 보여 주셨습니다. 바로 사성제四聖諦입니다. 진리 중에 최고의 진리라 할 수 있는 것입니다.

사성제, 즉 고苦 · 집集 · 멸滅 · 도道는 아주 간단한 이치이지만 사람들은 이를 모릅니다. 나의 고통苦은 다름 아닌 아집 때문입니다. '나'라는 실체가 있다는 집착集으로 인해서 나의 고통이 있는 겁니다. 고통을 소멸滅하려면 도道를 닦아야 합니다.

도를 닦는 데는 여덟 가지 올바른 방법이 있습니다. 팔정도八正道의 가르침입니다. 바른 생각正思惟, 바른 말正語, 바른 행위正業, 바른 생계正命, 바른 정진正精進, 바른 알아차림正念, 바른 선정正定, 바른 지혜正見야말로 고통에서 벗어나는 방법입니다. 그 이외의 다른 방법은 일시적인 방법은 될지 모르나 궁극적인 방법은 될 수 없습니다.

내가 있기 때문에 나의 고통이 있는 겁니다. 내가 사라져야 나의 고통이 사라집니다. 고통이 소멸된 상태를 니르바나nirvana라고 합니다. 열반涅槃 혹은 적멸寂滅이라고도 합니다. 고통의 불이 꺼졌다는 뜻입니다. 고통을 소멸하려면 분별심이 쉬어야 합니다. 이 마음이 내 마음이라는 생각이 없어지는 것입니다. 본래 내 마음이라는 것은 없습니다. 내가 분별해서 내 마음이 있다고 착각할 뿐입니다. 그러므로 내 마음이 괴롭다는 것도 다 착각일 뿐입니다. 이것을 분명히 알아 분별심이 쉬어야 합니다. 그러나 몸뚱이가 있는 한 아무리 분별심이 쉬어도 괴롭습니다. 먹여 주고, 재워 주고, 입혀 주고, 운동도 시켜 주는 등 아무리 돌봐 줘도 불만이 많습니다. 몸뚱이는 더 맛있는 거 먹여 달라, 더 재워 달라, 더 쉬어 달라, 더 쾌락을 느끼게 해 달라고 끝없이 요구합니다. 그래서 마음의 분별이 완전히 쉬고, 이 몸마저 완전히 사라져서 오로지 본마음, 참나 자리만이 성성한 마하반야바라밀의 상태로 돌아가야 합니다.

신들의 세계는 상계, 중계, 하계 세 영역으로 나뉩니다. 신의 세계에도 위계질서가 있다는 겁니다. 우리는 계급 없는 사회에 살기를 희망합니다. 그러나 비록 천상의 세계라 하더라도 계급이 있습니다. 그것은 우리가 지은 복과 도가 다르기 때문입니다. 복과 도를 많이 닦은 사람과 그렇지 않은 사람은 어디를 가든 어떻게 살든 차이가 있을 수밖에 없습니다.

아수라는 천상세계 중 중계의 신에 속합니다. 아수라는 본래 천신으로 수미산 원주민이었습니다. 그런데 제석천왕에게 밀려 도리천에서 쫓겨난 신세가 되었습니다. 아수라는 본토 회복을 위해 천신들에게 선전포고를 하고 전쟁을 일삼습니다. 그러나 복력이 부족하기 때문에 매번 패합니다. 반면 도리천의 제석천왕은 과거 인간으로 있을 때 서원을 세웠습니다.

> 부모를 봉양하고 연장자를 공경하며
> 부드럽고 상냥하게 말하고 험담하지 않으며
> 시기하지 않고 진실만을 말하며
> 분노를 다스리겠습니다.

이러한 서원을 세운 제석천왕은 동료 서른두 명과 함께 실천하며 공덕을 지었습니다. 제석천왕까지 서른세 명입니다. 이들은 사람들을 위해 길을 닦고, 먼 길을 가는 나그네들이 쉴 곳을 마련해 주는 등, 지금으로 말하자면 공익사업에 헌신했습니다. 자신들이 가진 재원과 노력을 아끼지 않았던 겁니다. 이와 같은 공덕으로 제석천왕은 동료들과 함께 도리천의 천신이 되어 태어납니다. 도리천을 삼십삼천이라 하는 연유가 여기에 있습니다.

이렇게 도리천의 제석천왕이 되고 보니 원주민인 아수라들이 너무나 형편없이 살고 있는 겁니다. 술 마시기를 좋아하고 술에 취해 자기들끼리 싸우는 모습이 엉망진창이었습니다. 제석천왕은 이들과 같이 산다는 게 자존심이 상했습니다. 그래서 어느 날 아수라들이 인사불성이 될 때까지 술을 진탕 먹이고는 그 틈을 이용하여 전부 바다에 던져 버렸습니다. 아수라들은 순식간에 바다로 곤두박질치고 말았습니다. 그나마 과거 생에 지은 공덕이 있어 수미산 아래에 자기들만의 성을 가질 수 있었습니다. 그때부터 삼십삼천의 신들과 아수라들의 싸움이 연일 계속 되고 있다고 합니다. 아수라들은 자기들이 본래 살던 땅을 회복하기 위해, 삼십삼천의 신들은 도리천을 수호하기 위해서 싸움을 합니다.

우리는 전쟁 없는 세상에서 살고 싶어 합니다. 하지만 천상이라도 전쟁은 피해 갈 수 없습니다. 우리가 정말 평화를 얻기 위해서는 복 닦기, 도 닦기를 하는 방법밖에 다른 길은 없습니다. 복 닦기 중 최상의 복밭은 삼보입니다. 그래서 불·법·승 삼보에 귀의하는 것입니다.

제석천왕이 인간으로 있을 때 동료들과 함께 평생을 공익사업에 헌신한 결과 도리천의 왕이 되었다고 앞에서 설명했습니다. 그런데 제석천왕이 보니 자기보다 더한 영광을 누리는 신들이 속속 태어나는 겁니다. 그래서 그 이유를 알아보니, 이 신들은 삼보께 지은 공덕이 실로 커서 무량한 복락을 누리는 것이었습니다. 제석천왕이 인간으로 있었을 때는 삼보가 없었기 때문에 지을 수 있는 복이 한정적이었던 반면 이 신들은 삼보가 있을 때 인간의 몸으로 있었던 겁니다. 부처님께 공양 한 번 올리거나, 법을 들어서 수다원과를 얻었거나, 아라한과를 얻은 스님에게 공양을 올린 공덕에 비하면 제석천왕의 공익사업은 큰 것이라 할 수 없습니다. 똑같은 씨앗이라도 기름진 밭에 뿌리는 것과 중간 밭에 뿌리는 것과 자갈밭에 뿌리는 것의 소득이 다릅니다. 제석천왕도 이러한 이치를 깨닫고 인간의 몸으로 변신해 삼보께 온갖 공양 올리는 등 공덕을 계속 지어 그 자리를 유지하고 있다고 경전에서는 말하고 있습니다.

가 루 라 왕 긴 나 라

# 迦樓羅王緊那羅

가루라는 '가루다'라고 불리는 새로, 봉황과 같이 인도 신화에 등장하는 상상 속의 새입니다. 천상에 사는 가루다는 용을 잡아먹는다고 알려져 있는데, 크기가 거대해서 한 번의 날갯짓으로 폭풍이 일어난다고 합니다. 가루다는 사람으로도 변신할 수 있으며 재일을 지키고 계율을 준수한다고 합니다. 『화엄경』에 가루라왕이 게송을 설하는 장면이 있습니다.

> 부처님이 보기에는 모든 국토가
> 업 바다에 의지하여 생겨 있거든
> 법비를 그 가운데 널리 내리니
> 음성 넓은 눈 가루라의 해탈이로다.

가루라왕의 게송 중 한 구절입니다. 모든 국토가 업의 바다에 의지하여 생겼다는 말은 업이 비슷한 존재들끼리 모여 세계가 생긴다는 말입니다. 우리가 이 사바세계에 사는 것은 사바세계에 태어날 복분을 가지고 있었기 때문입니다. 그러므로 '하필이면 왜 나는 이런 시기에 이런 나라에 태어나서 이 고생을 하는가?'라고 이야기하면 안 됩니다.

예를 들어 어떤 사람이 죄를 지어 감방에 갔습니다. 그런데 그 사람이 "도대체 이런 세상이 어디 있어? 왜 내 마음대로 밖에도 나가지 못하게 하고, 먹고 싶은 것도 마음대로 먹지 못하게 하는 거야."라며 온갖 불평불만을 늘어놓는다면 어떻습니까? 말이 안 되는 겁니다. 그 사람은 그럴 만한 죄업을 지었기 때문에 감방에 들어갔고, 감방 생활에 제약이 따르는 것은 당연한 일입니다. 그러므로 불평불만으로 가득한 삶처럼 어리석은 것은 없습니다.

우리는 현재의 상황과 조건을 일단 수용해야 합니다. 이 시대와 이 나라에 태어난 것, 지금의 가족과 살고 있는 것은 모두 과거 생에 내가 지은 작품의 결과라고 받아들여야 합니다. 그리고 이대로 살고 싶으면 그냥 사는 것이고, 좀 더 좋은 시대와 국토에서 좀 더 좋은 사람들과 함께 살고 싶다면 지금부터라도 그만큼의 복과 도 닦기를 해야 합니다. 복 닦기와 도 닦기는 부처님 법을 만나는 것이 제일입니다. 부처님은 복 닦기, 도 닦기의 방법을 다 가르쳐 주셨습니다. 부처님 법을 만나 복 닦기, 도 닦기를 하면 세세생생 불평불만으로 가득 찬 삶에서 벗어나 감사와 행복이 가득한 삶으로 바뀝니다. 복을 닦으려면 아는 만큼 전하고 가진 만큼 베풀어야 합니다. 도를 닦으려면 바로 지금 여기에서 몸과 마음을 잘 관찰해야 합니다.

긴나라는 악신樂神, 음악의 신입니다. 인도의 신화에도 긴나라는 설산에 살면서 미묘한 음성으로 노래하고 춤추며 여러 보살과 일체중생을 감동시킨다고 했습니다. 대승경전을 보면 부처님이 법문하시기 전에 팔부신중이 등장하여 음악을 연주하고 춤을 추는 장면이 나옵니다. 요즘 큰스님들이 법문을 하면 합창단이 음성 공양을 하는 것과 같습니다. 이들이 긴나라와 같다고 할 수 있습니다. 긴나라를 인비인人非人이라 번역하기도 하는데, 이는 긴나라가 사람인 듯 사람이 아닌 듯한 모습으로 나타나기 때문입니다.

저는 오늘날과 같은 문화 감성의 시대에는 사찰에서도 합창단이나 오케스트라와 같은 모임을 만드는 등 음악을 잘 활용하는 것이 중요하다고 생각합니다. 문화적 접근을 통해 사람들에게 편안함을 제공하면 부처님의 법비가 잘 스며들 수 있는 분위기가 조성됩니다. 긴나라는 바로 이와 같이 불보살님들께서 법문을 잘 하실 수 있게, 또는 불보살님들의 법문을 중생이 잘 알아들을 수 있게 하는 역할을 합니다.

# 제4장

摩睺羅伽夜叉王
마 후 라 가 야 차 왕

諸大龍王鳩槃茶
제 대 용 왕 구 반 다

乾闥婆王月天子
건 달 바 왕 월 천 자

日天子衆忉利天
일 천 자 중 도 리 천


마후라가왕과 야차왕

여러 용왕과 구반다왕

건달바왕과 월천자

일천자왕과 도리천왕

부처님은 중생의 이익과 행복을 위해 법을 전하셨으며, 갖은 방편으로 교화하셨습니다. 갈증에 괴로워하는 사람에게 감로의 법을 보여 바로 시원하게 적셔 주셨습니다.

부처님은 중생을 제도할 때 크게 '위의교화威儀教化, 신통교화神通教化, 설법교화說法教化' 세 가지 방법을 써서 교화하셨습니다.

위의威儀라는 것은 몸가짐과 마음가짐을 말합니다. 거동이 매우 거룩하여 보기만 해도 감화를 받는다는 겁니다. 단지 부처님의 모습을 보는 것만으로도 감화가 되어 제자가 된 경우도 많습니다. 신통교화의 대표적인 사례는 앞에서 설명한 가섭 삼형제가 교화된 것과 같은 경우입니다. 설법교화는 법을 설해 감복을 시키는 것이죠. 가장 대표적인 교화 방법이기도 합니다.

중국에 화엄교학의 종조인 청량 국사 징관이라는 스님이 계셨습니다. 이 스님은 『화엄경』에 관한 법문을 참 잘하여서, 사람들이 법문을 듣고 나면 마음까지 시원해졌습니다. 스님은 국사가 되면서 청량이라는 호를 받습니다. 이 '청량'이라는 말은 아주 시원하고 서늘하다는 뜻입니다. 청량음료라는 말도 여기에서 연유합니다. 이 시대야말로 진정한 청량 국사가 필요한 때입니다. 모든 사람이 열망의 불, 애증의 혈떡임을 쉬고 마음이 시원해질 수 있도록 안내해 줄 수 있는 이 시대의 청량 국사를 기대해 봅니다.

마 후 라 가 야 차 왕
# 摩睺羅伽夜叉王

마후라가는 마후라, 대망신으로 불리며 긴나라, 건달바와 함께 음악의 신입니다. 대승경전, 특히 『화엄경』에서는 음악을 소중히 여기고 있음을 알 수 있습니다. 마후라가는 뱀처럼 기어 다니는 모습 때문에 '복행腹行'이라 번역하기도 합니다. 『화엄경』에 나타난 마후라가왕의 게송을 소개합니다.

> 너는 보라 여래의 성품 청정하여서
> 위엄 광명 나타내어 중생 이롭게 하고
> 감로 도를 보여서 서늘케 하니
> 모든 괴로움 아주 멸해 기댈 데가 없다.

청정하다는 것은 더럽다는 말과 반대되는 의미의 깨끗함을 뜻하지 않습니다. 오히려 텅 비었다는 의미를 갖습니다. 공하여 텅 비었기 때문에 무엇으로든 채울 수 있습니다. 때문에 여래가 선인이든 악인이든 모든 사람을 포용할 수 있는 겁니다. 바닷물이 영산강 물이든 낙동강 물이든 섬진강 물이든 차별 없이 받아들이는 것과 같은 이치입니다. 영산강 물이 됐든 낙동강 물이 됐든, 또는 맑은 물이든 혼탁한 물이든 아무 상관없이 모든 물을 받아들이는 것이 공의 의미라고 할 수 있습니다.

야차는 범어로 '야크샤yakṣa'입니다. 여자 야차는 '야크시니yakṣinī'

라고 합니다. 야차는 본래 사람을 잡아먹는 포악한 귀신이었지만 불법에 귀의한 뒤 팔부신중의 하나가 되어서 도량을 보호하는 수호신이 되었습니다. 경전에는 야차에 관한 이야기가 여러 곳에 등장합니다. 그중 『법구경』에 나오는 일화를 소개합니다.

구슬치기를 좋아하는 두 소년이 라자가하 마을에 살고 있었습니다. 한 명은 불교신도의 아들이었고 또 다른 한 명은 이교도의 아들이었습니다. 불교도의 아들은 "부처님께 귀의합니다." 하고 부처님의 공덕을 생각하면서 구슬을 던졌고, 다른 소년은 "스승께 귀의합니다." 하고 구슬을 던졌습니다. 그런데 매번 불교도의 아들이 이겼습니다. 이교도의 아들이 구슬치기에서 지는 이유를 살펴보니, 불교도의 아들이 구슬을 던지면서 "부처님께 귀의합니다."라고 하는 것에 그 이유가 있음을 알게 되었습니다. 그래서 이 소년은 부처님에 대한 명상을 연습하게 됩니다.

그러던 어느 날 소년은 아버지와 함께 성밖에 나갔다가 아버지가 소를 찾아 헤매는 바람에 성문이 닫히고 나서야 홀로 성문 앞에 도착했습니다. 소년은 아버지를 기다리다 지쳐 수레 아래에 누워 잠이 들었습니다. 그때 마침 두 야차가 이 소년을 발견하였습니다. 두 야차가 소년을 잡아먹으려고 발을 잡아 끌어내는 순간 소년은 그동안 연습했던 "부처님께 귀의합니다."라는 말을 하게 됩니다. 부처님의 제자라는 사실에 깜짝 놀란 두 야차는 잡아먹고자 하는 마음을 버리고 소년을 보호합니다. 이들은 성에 들어가 왕의 접시에 궁중의 음식을 담아와서 부모처럼 아이에게 먹였습니다. 그렇게 자신들이 할 일을 다 마친 그들은 그간의 일을 접시에 요약해서 써 놓고 새벽에 떠납니다.

다음날 왕궁에서는 왕의 접시와 음식 일부가 없어졌음을 알게 됩니다. 그래서 범인을 찾다가 바로 이 소년과 접시를 발견하였습니다. 소년은 왕 앞으로 끌려갔습니다. 왕은 접시에 적혀 있는 글을 보고 "이게 무슨 소리냐?" 하고 소년에게 물었습니다. 소년은 "저는 아무것도 모릅니다. 부모님이 오셔서 지켜 주었고 저는 잠만 잤습니다." 라고 말합니다. 이때 소년의 부모가 달려와 왕에게 전후사정을 말합니다. 왕은 세 사람을 부처님께 데려가서 "부처님이시여! 붓다에 대한 명상만으로 위험으로부터 보호받을 수 있습니까? 아니면 법에 대한 명상이나 다른 명상으로도 보호받을 수 있습니까?" 하고 묻습니다. 그때 부처님은 "대왕이여! 붓다에 대한 명상만으로 위험으로부터 보호를 받는 것이 아닙니다. 여섯 가지 명상에 잘 숙달되어 있으면 다른 보호 수단이나 방어 수단, 주문이나 귀신을 쫓는 부적 같은 것이 필요 없습니다."라고 말씀하십니다. 그리고 여섯 가지 명상을 게송으로 읊으셨습니다.

> 늘 성성하게 깨어 있는 고타마의 제자들은
> 밤이나 낮이나 항상 붓다의 덕성을 명상한다.
> 늘 성성하게 깨어 있는 고타마의 제자들은
> 밤이나 낮이나 항상 법에 대하여 명상한다.
> 늘 성성하게 깨어 있는 고타마의 제자들은
> 밤이나 낮이나 항상 승가의 공덕에 대하여 명상한다.

늘 성성하게 깨어 있는 고타마의 제자들은

밤이나 낮이나 항상

몸의 서른두 부분에 대하여 명상한다.

늘 성성하게 깨어 있는 고타마의 제자들은

밤이나 낮이나 항상 불살생을 즐거워한다.

늘 성성하게 깨어 있는 고타마의 제자들은

밤이나 낮이나 항상 마음공부에서 즐거움을 느낀다.


이와 같이 여섯 가지 명상 수행을 설명해 주신 겁니다. 이 여섯 가지 명상 수행 중에 한 가지라도 잘 숙달되어 있으면 어떠한 위험으로부터도 보호받을 수 있기 때문에 다른 보호 수단이나 주문, 부적 같은 것이 필요 없다는 겁니다.


제 대 용 왕 구 반 다
## 諸大龍王鳩槃茶

용龍을 범어로 나가Nāga라고 합니다. 용은 축생 중에서 가장 수승한 존재라고 하지만 인간의 몸이 아니기 때문에 수다원과를 얻을 수 없습니다. 인간의 몸을 받고 불법을 만난 것이 얼마나 다행인 일인지를 알아야 합니다.

경전에는 용에 관한 이야기들이 많습니다. 『법구경』에는 부처님이 베네레스에 계실 때 에라까빠다 용왕에게 설하셨다는 이야기가 있습니다.

석가모니 부처님 이전에 까사바 부처님이 계시던 때, 젊은 비구가 죽어 용왕으로 태어났습니다. 그 비구는 갠지스 강가에서 배를 타고 나무숲을 지날 때 우연히 나뭇잎을 붙잡다가 그 잎사귀를 뜯어 버린 일을 마음에 담고 있었던 것이 원인이 되어 죽어서는 인간의 몸을 받지 못하고 용이 된 것입니다. 용왕이 되어서도 '아, 내가 인간의 몸을 받지 못하고 용왕이 되었구나.'라고 생각하며 한시도 잊지 않았습니다. 그리고 부처님이 이 세상에 출현하시기를 학수고대 하였습니다. 부처님께 가르침을 받아 다시 인간의 몸으로 나기를 기대했던 겁니다. 용왕은 갠지스 강 한가운데에서 그의 딸을 몸 위에 얹어 놓고 노래하며 춤추게 했습니다. 용은 다섯 가지의 경우가 아니면 항상 인간의 몸을 하고 돌아다닐 수 있다고 합니다. 태어날 때와 죽을 때, 허물을 벗을 때와 잠잘 때, 그리고 자기 종족과 성관계를 맺을 때가 아니면 인간의 모습으로 항상 변신할 수가 있다는 겁니다. 그래서 용왕은 딸을 사람의 몸으로 변신하게 하여 춤을 추면서 특별히 다음과 같은 노래를 하도록 했습니다.

어떤 것을 다스린 자를 진정한 왕이라 하는가?
또 어떤 왕이 번뇌의 지배를 받는가?
또 어떻게 번뇌의 지배에서 벗어나는가?
또 어떤 사람을 어리석은 자라고 부르는가?

노래를 통해 이와 같은 네 가지 질문을 사람들에게 던진 것입니다. 부처님이 아니면 답변할 수가 없는 이 질문에 답변을 정확하게 하는 이가 나타나면 드디어 부처님이 세상에 오셨음을 알 수 있으리라는 생각에서였습니다. 용왕은 질문에 대답하는 자에게 보상으로 자신의 딸과 많은 금은보화를 주겠다고 약속합니다.

그때는 마침 석가모니 부처님이 출현하셨던 시기였습니다. 수많은 청년이 질문에 답변하기 위해 갠지스 강으로 향했습니다. 그러나 결과는 실패뿐이었습니다. 그러던 어느 날 부처님이 살펴보니 우따라라는 청년 역시 갠지스 강으로 향하고 있었습니다. 부처님은 이 청년이 과거 생에 지은 복으로 금생에 수다원과를 얻을 인연의 때가 되었음을 아셨습니다. 부처님은 우따라가 지나가는 길목의 나무 아래에 앉아 계시다가 우따라를 불러 이야기하십니다.

"어딜 가느냐?"

"용왕의 딸이 노래 부르는 곳에 갑니다."

"대답을 아느냐?"

"네, 준비했습니다."

"이야기해 보아라."

그런데 그 답을 들어보니 정답이 아니었습니다. 부처님은 "우따라여! 그녀가 노래 부를 때 이렇게 대답해야 한다."라며 답을 가르쳐 주십니다.


여섯 감각을 잘 다스린 자가 진정한 왕이다.

번뇌를 즐기는 자가 번뇌의 지배를 받는다.

번뇌를 즐기지 않으면 번뇌에서 벗어난다.

번뇌를 즐기는 자를 어리석은 자라고 부른다.

우따라는 부처님이 가르쳐 주신 대로 대답을 합니다. 대답을 들은 용왕은 "아! 부처님이 이 세상에 출현하셨구나. 이와 같은 답은 한 번도 들어 본 적이 없다. 실로 부처님이 출현하셨구나."라며 기쁨에 가득 차서 우따라와 함께 부처님을 찾아갑니다. 부처님은 용왕에게 "용왕이여! 인간이 되는 것은 실로 어려운 일이다. 인간이 되었어도 법을 듣는 기회를 만나는 것은 더욱 어렵다. 부처가 세상에 출현하는 것도 마찬가지다. 부처는 정말 어렵게 찾아오는 것이다."라고 말씀하십니다.

사람으로 태어나는 것, 불법을 만나는 것, 그리고 부처님이 이 세상에 출현하시는 것의 어려움을 가리켜 삼난三難이라고 합니다. 세상에는 어려운 일이 많지만 그중 가장 어려운 일이 바로 이 세 가지라는 겁니다. 우리는 세 가지 중에 이미 두 가지를 만났으니 더없는 행운을 만났습니다. 이 행운을 잘 살려야 합니다. 그냥 흘려보낸다면 세세생생 땅을 치고 통탄할 일입니다.

구반다는 옹형귀甕形鬼라고도 합니다. 항아리 같은 모양을 하고 사람의 정기를 빨아 먹는 귀신이었지만, 불법에 귀의하여 남방 증장천왕 밑에서 선신이 된 팔부신중의 하나입니다. 『화엄경』에 있는 구반다왕이 읊은 게송 첫 대목을 소개합니다.

참는 힘을 성취한 세간의 도사
중생 위해 수행하기 한량없는 겁
세간의 교만한 집 길이 여의니
그러므로 그의 몸 가장 엄정해

　여기서 말하는 '참는 힘'은 인욕심입니다. 보살의 육바라밀 중에도 인욕바라밀이 있습니다. 그래서 참아냄을 성취한 이를 일러 길을 인도해 주는 스승이라고 한 것입니다.

　세상의 그 누구도 나의 길을 대신 갈 수 없습니다. 부처님도, 신도, 부모님도 마찬가지입니다. 내가 밥을 먹지 않으면 내 배가 부르지 않는 것과 같습니다. 부처님이 드신다고 나의 배가 부르는 게 아닙니다. "신이시여! 저 대신 진지를 드시고 저는 배만 부르겠습니다." 하는 것은 말도 안 되고 터무니없는 겁니다.

　세상 그 누구도 나를 대신해 줄 수는 없지만 길을 보여 주고 인도해 줄 수는 있습니다. 바로 스승, 도사가 그러합니다. "이쪽 길로 가면 네가 행복해진다. 이쪽 길로 가거라." 하고 보여 주고 인도해 주고 이끌어 주는 이가 세간의 도사입니다.

　사바세계에 태어난 우리는 인욕을 하지 않으면 수행을 할 수가 없습니다. 사바세계는 고통이 반, 즐거움이 반인 세계를 말합니다. 극락세계가 아닙니다. 그럼에도 불구하고 내 마음대로 되지 않는다며 불평불만을 늘어놓는 사람들은 자기가 지금 어떤 세상을 사는지 잘 모르는 겁니다. 내 마음대로 안 되는 게 당연합니다. 왜? 이 세계가 바로 사바세계이기 때문입니다. 그러므로 우리는 주어진 현실을 감수하고 그것을 개선하려고 노력하며 사는 것이 현명합니다.

모든 부처님이 설하신 공통된 가르침이 있습니다. 칠불통게七佛通偈, 일곱 부처님이 공통적으로 읊은 게송입니다. 이 칠불통게야말로 불교의 핵심이라고 할 수 있습니다.

> 악은 행하지 말고 선은 구족하며
> 마음을 깨끗이 하라.
> 이것이 붓다들의 가르침이다.
> 인욕이 최고의 고행이요
> 열반이 으뜸이라고 붓다들은 말씀하신다.
> 남을 비난하는 자는 출가자가 아니요
> 남을 해치는 자는 사문이 아니다.

인욕이란 욕됨을 참는다는 뜻입니다. 누가 나를 비난하거나 헐뜯어도 그것을 잘 견뎌내는 것이 바로 인욕입니다. 수행자는 팔풍八風에 흔들려서는 안 된다고 합니다. 팔풍이란 수행자에게 좋은 일, 혹은 나쁜 일로 영향을 미치는 여덟 가지 작용을 말합니다. 이익利과 손해衰, 즐거움樂과 괴로움苦, 명예譽와 상처毁, 칭찬稱과 비난譏이 그것입니다.

인욕이란 폭풍과 돌풍의 상황을 참고 견디는 것뿐만 아니라 미풍과 훈풍에도 마음이 흔들리지 않는 것, 즉 팔풍에 흔들리지 않는 것입니다. 눈앞의 이익과 일시적인 즐거움에 취해 신심을 소홀히 하거나 다른 사람이 하는 칭찬을 듣고 증상만 키울 수도 있기 때문입니다. 구도의 원력을 세우고 수행하는 사람은 마땅히 자신에게 쏟아지는 온갖 좋고 나쁜 것을 참아내야 합니다. 다른 사람을 비난하거나 해치는 것은 더욱 있을 수 없는 일입니다.

건 달 바 왕 월 천 자
## 乾闥婆王月天子

신들의 세계에도 계위가 있고 그에 따른 여러 종류의 신들이 있다고 했습니다. 신들의 세계를 크게 상계, 중계, 하계로 나눕니다. 앞에서 말한 아수라부터 이어서 할 건달바왕까지가 중계의 팔부신중입니다.

건달바는 범어 '간다르바gandharva'를 음사한 겁니다. 요즘 불량배를 건달이라고 하는데 이 말도 여기에서 연유했습니다. 건달바는 식향食香, 심향心香, 향음香陰 등으로 번역하며 긴나라와 함께 제석천의 아악雅樂을 담당하는 신입니다. 술과 고기를 먹지 않고 향만 먹으며 공중으로 날아다닌다 하여 심향행尋香行이라고도 합니다. 『화엄경』「세주묘엄품」에 나오는 건달바왕의 게송을 소개합니다.

> 부처님의 경계에 한량없는 문
> 모든 중생 들어가지 못하건만
> 선서의 허공같이 청정한 성품

세간 널리 위해 바른 길 연다.

『화엄경』은 부처님이 설한 경전이라기보다는 부처님을 설한 경전이라는 말이 있습니다. 「세주묘엄품」의 내용 대부분이 부처님이 설하신 게 아니라 등장 인물인 신중이 부처님을 찬탄하는 게송들입니다.

부처님을 '잘 가신 분'이라는 뜻으로 '선서善逝'라고도 부릅니다. 반면 우리는 죽을 때가 되면 애착이 많아서 잘 가지 못합니다. "아이고! 우리 자식들은 누가 챙겨 주나? 남편이 또 장가가지는 않을까? 내 통장은 어느 놈이 챙겨 가나?" 등 살아생전에 못했던 것, 미련이 남는 것 때문에 잘 가지를 못하는 겁니다. 불완전 연소가 되면 찌꺼기가 남습니다. 중생의 삶이 바로 불완전 연소가 된 삶입니다. 바로 지금 여기를 살아서 완전 연소를 해야 하는데 과거를 끌어올려 후회를 하고 미래를 앞당겨 걱정을 하며 지금의 상황에 애착을 갖고 있습니다. 이게 불완전 연소의 삶입니다. 그러나 부처님은 완전 연소하신 분이라 찌꺼기가 없습니다. 그래서 잘 사신 분, 잘 가신 분입니다.

월천자부터 대자재왕까지는 상계에 속하는 천중입니다. 이 중 월천자는 달을 담당하는 신으로 달의 밝고 깨끗함을 상징합니다. 몸과 마음에 어둠이 일어났을 때 밝은 빛으로 정화하며, 어리석음을 물리치고 장애를 없애 준다는 존재입니다. 보름달이 깜깜한 세계를 환하게 밝히듯 무명을 밝혀 주는 존재가 월천자라고 할 수 있습니다. 『화엄경』 「세주묘엄품」에 월천자가 부처님을 찬탄하며 읊은 게송이 있습니다.

부처님이 세간에 가득 광명 놓아
시방의 모든 국토 밝게 비추고
부사의한 넓고 큰 법 연설하시어
중생의 어두운 의혹 길이 피하네.


달은 모양에 따라서 보름달, 반달, 초승달, 그믐달 등으로 부릅니
다. 이렇게 모양이 바뀌어도 달은 항상 크고 밝고 둥근 것입니다. 우
리 눈에는 찌그러지거나 반쪽자리로 보인다 할지라도 달 자체가 찌그
러지거나 반쪽이 난 것이 아닙니다. 단지 그림자에 가려서 그렇게 보
일 뿐입니다. 일종의 착시현상입니다. 우리는 이런 착시현상 속에서
보름달을 기다리기도 합니다. 특히 연초에는 대보름달을 맞이하기 위
해 분주합니다. 조금이라도 더 가까운 데서 보름달을 맞이하고 소원
을 빌려고 산에 올라가기도 합니다. 그리고 간절한 마음으로 기원합
니다. 바로 월천자를 향해 소원을 비는 겁니다.

대보름달은 일 년에 딱 한 번 잠시 뜨고는 사라져 버립니다. 이때
를 놓치면 다음 해 대보름날이 오기를 기다려야 합니다. 그러나 사실
매일이 보름달 뜨는 날입니다. 나날이 보름달이고, 나날이 소원을 이
루는 날입니다. 일 년에 하루만 대보름달이 뜬다고 여길 것인가, 아니
면 매일 매일 보름달이 뜬다고 여기고 소원성취가 된다고 생각할 것
인가는 자기가 선택하는 겁니다. 다시 말해 행복은 미래의 목표가 아
니라 현재의 선택입니다. 행복을 미래의 목표로 삼아 바로 지금 여기
에서의 행복을 유보하는 것만큼 어리석은 일은 없습니다. 앞으로 좀

더 풍족해지면, 사람들과 관계가 원만해지면, 좀 더 많은 소원이 이루어지면 그때 비로소 행복한 웃음을 웃으리라고 한다면 인생을 낭비하고 있는 겁니다. 그런 날은 마치 대보름날처럼 일 년에 단 한 번 오거나 아니면 아주 오지 않을 수도 있습니다. 행복이 미래의 목표라고 여기는 것은 큰 착각입니다. 설령 미래에 그런 일이 이루어진다고 해도 행복해지리라는 보장이 없습니다. 밖에서 구하는 행복의 조건은 항상 변하기 때문입니다.

일 천 자 중 도 리 천
## 日天子衆忉利天

태양신을 섬기는 나라는 많습니다. 태양은 생명의 근원을 상징하기 때문입니다. 불교에서는 태양의 빛을 불보살님과 같은 의미로 봅니다.

일천자는 해의 신을 말합니다. 과거세에 스님들께 공양하고 곤궁한 자를 구제하며 열 가지 선업을 닦은 공덕으로 일궁전에 태어나 하늘의 광명을 얻었다고 합니다. 『화엄경』「세주묘엄품」에 일천자가 부처님을 찬탄하며 읊은 게송이 있습니다.

여래의 크고 넓은 지혜의 광명
시방의 여러 국토 두루 비치어
부처님의 가지가지 방편으로써

조복함을 중생이 보게 하더라.

여래의 색신이 그지없으사

좋아함을 따라서 몸을 나투고

모든 세간 위하여 지혜 여시니

빛난 불꽃 눈 천자 부처님 보고

색신色身은 몸뚱이를 말합니다. 여래는 본래 고정된 몸이 없습니다. 단지 중생의 좋아함을 따라서 몸을 나투시는 겁니다. 신의 몸으로 제도할 이에게는 신의 몸을 나투어서 제도하고, 인간의 몸으로 제도할 이에게는 인간의 몸을 나투어서 제도하고, 축생의 몸으로써 제도할 이에게는 축생의 몸을 나투어서 제도합니다. 부처님의 본래 모습은 정해진 모양이 없으므로 공하다고 합니다. 공하다는 것은 텅 비었다는 뜻입니다. 텅 비었기 때문에 무엇으로든 채울 수 있습니다. 『금강경』에서는 고정된 형상이 없다는 것을 강조합니다. 『화엄경』에서도 "색신은 부처님이 아니고 음성도 또한 그러하다. 그러나 몸과 음성을 떠나서 부처님의 신통력을 볼 수 있는 것도 아니다."라고 부처님이 설하십니다. 그래서 『화엄경』은 개성을 살리는 가르침이라고 할 수 있습니다.

도리천은 욕계에 속하는 세계로 수미산 정상에 있습니다. 다른 말로 삼십삼천이라고 합니다. 천상의 세계는 욕계, 색계, 무색계 세 가지로 나뉩니다. 욕계는 물욕으로 이루어진 세계입니다. 색계는 탐욕으로부터는 벗어났으나 무상함을 알지 못해 형상에 얽매여 있어 분노와 화가 떠날 날이 없는 세계입니다. 무색계는 물질의 속박과 형상의 얽매임으로부터는 벗어났지만 정신적 세계를 극복하지 못한 어리석음의 세계입니다.

도리천은 욕계 6천 중 두 번째에 해당하는데, 이 도리천의 왕이 제석천왕입니다. 제석천왕이 도리천의 왕이 된 사연은 앞에서 설명한 바 있습니다. 제석천왕은 인간세계에 있을 때 세운 서원과 실천의 공덕으로 도리천의 왕이 될 수 있었다고 했습니다.

불교는 서원의 종교입니다. "○○을 해 주세요."라고 하는 것은 소원을 비는 것이고, "○○을 하겠습니다."라고 하는 것이 서원입니다. 제석천왕이 세운 서원 중 단 몇 가지만이라도 실천한다면 천신의 왕은 되지 못할지라도 천신은 될 것입니다. 소원을 빌지 말고 서원을 세워 주체적인 인생을 만들어 가는 것이야말로 불교에서 말하는 자기 창조입니다.

# 제5장

<ruby>夜<rt>야</rt></ruby><ruby>摩<rt>마</rt></ruby><ruby>天<rt>천</rt></ruby><ruby>王<rt>왕</rt></ruby><ruby>兜<rt>도</rt></ruby><ruby>率<rt>솔</rt></ruby><ruby>天<rt>천</rt></ruby>

야 마 천 왕 도 솔 천
夜摩天王兜率天

화 락 천 왕 타 화 천
化樂天王他化天

대 범 천 왕 광 음 천
大梵天王光音天

변 정 천 왕 광 과 천
遍淨天王廣果天

대 자 재 왕 불 가 설
大自在王不可說

야마천왕과 도솔천왕

화락천왕과 타화자재천왕

대범천왕과 광음천왕

변정천왕과 광과천왕

대자재천왕과 한량없는 수의 신

불교에서 말하는 천상세계에 대해 좀 더 자세히 알아보겠습니다. 불교에서는 천상을 욕계, 색계, 무색계로 나누어 삼계라 합니다. 삼계는 욕계 6천, 색계 18천, 무색계 4천의 스물여덟 가지의 천상세계로 이루어집니다. 이 천상세계는 수직적 구조를 갖는다고 할 수 있습니다.

욕계는 몸과 마음이 다 있고 식욕, 음욕, 수면욕 등의 욕망이 근본인 세계입니다. 우리가 살고 있는 이 세계도 욕계입니다. 물욕에 어두워 예의와 염치를 모르고 악업을 일삼으며 정신없이 허덕이는 세계입니다. 욕심이 없는 사람은 욕계에 존재할 수가 없습니다. 욕심이 전혀 없는 사람을 아라한이라 하는데 아라한의 경지에 이르면 세간에서는 살 수가 없습니다. 출가를 하거나 죽거나 둘 중에 하나입니다. 재가자인 아라한은 없습니다. 재가자로서 수다원과, 사다함과, 아나함과까지는 이를 수 있지만 아라한과에 이르게 되면 욕심이 끊어져 버리기 때문에 욕계에는 더 이상 존재할 수가 없습니다. 욕계는 11단계로 구분됩니다. 지옥, 아귀, 축생, 수라, 인간의 다섯 단계와 신들의 세계인 사왕천, 도리천, 야마천, 도솔천, 화락천, 타화자재천의 여섯 단계가 그것입니다. 이러한 신들의 세계는 어떤 차이가 있는지 욕계의 대표적인 욕망인 음욕을 통해 알아보겠습니다.

사왕천은 사천왕과 그 권속들이 사는 천상세계인데 음욕을 즐기지만 바람기는 오래 가지 않는다고 합니다. 그 위에 있는 도리천 역시 제석천왕과 그 권속들이 사는데 사왕천과 유사합니다. 제석천왕은 사왕천과 도리천을 함께 거느리고 있습니다. 도리천에는 수평적 관계의 삼십삼천이 있습니다. 도리천이 있는 수미산 중앙에 제석천왕이 있고 사방에 있는 봉우리마다 각각 8천이 있어 삼십삼천입니다. 도리천 위에 있는 야마천은 음욕이 경미해서 포옹으로 만족한다고 합니다. 그 위에 있는 도솔천은 미륵보살이 계신 곳입니다. 음욕이 더욱 경미해져서 손을 잡는 것만으로도 만족한다고 합니다. 그 위에 있는 화락천은 신체적 접촉이 필요치 않습니다. 서로 마주 보고 웃기만 해도 만족한다고 합니다. 그 위에 있는 타화자재천은 서로 보기만 해도 만족한다고 합니다. 위로 올라갈수록 음욕의 정도가 점차 경미해지며 음욕이 완전히 사라진 곳부터는 색계입니다.

색계는 범천梵天이라고도 합니다. '범' 자는 성스럽다는 의미를 담고 있습니다. 색계는 욕망으로부터는 벗어났지만 물질적 가치관에 빠져 있고 형상에 얽매여 있는 세계입니다. 색계에는 열여덟 개의 천상 세계가 있습니다. 초선천에 범중천, 범보천, 대범천 세 개의 세계가 있고, 이선천에 소광천, 무량광천, 광음천 세 개의 세계가 있으며, 삼선천에 소정천, 무량정천, 편정천 세 개의 세계가 있고, 사선천에 복생천, 복애천, 광과천, 무상천, 무번천, 무열천, 선견천, 선현천, 색구경천 아홉 개의 세계가 있습니다. 특히 무번천부터 색구경천까지를 불환不還, 즉 욕계에 다시는 돌아가지 않는 세계라고 합니다.

무색계는 물질을 초월한 정신적 세계를 말합니다. 오온 중 색을 제외한 수상행식受想行識만으로 구성된 세계입니다. 욕망이나 물질에 대한 상념이 없는 경지를 말합니다. 무색계 역시 네 단계의 세계가 있습니다. 정신세계가 허공처럼 무한하다고 보는 공무변처空無邊處, 식이 무한하다고 보는 식무변처識無邊處, 아무것도 없는 것으로 보는 무소

유처無所有處, 생각이 있는 것도 아니고 없는 것도 아닌 비상비비상처
非想非非想處가 그것입니다.


<br>

<br>

## 야 마 천 왕 도 솔 천
## 夜摩天王兜率天

야마천은 도리천 위에 있는 하늘로 '선시분천善時分天', '수야마천
須夜摩天', '염마천焰摩天'이라고도 합니다. 이곳은 해와 달이 따로 없고
하늘의 빛이 스스로 비추어서 밤과 낮을 나누지도 않아 붉고 하얀 연
꽃이 피고 지는 것으로 시간을 판단하며 즐거움을 맛본다는 세계입니
다. 야마천은 '불행에서 벗어났다.' 또는 '천상의 행복에 도달했다.'는
뜻을 지니고 있습니다.

지바카의 누이인 시리마가 이곳에 태어나 야마천왕의 왕비가 되었
다고 합니다. 시리마는 부처님의 주치의인 지바카의 여동생으로, 라
자가하, 즉 왕사성의 기생인 살라바티의 딸이었습니다. 그녀는 어머
니의 자리를 물려받아 기생이 되었으며 매우 아름다웠다고 합니다.
그녀는 부처님께 귀의를 하게 되는데, 이와 관련된 일화가 있습니다.

부처님이 계시던 때, 웃따라라는 부처님의 제자가 있었는데 이교
도 집안으로 시집을 가게 되었습니다. 자기 집안 사람은 독실한 불자
였기 때문에 부처님과 그 제자들에게 공양을 올리는 공덕을 짓고 때
때로 법문을 들으면서 즐거움을 만끽하기도 했었지만 시집을 간 이후
로는 그와 같은 즐거움이 없었습니다.

그래서 웃따라는 친정아버지에게 도움을 구하는 편지를 씁니다. 편지를 받은 친정아버지는 딸에게 재정적 지원을 아끼지 않을 것이니 방법을 찾아보라고 답장을 합니다. 그래서 웃따라는 백중 보름 전부터 부처님과 스님들께 공양을 올리고 법문을 듣기 위해 왕사성에서 가장 미모가 뛰어났던 시리마라는 기생을 사서 남편을 시봉하게 합니다. 백중날 남편은 땀 흘리며 직접 공양을 준비하는 부인의 모습을 창문을 통해 우연히 보게 됩니다. 그 모습을 옆에서 지켜보던 시리마는 질투심을 일으킵니다. 보름 동안 고용된 존재임에도 불구하고 자기가 부인이나 된 것처럼 소유욕이 생긴 겁니다. 시리마는 질투심을 이기지 못하고 뜨거운 기름을 웃따라에게 붓습니다. 하지만 웃따라는 자애삼매에 들어 이를 극복하고 그런 짓을 저지른 시리마를 용서합니다. 그리고 부처님을 찾아가 가르침을 구합니다. 그때 부처님이 시리마에게 다음과 같은 게송을 설합니다.

분노는 자비로 이기고
악은 선으로 이겨라.
인색은 보시로 이기고
거짓말은 진실한 말로 이겨라.

이와 같은 가르침을 받은 시리마는 그 인연으로 부처님께 귀의하여 제자가 됩니다. 그리고 부처님께 귀의한 후 매일 여덟 명의 스님에게 공양을 올리고 법문을 들었습니다. 이러한 공덕으로 시리마는 죽어서 야마천에 태어나 야마천왕의 왕비가 되었다고 합니다.

　도솔천은 욕계 제4천에 해당합니다. 도솔천을 희족천喜足天 또는 지족천知足天이라고도 합니다. '더 이상 구할 것이 없는 만족한 상태' 또는 '만족함을 안다.'는 뜻입니다. 도솔천은 수많은 천인이 즐거움을 누리는 곳입니다. 특히 도솔천 내원궁은 석가모니 부처님이 이 세상에 태어나기 직전에 머물렀던 곳으로, 현재 여기에서는 미륵보살이 설법하면서 하생할 때를 기다리고 있다고 합니다. 경전에는 도솔천과 관련한 예화가 많습니다. 그중 담미까라는 재가신도에 관한 이야기를 소개합니다.

　사위국 재가신도 중 회장 격인 담미까라는 거사가 있었습니다. 그는 자녀들과 함께 스님들에게 정기적으로 공양을 올리고 법문을 들으면서 공덕을 지었습니다. 그런 그도 나이가 들고 병들어 생명력이 사그라지기 시작했습니다. 그래서 스님들을 청하여 경전을 암송해 줄 것을 부탁했습니다. 스님들은 담미까의 집에 와서 『대념처경』을 암송하기 시작했습니다. 스님들이 경을 암송하고 있는 도중에 담미까는 여섯 천상의 천신들이 화려하게 장식한 황금 마차를 타고 내려오는 것을 보았습니다. 욕계 6천에서 담미까를 서로 맞이하려고 마차를 보낸 겁니다. 천신들은 담미까가 자기의 마차에 타도록 재촉을 했습니다. 담미까가 "잠깐 기다리십시오." 하는데 독경을 잠시 멈추라는 소리로 알아들은 스님들이 독경을 멈추었습니다. 담미까는 가족에게 전후사정을 이야기하고 욕계의 세계 중 어느 천상세계가 가장 즐거운지를 묻습니다. 가족들은 부처님의 어머니가 머무는 곳, 미래의 부처님이 되실 미륵보살이 머무시는 곳인 도솔천이 가장 즐거운 곳이라고 말합니다. 이에 담미까는 가족에게 꽃다발을 준비하여 "이 꽃다발이 도솔천의 마차에 걸리기를" 하고 외치면서 던지라고 합니다. 아들딸들이 꽃다발을 던지자 공중에 멈추어 있는 마차의 장대에 걸렸습니다. 하지만 가족의 눈에는 꽃다발만 보이고 마차는 보이지 않았습니다. 담미까는 가족에게 "꽃다발이 도솔천에서 내려온 마차에 걸려 있다. 나는 도솔천으로 가련다. 너희들도 나와 함께 살고 싶다면 열심히 공덕을 쌓고 법에 의지해서 살아라."라는 말을 남기고 갔습니다. 이 말을 들은 부처님은 다음과 같은 게송을 설하셨습니다.

> 선행을 하는 이는
> 금생에서 즐거워하고
> 내생에서 즐거워하고
> 두 생에서 즐거워한다.
> 그는 자기가 지은 선행을 떠올리고
> 참으로 즐거워한다.

## 化樂天王他化天
화 락 천 왕 타 화 천

화락천은 욕계 제5천에 해당하는 신들의 세계입니다. 화락천의 천인들도 욕망에서 완전히 벗어나지 못했기 때문에 복력이 다하면 아래

세계로 떨어질 수 있습니다. 화락에서 '화化'는 변화시킨다는 뜻입니다. 자기를 변화시켜 스스로 즐거움을 누린다는 겁니다. 타화자재천과는 다릅니다. 타화자재천은 바라는 대상을 스스로 만들어 즐길 뿐만 아니라 다른 신들이 만들어낸 대상도 자유롭게 즐깁니다.

『화엄경』에는 여러 종류의 화락천이 나열됩니다. 변화를 잘하는 선화천왕은 모든 업의 변화함을 열어 보이는 해탈문을 얻어 자기의 모든 번뇌업장을 변화시키고 즐거움의 도구로 삼는다고 합니다. 고요한 음성을 가진 광명천왕은 온갖 반연을 여의는 해탈문을 얻어 얽히고설킨 반연을 변화시켜 오히려 즐거움의 도구로 삼았다고 합니다. 장엄을 맡은 천왕은 끝없이 뜻에 맞는 소리를 나타내어 보이는 해탈문을 얻어 자기 뜻대로 소리를 낼 수 있다고 합니다. 또 생각하는 빛천왕은 모든 부처님의 다함없는 복덕의 모습을 분명하게 아는 해탈문을 얻어 자신을 변화시키고 즐거움으로 삼는답니다. 이렇듯 화락천은 자신의 탐·진·치 등 거친 것을 변화시켜 즐거움의 도구로 삼을 줄 아는 천인들의 세계입니다.

타화천은 욕계 제6천에 해당하는 신들의 세계입니다. 타화자재천을 줄여서 타화천이라고 하는데 남의 즐거움도 나의 즐거움으로 만드는 천인들의 세계를 말합니다. 『화엄경』「세주묘엄품」에는 많은 종류의 타화자재천왕이 나열됩니다.

자재천왕은 눈앞에 한량없는 중생을
성숙시키기를 자재하게 하는 해탈문을 얻었고,

묘한 눈 차지 천왕은 온갖 중생의 낙을 관찰하여
성스러운 경계의 낙에 가는 해탈문을 얻었고,
묘한 당기 갓 천왕은 가지가지 욕망과 이해를 따라
행을 일으키는 해탈문을 얻었고,
용맹한 지혜의 천왕은 말할 뜻을
널리 거두어 가지는 해탈문을 얻었고
묘한 음성 구절 천왕은 광대한 자비를 생각하여
자기의 행할 것을 증진케 하는 해탈문을 얻었다.

　부처님은 한량없는 중생의 마음 경지를 성숙시킵니다. 중생의 생
활상과 취향은 각양각색입니다. 어떤 사람은 음악을 즐기고, 어떤 사
람은 미술을 즐깁니다. 또 어떤 사람은 커피를 즐기고, 어떤 사람은
운동을 즐깁니다. 불교 수행도 마찬가지입니다. 번뇌의 수만큼 수행
의 방법도 다양할 수 있습니다. 꼭 참선 수행만을 고집할 필요가 없다
는 말입니다. 이렇듯 중생의 모습을 잘 관찰해서 그것을 통해 성스러
운 낙樂의 경계에 들어가게 한다는 겁니다. 중생의 욕망과 이해도 다
다릅니다. 명예를 추구하는 사람도 있고, 식욕을 탐하는 사람도 있으
며, 재산 증식에 열을 올리는 사람도 있습니다. 그와 같은 욕망과 이
해관계를 변화시켜 즐거움으로 삼도록 한다는 겁니다.

# 大梵天王光音天

대범천왕부터는 색계의 천신들입니다. 대범천왕은 제석천왕과 더불어 불법을 옹호하는 천신들 중 최상의 천신입니다. 제석천왕은 욕계의 천신이고 대범천왕은 색계의 천신입니다.

경전에는 대범천왕과 제석천왕에 대해서 부처님이 설하신 게송이 나옵니다. 부처님 당시 나체 수행자인 잠부까라는 사람이 있었습니다. 잠부까는 나체로 지낼 뿐만 아니라 인분을 먹고 수행을 할 정도로 대단한 수행자였으며 많은 사람으로부터 존경을 받았습니다. 부처님은 잠부까를 제도하기 위해 잠부까가 있는 처소 근처에 가서 하룻밤을 잡니다. 그런데 초경이 되어 잠부까가 부처님이 주무시는 곳을 보니 사천왕이 빛을 뿌리며 내려와서는 부처님을 시중하는 겁니다. 중경이 되니 제석천왕이 광명을 사방으로 비추며 내려와서는 부처님을 뵙고 올라갑니다. 말경이 되어서는 대범천왕이 내려왔다 갑니다. 잠부까는 그 다음날 아침 일찍 부처님께 인사를 드리고 묻습니다.

"대사문이시여! 어젯밤 초경 사방에 빛을 뿌리면서 내려온 분이 누굽니까?"

"그들은 사천왕이다."

"사천왕이 무슨 일로 왔습니까?"

"나를 시중하려고 왔다."

"당신이 사천왕보다 윗사람입니까?"

"잠부까여! 나는 사천왕보다 더 위대한 대왕이다."

"중경에 오신 분은 누굽니까?"

"그는 제석천왕이다."

"당신은 제석천왕보다 윗사람입니까?"

"잠부까여! 물론 내가 제석천왕보다 윗사람이다. 제석천왕은 내가 원하는 모든 것을 들어주는 신도이고, 내가 아프면 치료해 주는 주치의다."

부처님이 이질에 걸려 설사로 고생하실 때 제석천왕이 간병을 했다는 내용이 있습니다. 그래서 주치의라고 한 겁니다. 잠부까는 또 묻습니다.

"말경에 온 숲을 환하게 밝히면서 내려온 이는 누구입니까?"

"그는 대범천왕이다."

"당신은 대범천왕보다 위입니까?"

"그렇다. 잠부까여! 나는 대범천 중의 대범천이다."

이에 잠부까가 "나는 여기서 55년 동안이나 음식을 먹지 않고 바람을 마시고 눕지 않고 한쪽 다리로 서 있는 수행을 하고 있었습니다. 그러나 그 어떠한 천신도 나를 시중들러 오지 않았습니다. 그런데 당신은 도대체 어떤 분이기에 천신들의 왕인 대범천왕과 제석천왕이 시중을 듭니까?" 하고 묻습니다. 부처님은 잠부까에게 말씀하셨습니다.

> 어리석은 자가 오랜 세월을
> 풀잎 끝에 묻힌 음식만 아주 적게 먹고
> 아무리 힘든 고행을 할지라도

성인들이 깨달은 법에

16분의 1에도 미치지 못하리라.


　잠부까는 부처님의 게송을 듣고 제자가 되어 아라한과를 얻습니다. 부처님의 가르침을 만나지 못한다면 아무리 심한 고행을 하더라도, 아무리 열심히 수행을 하더라도 깨달음을 얻기가 어렵습니다. 불가에서는 부처님의 가르침인 게송을 중요시합니다. 큰스님들께서 법상에서 법문하실 때 먼저 게송을 읊으시고 법을 설하시는 이유가 바로 여기에 있습니다.

　광음천은 색계 이선천 중 제3천에 해당하는 신들의 세계입니다. 광음천의 천인들은 음성이 없고 입으로 내는 광명을 말 대신 사용합니다. 광음천은 희열로 가득찬 세계입니다. 광음천의 천인들은 희열을 먹고 살기 때문에 몸에서 빛이 사방으로 뻗어 나간다고 합니다.


변 정 천 왕 광 과 천
# 遍淨天王廣果天

　변정천은 색계 삼선천의 제3천에 해당하는 신들의 세계입니다. 이곳에 있는 이들은 이선천의 천신들처럼 몸에서 광명이 번쩍이며 쏟아져 나오는 것이 아니라 항상 광명이 흘러나온다고 합니다. 또한 광음천과 같은 희열의 요소는 없지만 고요한 행복을 느끼며 행복이 가득한 마음으로 살아갑니다.

상계 욕색제천중을 보살지에 배대해서 설명하기도 합니다. 도리천왕은 보살 십지의 첫 번째인 환희지, 즉 기쁨이 끝임 없이 솟아나는 경지에 해당하고, 야마천왕은 더러움에 물들지 않는 이구지, 도솔천왕은 광명이 발하는 발광지, 화락천왕은 지혜가 불꽃처럼 타오르는 염혜지, 타화자재천왕은 어떤 어려움도 이겨내는 난승지, 대범천왕은 지혜가 현전하는 현전지, 광음천왕은 미혹한 세계에서 멀리 떠난 원행지, 변정천왕은 더 이상 동요하지 않는 부동지에 해당한다고 합니다. 광과천왕은 이타행을 완성하고 지혜의 작용이 자재한 선혜지에 해당하고, 대자재천왕은 자재력을 갖춰 대자비가 구름처럼 일어나는 법운지에 해당합니다.

보살 십지의 여덟 번째에 해당하는 부동지에 들어가면 더 이상 물러섬은 없습니다. 반석처럼 든든하게 있으면서 동요하지 않는 경지, 그것이 부동지이고 바로 변정천의 경지라고 이야기할 수 있습니다.

광과천은 색계 사선천의 제3천에 해당하는 신들의 세계입니다. 광과천은 과보가 널리 나타나는 세계로 작은 일을 해도 그 결과가 크고 넓게 나타납니다. 『화엄경』 「세주묘엄품」 제2권에 광명당귀천왕의 게송이 있습니다.

부처님의 경계가 부사의하여
중생이 헤아리기 어렵지만
그 마음에 믿음을 내게 하시니
크고 넓고 즐거운 뜻 다함이 없네.

광과천왕이 부처님을 찬탄하며 설한 게송입니다. 앞에서 『화엄경』
은 부처님이 설한 경전이라기보다는 부처님을 설한 경전이라고 말씀
드렸습니다. 다시 말해 각각의 중생이 자신의 입장에서 부처님의 경
계에 대해서 설한 것이라는 겁니다. 『화엄경』의 아주 중요한 특색입
니다. 부처님의 공덕은 한량이 없습니다. 이 세상은 부처님 공덕으로
만들어졌고 우리는 그 안에서 인간의 몸으로 불법을 만나 살고 있습
니다. 우리는 공덕이 매우 크고 은혜가 깊으면 그 고마움을 잊어버립
니다. 공기와 물의 은혜를 잊고 사는 것처럼 말입니다. 그런데 공기와
물이 오염되거나 희박한 곳에 가면 그 은혜를 새삼 확인하게 됩니다.
부처님의 공덕도 마찬가지입니다.


대 자 재 왕 불 가 설
## 大自在王不可說

대자재천은 색계 사선천의 최고인 색구경천에 있는 신들의 세계입
니다. 대자재천왕은 마혜수라摩醯首羅라고 음역하는데, 이는 대천세계
를 자유롭게 주재한다는 뜻입니다. 인도 신화에 등장하는 파괴의 신
인 시바가 불교에 수용된 것으로, 눈은 세 개, 팔은 여덟 개이며 흰 소
를 타고 다닌다고 합니다. 『대지도론』에서는 대자재천왕이 흰 소를
타고 흰 불자를 들고 다니며, 한 생각 가운데 삼천대천세계에서 내리
는 비를 다 헤아리는 자유자재한 지혜가 있다고 기술하고 있습니다.
색계 사선천 가운데 무번천無煩天, 무열천無熱天, 선현천善現天, 선견천

善見天, 색구경천色究竟天을 통틀어 정거천淨居天이라 하는데, 여기는 보살이 머무는 곳이라 합니다. '대자재왕불가설' 중 '불가설'은 지금까지의 천신들의 왕이 각각 수많은 권속을 거느리고 왔으므로 이들 다 헤아릴 수가 없다는 뜻에서 한 말입니다.

# 제6장

보 현 문 수 대 보 살
# 普賢文殊大菩薩

법 혜 공 덕 금 강 당
# 法慧功德金剛幢

금 강 장 급 금 강 혜
# 金剛藏及金剛慧

광 염 당 급 수 미 당
# 光焰幢及修彌幢

보현대보살과 문수대보살

법혜보살과 공덕림보살과 금강당보살

금강장보살과 금강혜보살

광염당보살과 수미당보살

『화엄경』은 부처님이 설법하기보다는 부처님을 설하는 내용으로 구성되어 있다고 했습니다. 80권 『화엄경』의 경우 7처 9회 39품으로 구성되어 있습니다. 80권 『화엄경』을 기준으로 제1법보리장과 제2보광명전 설법은 지상에서 이루어지고, 제3도리천, 제4야마천, 제5도솔천, 제6타화자재천 설법은 천상에서 이루어집니다. 그리고 제7보광명전重, 제8보광명전三重과 제9급고독원 설법은 다시 지상에서 법회가 이루어집니다. 그리고 설법 장소에 따라 각각의 설주가 등장합니다. 차례로 살펴보면 보현보살, 문수보살, 법혜보살, 공덕림보살, 금강당보살, 금강장보살, 보현보살, 문수 · 보현보살이 그것입니다.

『화엄경』의 주불은 청정법신 비로자나불이지만 설법을 하지 않습니다. 각 회마다 광명만을 놓고 있으며 「아승지품」과 「여래수호광명공덕품」을 제외하면 부처님을 대신하여 여러 보살이 법을 설합니다.

제1회에서는 보살이 차례로 부처님을 찬양합니다. 이 아름다운 세계가 부처님의 원력으로 크게 진동하고, 향기롭고 보배로운 구름이 무수한 공양구를 내리는 연화장 장엄세계라고 말합니다. 제2회는 십신, 제3회는 십주, 제4회는 십행, 제5회는 십회향, 제6회는 십지를 설합니다. 제7회는 등각, 제8회는 묘각을 설하며 제9회는 총론입니다.

보 현 문 수 대 보 살
# 普賢文殊大菩薩

"보현문수대보살"부터 "기수무량불가설"까지는 『화엄경』을 설하는 대표적인 설주說主를 말합니다. 설주란 설법하는 이를 뜻합니다. 이들은 부처님을 찬탄하고 부처님의 경지를 자기의 입장에서 설하였습니다.

문수보살은 보현보살과 함께 석가모니 부처님의 협시보살입니다. 보현보살은 실천, 즉 행을 상징하고 문수보살은 지혜를 상징합니다. 보현보살은 육바라밀을 상징하는 여섯 개의 이빨을 가진 하얀 코끼리를 탄 모습으로 나타나고, 문수보살은 지혜를 상징하는 사자를 탄 모습으로 나타납니다.

보현보살은 『화엄경』「보현행원품」으로 유명합니다. 「보현행원품」에는 우리 삶의 지표라 할 수 있는 보현보살의 열 가지 행원이 있습니다. 보현보살의 열 가지 행원의 특징은 '해 주세요.'가 아니라 '하겠습니다.'에 있습니다. 우리가 절에 가서 "건강하게 해 주시고, 부자 되게 해 주시고, 사업 잘 되게 해 주시고, 가족 화목하게 해 주십시오."라고 하는 기도는 절대 보살의 서원이 아닙니다. 우리는 평상시에 "부처님, ○○○을 하겠습니다."라고 하는 것을 연습해야 합니다. 만약 부자가 되고 싶다면 '부자가 될 수 있도록 열심히 일하고 저축하겠습니다. 부처님 지켜봐 주시고 도와주십시오.'라고 해야 합니다. 건강하고 싶으면 "부처님, 제가 적당히 먹고 적당히 운동해서 건강하도록 노력하겠습니다. 지켜봐 주시고 도와주십시오."라고 하는 겁니다. 지켜봐 주시고 도와달라는 것은 괜찮습니다. 그것은 연緣이기 때문입니다. 그러나 "건강하게 해 주세요. 행복하게 해 주세요."는 안 됩니다. 그것은 부처님이라고 한들, 또는 신이라고 한들 대신해 줄 수 있는 것이 아닙니다. 부처님은 스스로 열심히 노력하는 사람이 잘할 수 있도록 거들어 줄 뿐입니다. 그래서 가피加被라고 합니다. 더함을 줄 뿐이지 대신 먹어 줄 수 없고, 대신 잠을 자 줄 수 없고, 대신 운동해 줄 수 없고, 대신 공부해 줄 수 없습니다. 그렇게 해서도 안 됩니다. 내가 이 몸뚱이 가지고 이 세상 살기 위해 왔는데 누가 대신 살아 준다면 어떻게 되겠습니까? 그것은 해 줄 수도 없고 해 줘서도 안 되는 일입니다. "하늘은 스스로 돕는 자를 돕는다."는 속담이 있습니다. 나의 노력이 우선한 다음에 부처님이든 신중님이든 그 누구의 가피를 기다려야 합니다. 이게 바로 인연의 법칙입니다.

　문수보살은 보광명전에서 십신十信을 설하는 설주입니다. 십신이란 보살이 처음 닦아야 할 열 가지 마음으로 신심信心, 염심念心, 정진심精進心, 정심定心, 혜심慧心, 계심戒心, 회향심廻向心, 호법심護法心, 사심捨心, 원심願心을 말합니다.

　문수보살은 원래 범어 만주슈리Mañjuśrī를 음역한 것으로 묘길상妙吉祥이라고도 합니다. 오묘한 길상을 갖추고 있다는 의미로, 여기서 '길상'이란 길하고 상서롭다는 뜻입니다. 문수보살은 오른손에는 지혜의 칼, 왼손에는 청련화를 들고 위용과 용맹을 나타내는 사자를 타고 있습니다. 때로는 동자나 노인 등 다양한 모습으로 나타나기도 합니다. 보현보살처럼 문수보살 역시 다음과 같은 십대원이 있습니다.

첫째, 중생으로 하여금 부처님의 지혜를 성취하게
하고, 갖가지 방편으로 불도에 들게 하겠습니다.

둘째, 문수를 비방하고 헐뜯는 중생, 심지어는 문수
의 목숨을 앗아가는 중생까지도 모두 보리심을 내게 하
겠습니다.

셋째, 문수를 사랑하거나 미워하거나 깨끗한 행을 하
거나 나쁜 짓을 하거나 모두 보리심을 내게 하겠습니다.

넷째, 문수를 속이거나 업신여기거나 삼보를 비방하
는 불손한 자까지도 모두 보리심을 내게 하겠습니다.

다섯째, 문수를 천대하고 박해한 자도 보리심을 내
게 하겠습니다.

여섯째, 살생을 업으로 하는 자나 재물에 욕심이 많
은 자까지도 보리심을 내게 하겠습니다.

일곱째, 모든 복덕을 부처님의 보리도에 회향하여
중생이 모두 복을 받게 하며, 모든 수행자로 하여금 보
리심을 내게 하겠습니다.

여덟째, 나쁜 짓을 많이 하여 육도를 윤회하는 중생
과 함께 태어나 교화하되, 혹은 빈궁자가 되고 혹은 소
경, 벙어리, 귀머거리, 거지가 되는 등 중생과 같은 종
류, 같은 인연, 같은 일, 같은 행동, 같은 업으로 함께
살면서 그들이 불법에 들게 하고 보리심을 내게 하겠습
니다.

아홉째, 삼보를 더럽히고 나쁜 짓을 많이 하여 악
도를 헤매는 중생과 일부러 인연을 맺어 인연 따라 변
화하여 구제하고 그들로 하여금 보리심을 내게 하겠습
니다.

열째, 문수와 인연이 있거나 없거나 관계없이 자비
희사와 허공같이 넓은 마음으로 중생을 끊임없이 제도
하여 정각을 이루게 하겠습니다.


문수보살의 십대원은 오로지 보리심을 일으키고 정각을 이루는 데
초점을 두고 있습니다.


## 법 혜 공 덕 금 강 당
## 法慧功德金剛幢

법혜보살, 공덕보살, 금강당보살을 말합니다.

법혜보살은 지혜로써 법의 공덕을 분간하여 중생이 옳고 그름을
구별할 수 있게 합니다. 법혜보살은 도리천궁에서 십주十住를 설하는
설주입니다. 십주란 보살이 닦는 열 가지 수행 단계로 발심주發心住,
치지주治地住, 수행주修行住, 생귀주生貴住, 방편구족주方便具足住, 정심
주正心住, 불퇴주不退住, 동진주童眞住, 법왕자주法王子住, 관정주灌頂住를
말합니다.

『화엄경』「수미정상게찬품」에는 다음과 같은 내용이 있습니다.

그때 부처님의 위신력으로 시방에 각각 대보살이 저마다 일만 부처세계의 티끌 수 같은 보살들과 더불어 일만 부처세계의 티끌 수 같은 국토 밖으로부터 부처님이 계신 곳으로 왔다. 그 이름은 법혜보살, 일체혜보살, 승혜보살, 공덕혜보살, 정진혜보살, 선혜보살, 지혜보살, 진실혜보살, 무상혜보살, 견고혜보살 등이었다.

모두 '혜'자 돌림의 보살님입니다. 그때 법혜보살이 대표가 되어 아래와 같은 게송을 설하고 제석천왕이 찬탄합니다.

부처님이 깨끗한 광명 놓으니
세상을 지도하는 대사께서
수미산 꼭대기 묘승전에 계신 것을 보았도다.
제석천왕이 부처님을 청하여 궁전에 드시고
열 가지 묘한 게송으로 모든 여래 칭찬하셨다.

공덕보살은 공덕림功德林보살의 약칭입니다. 공덕림이란 중생의 행복을 실현하기 위한 공덕이 무성한 숲과 같다는 뜻입니다. 공덕림보살은 야마천궁에서 십행十行을 설하는 설주입니다. 십행이란 보살이 수행하는 열 가지 이타행으로 환희행歡喜行, 요익행饒益行, 무에한행無恚恨行, 무진행無盡行, 이치란행離癡亂行, 선현행善現行, 무착행無著行, 존중행尊重行, 선법행善法行, 진실행眞實行을 말합니다.

『화엄경』「야마천궁게찬품」에 다음과 같은 내용이 있습니다.

　　그때 부처님의 위신력으로 시방에 각각 대보살이 저
마다 일만 부처세계의 티끌 수 같은 보살들과 더불어
일만 부처세계의 티끌 수 같은 국토 밖으로부터 부처님
이 계신 곳으로 왔다. 그 이름은 공덕림보살, 혜림보살,
승림보살, 무애림보살, 참괴림보살, 정진림보살, 영림보
살, 행림보살, 각림보살, 지림보살 등이었다.

　이번에는 '림' 자 돌림의 보살님입니다. 그중에 첫 번째가 바로 공
덕림보살입니다. 공덕림보살이 부처님의 위신력을 받들어 시방을 두
루 관찰하고 게송으로 말하였습니다.

　　부처님 큰 광명 놓아 두루 비추시니
　　천상 인간의 높은 어른 뵈옵기
　　환히 트여 걸림이 없네.
　　부처님 야마천궁에 앉아서 시방세계 두루 아시니
　　이런 일 무척 기특하여 세간에서 드물게 보리.

　부처님은 법신불로서 시방세계 아니 계신 곳이 없으십니다. 천상
세계인 야마천궁에는 보신불로 나투시고 인간세계에는 천백억 화신
으로 나투십니다. 이렇듯 부처님은 필요에 의해서 인간세계에도 나타

나고, 천상세계에도 나타나며, 때로는 형상이 있고 없음을 통해 모든 국토에 동시에 나타날 수가 있습니다.

금강당보살은 진리의 깃발을 들고 불법을 드날리는 보살입니다. 금강당보살은 도솔천에서 십회향十廻向을 설하는 설주이기도 합니다. 십회향이란 보살이 닦은 공덕을 널리 중생에게 돌리는 열 가지입니다. 구호일체중생리중생상회향救護一切衆生離衆生相廻向, 불괴회향不壞廻向, 등일체불회향等一切佛廻向, 지일체처회향至一切處廻向, 무진공덕장회향無盡功德藏廻向, 수순평등선근회향隨順平等善根廻向, 수순등관일체중생회향隨順等觀一切衆生廻向, 여상회향如相廻向, 무박무착해탈회향無縛無著解脫廻向, 법계무량회향法界無量廻向을 말합니다.

『화엄경』「도솔천궁게찬품」에는 다음과 같은 내용이 있습니다.

> 그때 부처님의 위신력으로 시방에 각각 대보살이 저마다 일만 부처세계의 티끌 수 같은 보살들과 더불어 일만 부처세계의 티끌 수 같은 국토 밖으로부터 부처님이 계신 곳으로 왔다. 그 이름은 금강당보살, 견고당보살, 용맹당보살, 광명당보살, 지당보살, 보당보살, 정진당보살, 이구당보살, 성수당보살, 법당보살 등이었다.

여기서는 '당' 자 돌림의 보살님이 나옵니다. 그중 첫 번째가 금강당보살입니다. 금강당보살이 부처님의 위신력을 받들어 시방을 두루 관찰하고 게송으로 말하였습니다.

여래는 세상에 나지도 않고 열반도 없지만
본래 큰 원력으로 자재한 법 나타내시네.
이 법은 헤아릴 수 없고 마음으로 요령도 못하니
지혜로 저 언덕에 이르러야 부처님 경계 보게 되리.
육신이 부처 아니요 음성도 그렇거니와
육신과 음성을 떠나서
부처님 신통을 보는 것도 아니라네.

　화엄 사상을 잘 드러내는 중요한 게송입니다. 『금강경』에서는 "몸
뚱이나 음성으로 부처를 보고자 한다면 이 사람은 삿된 길을 가는 것
이고 여래를 볼 수 없다."라고 했습니다. 그런데 『화엄경』에서는 "육
신이 부처 아니요, 음성도 그렇거니와 그렇다고 육신과 음성을 떠나
부처님의 신통력을 볼 수 있는 것도 아니다."라고 합니다.

　우리는 몸과 마음, 그리고 성품으로 이루어져 있습니다. 몸과 마음
은 성품에서 비롯됩니다. 그런데 몸과 마음을 떠나서 성품이 따로 존
재하는 것도 아닙니다. 결국은 우리에게 주어진 이 몸과 마음을 잘 쓰
는 것이 바로 보살의 길입니다. 우리는 『금강경』을 통해 '몸뚱이니 음
성이니 하는 것은 부처가 아니다. 이것은 고정된 것이 아니고 변하는
것이다. 부질없는 것이며 허망한 것이다.'라고만 배우다 보니 몸과 마
음을 소홀히 합니다. 몸과 마음을 떠나서 진리가, 부처가 따로 있는
줄로 압니다. 그러나 『화엄경』에서는 몸과 마음을 떠나서 따로 진리
를, 부처를 찾을 수 없다고 가르칩니다. 우리에게 중요한 게 있다고

한들 이 몸과 마음보다 더 중요한 게 또 뭐가 있겠습니까? 부처님이
계신다고 한들 이 몸과 마음을 나 스스로 잘 선용하는 것보다 더 중요
하겠습니까? 우리가 지금 여기에서 이 몸과 마음을 잘 갈무리하고 다
스리고 쓰는 것보다 더 중요한 것은 없습니다.


<ruby>금강장급금강혜</ruby>
# 金剛藏及金剛慧

금강장보살은 금강저를 들고 마구니의 조복을 받으며 중생을 일
깨웁니다. 금강장보살은 타화자재천에서 십지十地를 설하는 설주입니
다. 십지란 보살이 수행 과정에서 거치는 열 가지 단계를 말합니다.
환희지歡喜地, 이구지離垢地, 발광지發光地, 염혜지焰慧地, 난승지難勝地,
현전지現前地, 원행지遠行地, 부동지不動地, 선혜지善慧地, 법운지法雲地입
니다.

그때 부처님은 마니보장전에서 대보살인 금강장보살, 보장보살,
연화장보살, 덕장보살, 연화덕장보살, 일장보살, 수라장보살, 무월장
보살 등과 함께 계셨습니다. 여기서는 '장' 자 돌림의 보살님들이 수
십 명 등장합니다. 이 보살님들 가운데 금강장보살이 첫 번째로 등장
합니다. 금강장보살이 부처님의 신통력을 받들어 보살의 큰 지혜 광
명 삼매에 들었을 때 시방으로 각각 십억 부처세계 티끌 수만큼, 세계
밖에 각각 십억 세계 티끌 수만큼의 부처님이 계시니 그들의 이름이
모두 금강장이었습니다. 그 부처님들이 금강장보살에게 나타나 말씀

하셨습니다.

홀륭하고 홀륭하구나. 금강장보살이여!
능히 이 보살의 큰 지혜 광명 삼매에 들었도다.
선남자여!
이것은 시방에 계시는 각각 십억 부처세계에 있는
티끌 수만큼의 부처님들이
그대들에게 가피하려 하는 것이니
비로자나 여래의 정등각의 본래 능력이요 위신력이며
또한 그대의 수승한 지혜의 힘인 연고이니라.

가피에 대해서는 앞에서 설명한 바 있습니다. 더할 가加에 입을 피被, 즉 더함을 입게 한다는 말입니다. 예를 들어 아버지가 의사인데 아들 역시 의사라는 직업에 대해 관심을 가지고 그렇게 되고 싶어 한다면 아버지 입장에서는 기특해 보일 겁니다. 그래서 어떻게든 돕고 싶은 마음이 일어나 여러모로 지원하게 됩니다. 이것이 바로 가피입니다.

부처님이 보시기에 금강장보살도 마찬가지입니다. 부처님은 삼매에 든 금강장보살의 정수리를 만지며 가피를 내리십니다. 그때 금강장보살이 삼매에서 깨어나 일체 대중 보살에게 말하였습니다.

불자들이여

어떤 것을 보살마하살의 지혜의 경지라 하는가?

불자들이여

보살마하살의 지혜의 경지에는 열 가지가 있으니

과거 현재 미래의 부처님들이

이미 말씀하셨고 장차 말씀하실 것이며

지금 말씀하시나니 나도 그렇게 말한다.


그리고 보살의 열 가지 경지인 십지를 말합니다.

금강혜보살은 실상의 이치를 깨달아 모든 상을 깨뜨리는 지혜를 가진 보살입니다. 열 가지 선정 삼매를 말하는 『화엄경』 「십정품」에 등장합니다. 「십정품」에 속한 보살은 모두 수기를 내릴 수 있는 관정灌頂의 지위에 있습니다. 이 보살들은 법계와 평등하여 한량없고 그지없으며, 두루 보는 삼매를 얻어 일체중생을 가엽게 여겨 평안케 하고, 신통의 자유로움이 여래와 같으며, 지혜가 깊은 데까지 들어가 진실한 이치를 연설하고, 온갖 지혜를 갖추어 여러 말을 항복받으며, 비록 세간에 들어갔으나 마음은 항상 고요하여 머문 데 없는 해탈에 머무는 이들입니다. 이 법석에는 금강혜보살, 무등혜보살, 의여혜보살, 최승혜보살, 상사혜보살 등 여러 보살이 등장합니다. 그중 상수 보살이 바로 금강혜보살입니다.

「십정품」에 등장하는 열 가지 삼매는 넓은 광명 큰 삼매, 묘한 광명 큰 삼매, 여러 부처님 국토에 차례로 가는 큰 삼매, 청정하고 깊은 마음인 큰 삼매, 과거의 잘못을 갈무리하는 큰 삼매, 지혜 광명의 갈무리인 큰 삼매, 모든 세계의 부처님을 장엄하는 큰 삼매, 중생의 차별한 몸인 큰 삼매, 법계에 자유자재하는 큰 삼매, 걸림 없는 바퀴의 큰 삼매입니다.

삼매야말로 불교 수행의 핵심이라고 말할 수 있습니다. 삼매라는 것은 무념무상의 경지에 드는 겁니다. 마음을 하나로 모으는 일심 공부, 한 마음마저 사라진 무심 공부, 거기서 다시 마음을 일으키는 발심 공부야말로 불교 수행의 핵심 3단계라고 할 수 있습니다.


광 염 당 급 수 미 당
# 光焰幢及修彌幢

『화엄경』「입법계품」제8서다림회逝多林會는 사위성의 급고독원에서 열립니다. 보현보살과 문수보살을 상수로 하여 오백 명의 보살과 오백 명의 성문, 그리고 여러 천왕이 모입니다. 부처님은 사자분신삼매師子奮迅三昧에 들어 불가사의한 변화의 세계를 나타내 보이십니다. 이때 함께한 보살들이 광염당보살, 수미당보살, 보당보살, 무애당보살, 화당보살, 이구당보살, 일당보살 등 오백의 보살입니다. 「입법계품」에 처음 등장하는 보살이 바로 광염당보살과 수미당보살입니다. 광염당보살은 부처님의 위신력을 타오르는 불꽃처럼 빛나게 하여, 그 빛을 보면 바르고 삿됨을 알게 합니다. 수미당보살은 수미산처럼 높이 솟은 법의 깃발로 부처님의 원력을 실현합니다.

'입법계'란 법계에 들어간다는 말입니다. 즉 번뇌가 없는 경지에 들어가기 위해 어떠한 불도를 닦아야 하는가를 설법하는 겁니다. 그런데 법계는 속계를 떠나 있는 것이 아닙니다. 속계에 살면서도 보리심을 발하면 법계가 됩니다. 같은 세상이지만 속된 마음으로 사느냐, 보리의 마음으로 사느냐에 따라 속계와 법계가 갈라지는 겁니다. 바로 이러한 관점에서 「입법계품」에는 선재 동자가 53선지식을 찾아다니면서 깨달음을 구하는 과정이 담겨 있습니다. 『화엄경』 「입법계품」에서 광염당보살이 게송을 읊습니다.

> 삼세 여래 성문의 큰 제자들과
> 과거 현재 모든 연각도
> 부처님 발 오르내리는 것 알지 못하거늘
> 하물며 무명 중생이
> 어떻게 부처님의 지혜를 알리.

성문聲聞은 부처님의 법문을 듣고 아라한과를 얻은 부처님의 제자입니다. 연각緣覺은 인연의 법칙을 관찰함으로써 스스로 깨달음을 얻은 자입니다. 성문과 연각은 깨달음을 얻었지만 무상정등정각을 얻은 부처님과는 차이가 있습니다. 때문에 부처님의 지혜를 완전히 이해하고 알기란 어렵다는 것입니다.

# 제7장

대 덕 성 문 사 리 자
## 大德聲聞舍利子

급 여 비 구 해 각 등
## 及與比丘海覺等

우 바 새 장 우 바 이
## 優婆塞長優婆夷

선 재 동 자 동 남 녀
## 善財童子童男女

기 수 무 량 불 가 설
## 其數無量不可說

대덕성문이신 사리자

더불어 비구 해각 등

우바새와 우바이

선재 동자와 동남동녀

한량없이 많은 수의 사람들

부처의 몸은 아니 계신 곳이 없으시고 아니 계신 때가 없습니다. 우리가 자주 듣는 게송이 있습니다.

천상천하무여불　天上天下無如佛
시방세계역무비　十方世界亦無比
세간소유아진견　世間所有我盡見
일체무유여불자　一切無有如佛者

하늘 위 하늘 아래에 부처님 같으신 분 없으시네.
시방세계 모두 둘러보아도 비교할 만한 이 없고
이 세상에 있는 모든 것을 내가 다 살펴보았지만
그 어디에도 부처님같이 존귀한 분 찾을 수가 없네.

부처님은 법신, 보신, 화신으로 나투십니다. 법신인 비로자나 부처님은 고정된 형상이 없습니다. 그래서 어떠한 형상으로든 나투실 수가 있는 겁니다. 또 정해진 시간에만 모습을 나투시는 게 아닙니다. 어느 때이든 항상 나투십니다. 그것은 고해의 바다에서 헤매는 중생을 구원하기 위해서입니다. 기도문에 "아니 계신 곳 없으시고 아니 계신 때 없으신 부처님"이라 쓰는 이유가 여기에 있습니다. 노사나 부처님과 같이 마음으로 나투신 부처님을 보신불, 석가모니 부처님과 같이 몸으로 나투신 부처님을 화신불이라고 합니다. 법신, 보신, 화신의 삼신불은 중생 구제를 위한 부처님의 크신 원력을 나타냅니다. 부처님은 중생의 근기에 맞춰 때로는 육신으로 나투셔서 구제하시고, 때로는 선근 공덕의 과보를 수용하는 것으로 구제하십니다. 이와 같은 크신 부처님의 공덕 덕분에 우리는 사람의 몸으로 이 세상에 태어나서 불법을 만났으니 참으로 행복하지 않을 수 없습니다.

대 덕 성 문 사 리 자
## 大德聲聞舍利子

대덕성문은 큰 덕을 가진 성문을 말합니다. 사리자가 성문 가운데 가장 대표적인 분입니다.

석가모니 부처님 당시에는 부처님의 가르침, 특히 게송을 듣고 깨달음을 얻은 경우가 대다수였습니다. 우리는 참선하다가 깨달음을 얻은 사람이 많다고 생각하지만 절대 그렇지 않습니다. 선사들도 마찬가지입니다. 스승을 비롯한 선지식과 문답을 하는 가운데 깨달음을 얻었습니다. 이를 '언하대오言下大悟'라 합니다. 선지식과의 문답이야말로 나의 도에 안목을 열어 주는 지름길입니다.

지혜제일의 사리자도 부처님의 게송을 듣고 아라한과를 얻습니다. 부처님도 "사리자와 같은 지혜제일의 제자도 붓다의 게송을 듣지 못했다면 수다원과조차 얻기 힘들었을 것이다."라고 말씀하셨습니다. 불자라면 마땅히 부처님의 게송을 열심히 듣고 공부하고 참구해야 합니다.

사리자, 즉 사리불은 범어 사리푸트라Śāriputra의 음역입니다. 사리

Śāri의 아들putra. 子이라는 뜻의 사리자는 부처님의 첫 번째 상수 제자입니다. 과거 생부터 부처님의 첫째가는 상수 제자가 되리라는 서원을 세우고 수없는 생 동안 수행했습니다. 그 결과 금생에 부처님의 제자인 마승馬勝 비구의 게송을 듣고 수다원과를 얻었습니다. 그 게송은 다음과 같습니다.

모든 현상에는 원인이 있다네.
여래께서는 그 원인에 대해 설하신다네.
원인이 소멸한 결과에 대해서도
여래께서는 또한 설하신다네.

다른 경전에 사리자가 그의 어머니를 교화하는 내용이 전합니다. 사리자는 어머니를 교화하기 위해 고향을 방문합니다. 어머니는 그때까지도 신을 섬기고 불교를 믿지 않았습니다. 고향을 방문한 사리자가 이질에 걸려 병치레를 하고 있었지만 어머니는 아들을 돌보지 않고 오히려 분노하고 있었습니다. 아들이 결혼하지 않고 출가하여 집안의 대가 끊어졌기 때문입니다. 그런데 사천왕과 제석천왕을 비롯한 범천의 신들이 내려와서 아들의 시중을 드는 것을 보고 "이 신들보다 네가 더 위대한 것이냐?" 하고 묻습니다. 아들이 "그렇습니다."라고 대답하자 어머니는 기쁨에 가득 찼습니다. 그때 어머니가 법문을 듣고 수다원과를 얻었다고 합니다.

급 여 비 구 해 각 등
# 及與比丘海覺等

'급'은 '및', '여'는 '더불어'라는 뜻입니다. 따라서 "급여비구해각등"이란 '및 더불어 비구인 해각 등'이라는 말입니다. 비구는 출가한 남성을 일컫습니다. 여성 출가자는 비구니라고 합니다.

『화엄경』「입법계품」에는 사리불 존자가 문수보살에게 나아갈 때 육천 비구가 함께하였다고 묘사하고 있습니다. 육천 비구는 이른바 해각 비구, 선생 비구, 복광 비구, 대동자 비구, 전생 비구, 정행 비구, 천덕 비구, 군혜 비구, 범승 비구, 적혜 비구 등입니다. 그중 해각 비구를 대표로 들었습니다. 이 비구들은 다음과 같은 분들입니다.

> 한량없는 부처님께 공양한 이로서
> 선근을 깊이 심어 이해하는 힘이 광대하며
> 믿는 눈이 밝게 사무치고 마음이 너그러워
> 부처님의 경계를 관찰하고
> 법의 본 성품을 알아 중생을 이롭게 하며
> 항상 부처님의 공덕을 부지런히 구하나니
> 다 문수사리가 법을 말하여 교화하고
> 성취한 이들이었다.

사람들은 자기 깜냥대로 이해를 합니다. 하늘에서 아무리 많은 비가 쏟아져도 자기 그릇만큼만 받을 수 있습니다. 그 그릇보다 조금만 더 받으려고 해도 빗물이 바로 넘쳐 버립니다. 하지만 큰 그릇을 가진 이는 많은 빗물을 받을 수가 있습니다. 믿는 눈이 밝게 사무치고, 마음이 너그러우며, 부처님의 경계를 관찰하고, 법의 본 성품을 알아 중생을 이롭게 하는 게 바로 큰 그릇이며 보살행입니다.

수행자가 중생을 이롭게 할 수 있는 것이 바로 법보시입니다. 사업을 해서 돈을 나눠줄 수도 없습니다. 수행을 잘 하고 부처님의 게송을 잘 익혀서 남들에게 잘 전해 주는 것이야말로 최상의 공덕입니다. 비구는 사람들에게 법으로써 보시하고, 사람들은 비구에게 밥으로써 보시하여 서로 공덕을 이어 나가는 것입니다.


<ruby>우바새 장 우바이</ruby>
# 優婆塞長優婆夷

우바새와 우바이는 비구, 비구니와 함께 사부대중에 속합니다. 우바새는 남자 재가신도를, 우바이는 여자 재가신도를 말하는데, 우바새는 청신사淸信士, 우바이는 청신녀淸信女로 번역합니다. 청신이란 속세에 머물면서 불교에 입문하여 삼보에 귀의하고 오계를 받아 지키며 착한 일을 해서 세상을 맑게 한다는 뜻입니다.

『화엄경』「입법계품」에는 문수보살이 장엄당 사라 숲 큰 탑이 있는 곳에 왔다는 말을 듣고 복성福城의 한량없는 대중이 그곳에 이르렀다는 내용이 나옵니다. 그때 대지 우바새가 오백 우바새 권속들과 함께 있었으니 이른바 수달다 우바새, 바수달다 우바새, 복덕광 우바새,

유명칭 우바새 등이었습니다.

대중 가운데 수달다 우바새가 대표입니다. 수달다는 부처님 당시 사위국의 부유한 상인이었습니다. 그는 자비심이 많아 불쌍한 사람들을 동정하고 잘 도왔습니다. 특히 과부와 고아를 돕는 사람이라는 의미로 급고독給孤獨 장자라는 이름으로 불립니다. 부처님도 그를 보시 제일의 우바새라고 말씀하셨습니다. 수달다 장자는 사업차 들렀던 왕사성에서 부처님의 법문을 듣고 바로 그 자리에서 수다원과를 얻습니다. 부처님이 사위성으로 오셨을 때는 기원정사를 세워 기증하고 매일같이 자기 집에서 오백 명의 스님들에게 공양을 올렸습니다. 그는 죽어서 도솔천에 태어났다고 합니다.

우바이 중 보시제일은 미가라마따Mīgāramātā, 鹿子母 위사카毘舍佉, Visākha 부인입니다. 이 '미가라마따'라는 이름에 대해 특별한 사연이 전해집니다. 미가라마따는 미가라의 어머니라는 뜻이 됩니다. 여기서 미가라는 시아버지의 이름입니다. 며느리가 시아버지의 어머니라니, 참 이해가 안 가는 말입니다.

미가라 장자의 집안은 원래 이교도인데 이 집안으로 시집간 위사카 부인은 시아버지를 교화하여 부처님의 법문을 듣게 합니다. 그리고 시아버지는 수다원과를 성취합니다. 미가라 장자는 부처님 법에 대하여 확고한 믿음과 신념을 갖추게 됩니다. 이러한 연유로 그는 위사카에게 "오늘부터 그대가 나의 어머니이다."라고 말합니다. 그래서 위사카 부인을 '미가라마따'라고 부르게 된 것입니다.

부처님 당시에도 결혼할 때 종교가 영향을 미쳤던 것 같습니다. 이교도의 집안에 시집, 장가를 보내도 되느냐, 안 되느냐가 문제였습니다. 이에 대해 부처님은 수다원과를 얻은 사람은 아무런 상관이 없다고 말씀하셨습니다. 수다원과를 얻었다는 것은 삼보에 대한 신념이 확고히 갖춰져 있다는 뜻입니다. 때문에 어딜 가더라도 교화 당할 일은 없고 교화할 일만 남습니다. 수다원과를 성취하면 지옥, 아귀, 축생, 수라의 네 악처惡魔에 영원히 태어나지 않는다고 합니다. 인간과 천상만 왕복하게 되는데, 그것도 일곱 번 안에 해탈하여 윤회를 마친다고 합니다.

미가라의 어머니라고 불렸던 위사카 부인은 부처님께 절을 지어 보시를 합니다. 미가라마따, 즉 녹자모가 보시한 절이라 하여 녹자모강당이라 합니다. 또한 위사카 부인은 굉장히 많은 공양과 공덕을 지으면서 스님들에게 봉사를 합니다. 그리고 여덟 가지 서원을 세웁니다.

> 우기에 스님들에게 우비를 드리겠습니다.
> 먼 곳에서 온 스님에게 공양을 올리겠습니다.
> 먼 곳으로 떠나는 스님에게도 공양을 올리겠습니다.
> 병든 스님에게 공양을 올리겠습니다.
> 간병하는 스님에게 공양을 올리겠습니다.
> 병든 스님에게 약을 드리겠습니다.
> 항상 쌀죽을 올리겠습니다.
> 비구니들에게 목욕 옷을 드리겠습니다.

이러한 서원을 부처님께 말씀드리자 부처님은 이를 허락하십니다. 위사카 부인이 이와 같은 서원을 세우고 실천했기 때문에 과거 생에도 최고의 부자로 태어나 아름다움과 지혜를 겸비한 여인으로 살았으며, 부처님으로부터 보시제일의 우바이라고 인정받았다고 합니다. 특히 120살까지 장수하였지만 항상 열여섯 살 소녀처럼 보였다고 합니다. 그녀가 손자 손녀들에 둘러싸여 사원으로 가는 것을 사람들이 보면 "이 중에 누가 위사카 부인인가요?"라고 했답니다. 보시의 복덕이 이렇게 큽니다. 우리가 건강, 부유함, 고귀함 등을 성취하고자 한다면 반드시 보시 복덕을 많이 지어야 합니다.


선 재 동 자 동 남 녀
## 善財童子童男女

기 수 무 량 불 가 설
## 其數無量不可說

앞에서 복성 사람들이 문수보살이 장엄당 사라 숲 큰 탑이 있는 곳에 왔다는 말을 듣고 그곳에 이르렀다고 했습니다. 복성은 복이 많은 성이라는 뜻입니다. 이때 오백 동자가 있었으니 이른바 선재 동자, 선행 동자, 선계 동자, 선위 동자 등입니다. 또 오백 동녀가 있었으니 이른바 선현 동녀, 대지 거사의 딸 동녀, 현칭 동녀, 미안 동녀, 선광 동녀 등입니다. 이렇듯 복성에 사는 오백 명의 우바새, 오백 명의 우바이, 오백 명의 동자, 오백 명의 동녀가 모두 모였다는 겁니다.

그 가운데 선재 동자가 있습니다. 선재 동자는 복성 장자의 아들이었다고 하는데 문수보살을 뵙고 발심하여 53선지식을 친견하겠다는 원을 세웁니다. 『화엄경』「입법계품」이 바로 선재 동자의 구법 여행기입니다. 이때 육천의 비구, 오백의 우바새, 오백의 우바이, 오백의 동자, 오백의 동녀 등 헤아릴 수 없는 많은 보살과 불법 대중이 함께합니다. 그래서 "선재동자동남녀 기수무량불가설"이라고 한 겁니다.

선재 동자가 어머니 태에 잉태되었을 때 땅에서 칠보로 된 누각이 홀연히 솟아올랐다고 합니다. 또한 그 속에 칠보가 가득 차 있어서 이름을 선재라 하였다고 합니다. 선善 자는 '착하다'는 뜻으로 많이 쓰이지만 '좋다', '훌륭하다'는 뜻도 됩니다. 훌륭한 재물이 가득 찼다고 해서 선재라 하게 된 겁니다.

지금까지 39위 신중과 각 품의 설주를 설명하였습니다. 다음부터는 선재 동자가 만난 53선지식이 거명됩니다. 선재 동자는 53선지식을 차례차례 한 명씩 만나면서 가르침을 받습니다.

제4부

선재 동자의
구법 여행

제1장

<ruby>善<rt>선</rt></ruby><ruby>財<rt>재</rt></ruby><ruby>童<rt>동</rt></ruby><ruby>子<rt>자</rt></ruby><ruby>善<rt>선</rt></ruby><ruby>知<rt>지</rt></ruby><ruby>識<rt>식</rt></ruby>

선 재 동 자 선 지 식
善財童子善知識

문 수 사 리 최 제 일
文殊舍利最第一

덕 운 해 운 선 주 승
德雲海雲善住僧

미 가 해 탈 여 해 당
彌伽解脫與海幢

휴 사 비 목 구 사 선
休舍毘目瞿沙仙

승 열 바 라 자 행 녀
勝熱婆羅慈行女


선재 동자의 선지식
그중 제일인 문수사리보살
덕운 비구와 해운 비구, 선주 비구
미가 장자와 해탈 장자, 해당 비구
휴사 청신녀와 비목구사 선인
승열 바라문과 자행 동녀

화엄 사상은 모든 것을 두루 통섭하고 있기 때문에 한마디로 '통만법 명일심通萬法 明一心'이라고 합니다. 만법을 통섭해서 한 마음을 밝혔다는 뜻입니다. 지장보살이든 관세음보살이든 석가모니 부처님이든 아미타 부처님이든 다 한 마음에서 나온 겁니다. 석가모니 부처님 따로 있고, 관세음보살님 따로 있다는 것이 아닙니다. 한 마음의 작용에 따라 아미타 부처님도 되고 지장보살님도 된다는 것입니다.

지금까지 살펴본 "나무화장세계해"에서 "석가모니제여래"까지는 불보에 대한 내용입니다. 다음 "과거현재미래세"부터 "해인삼매세력고"까지는 법보에 관한 내용입니다. 그 다음 "보현보살제대중"부터 "선재동자동남녀 기수무량불가설"까지는 승보에 대한 내용입니다. 불·법·승 삼보가 모두 등장했습니다. 지금부터는 선재 동자가 53 선지식을 친견하며 가르침을 받는 구법 여행이 시작됩니다.

그 첫 번째로 문수보살을 만나 십신十信을 얻게 되고, 두 번째 그룹의 선지식을 만나 십주十住를 얻게 됩니다. 십주를 다시 정리하면 청정한 지혜를 일으키는 초발심주, 마음의 바탕을 청정하게 다스리는 치지주, 실상을 보는 수행주, 부처님의 청정한 성품에 머무는 생귀주, 중생을 위해 방편을 구족하는 방편구족주, 바른 마음에 안주하는 정심주, 어떤 장애에도 물러나지 않는 불퇴주, 동자의 천진함과 같이 물들지 않는 동진주, 지혜가 생겨 미래에 부처가 될 만한 법왕자주, 지혜를 갖춘 관정주가 그것입니다. 이에 해당하는 선지식이 덕운 비구, 해운 비구, 선주 비구, 미가 장자, 해탈 장자, 해당 비구, 휴사 우바이, 비목구사 선인, 승열 바라문, 자행 동녀입니다.

# 善財童子善知識

『화엄경』「입법계품」 시작에는 선재 동자가 구법 여행을 떠나게 되는 배경이 설명되어 있습니다. 선재 동자가 태어나자 문수보살은 선재 동자와 대중을 위하여 법을 말하고는 은근하게 권하여 아뇩다라 삼먁삼보리심을 내게 하고, 또 과거에 심은 선근 공덕을 기억하게 합니다. 선재 동자로 하여금 최상의 깨달음을 얻겠다는 마음을 내게 한 겁니다. 그리고 드디어 선재 동자는 보리심을 내게 됩니다. 깨달음을 얻고자 하는 마음을 낸 겁니다. 보리심을 낸 선재 동자는 게송을 읊습니다.

삼세의 생사는 성곽이 되고
교만한 마음은 담장이며
여러 길은 문이 되고
사랑 물은 해자가 되었네.
……
간탐과 질투와 교만이 많아
삼악취에 들어도 가고
여러 길에 떨어지며
나고 늙고 병들고 죽는 고통
묘한 지혜 청정한 해님의
가엾이 여기는 원만한 바퀴

번뇌의 바다를 말리시나니
바라건대 저를 살펴 주소서.
묘한 지혜 청정한 달님의
인자하고 때 없는 바퀴
모든 이를 안락케 하시니
바라건대 저를 비추어 주소서.
온갖 법계의 왕이시여
법보를 길잡이 삼아
걸림 없이 허공에 다니시니
바라건대 저를 가르쳐 주소서.

## 文殊舍利最第一
문 수 사 리 최 제 일

선재 동자는 최상의 깨달음을 얻겠다는 마음을 내고 선지식을 찾아다니기 위해 문수보살을 처음으로 만나서 묻습니다. 최상의 깨달음을 얻기 위한 보살행의 구체적인 방법을 묻는 겁니다.

바라옵건대
거룩하신 이여!
저에게 일러 주소서.
어떻게 보살의 행을 배우며

어떻게 보살의 행을 닦으며

어떻게 보살의 행에 나아가며

어떻게 보살의 행을 행하며

어떻게 보살의 행을 깨끗이 하며

어떻게 보살의 행에 들어가며

어떻게 보살의 행을 성취하며

어떻게 보살의 행을 따라가며

어떻게 보살의 행을 생각하며

어떻게 보살의 행을 더 넓히며

어떻게 보현의 행을 빨리 원만케 하나이까?

깨달음을 얻고자 하는 것은 자비심으로부터 출발합니다. 중생이 앓고 있는 고통과 괴로움을 없애고자 하는 마음입니다. 보살의 행도 이와 같습니다. 그래서 깨달음 따로, 중생 구제 따로일 수 없습니다. 보살도는 혼자 닦는 게 아니라 여러 사람과 함께 닦아야 합니다. 중생의 괴로움을 없애 주려면 중생과 연을 맺어야 하기 때문입니다. 즉 생사의 괴로운 바다에 직접 뛰어 들어야 한다는 겁니다. 진흙탕에 있는 중생을 구해 내려면 진흙탕에 들어가야 합니다. 청정해서는 보살행을 닦을 수가 없습니다. 청정한 것으로는 아라한이 최고입니다. 성문, 연각은 독야청청하니 보살보다 더 청정할 수 있습니다. 하지만 중생 구제의 염원을 내고 중생을 구제하려면 진흙탕에 들어가야 하기 때문에 자기 몸도 당연히 진흙이 묻어 더러워집니다. 연꽃이 진흙탕에서 수면 위로 꽃을 피우듯, 비록 다리는 진흙탕에 묻혀 있어도 중생에게 이상과 희망을 안겨 주는 게 보살행입니다.

중생을 위해서는 복을 닦아야 합니다. 복이 없으면 중생이 다가오지 않습니다. 복이란 방편을 통해서 도심을 유발시키는 겁니다. 절에 모셔진 보살상이 화려하게 장식된 이유도 여기에 있습니다. 목걸이, 귀걸이, 반지, 팔찌 등으로 장엄되어 있습니다. 중생제도를 위한 방편으로 필요하기 때문에 그렇게 하고 있는 것입니다.

문수보살은 선재 동자에게 보살이 처음 닦아야 할 열 가지 마음을 설명합니다. 십신十信, 즉 열 가지 마음은 부처님의 가르침을 믿는 신심, 부처님의 가르침을 잊지 않는 염심, 힘써 정진하는 정진심, 마음을 흐트러지지 않게 하는 정심, 모든 현상의 본성을 꿰뚫는 혜심, 계율을 지키는 계심, 공덕을 깨달음으로 회향하는 회향심, 마음을 잘 지켜 번뇌가 일어나지 않게 하는 호법심, 재물을 베푸는 사심, 원하는 것을 이루기 위한 원심입니다. 그리고 게송을 설합니다.

훌륭하다 선남자여!
그대가 이미 아뇩다라삼먁삼보리심을 내고
보살의 행을 구하는구나.
선남자여!
어떤 중생이 아뇩다라삼먁삼보리심을 내는 것이
매우 어려운 일이거니와
마음을 내고 보살행을 또 구하는 것은

더욱 어려운 일이다.

선남자여!

온갖 지혜를 성취하려거든 결단코

선지식을 찾아야 하느니라.

선남자여!

선지식을 찾는 일에 고달프고

게으른 생각을 내지 말고

선지식을 보고는 만족한 마음을 내지 말고

선지식이 가르치는 말씀에 순종하고

선지식의 교묘한 방편에 허물을 보지 말라.


무릇 진정한 깨달음, 지혜를 성취하고자 한다면 반드시 선지식을 찾아야 한다는 말입니다. 혼자서 공부하면 다람쥐 쳇바퀴 돌듯 자기 깜냥에서 벗어나지 못하기 때문입니다. 혼자서는 아무리 열심히 노력해도 별 소용이 없습니다. 꼭 자기 수준에 머물러 있습니다. 그래서 선지식이 꼭 필요한 것입니다. 문수보살은 선재 동자에게 덕운 비구를 찾아 가도록 권합니다.


덕 운 해 운 선 주 승
德雲海雲善住僧

선재 동자가 보살의 행을 구하려고 하자 문수보살은 "선남자여!

여기서 남쪽으로 가면 승낙이라는 나라가 있고, 그 나라에 묘봉이라는 산이 있다. 그 산중에 비구가 있으니 이름을 덕운이라고 한다."고 하여 선재 동자를 안내하고 다음과 같이 말씀하십니다.

"그대는 그에게 가서 묻기를 보살이 어떻게 보살의 행을 배우며 어떻게 보살의 행을 닦으며 어떻게 보살의 행을 빨리 원만케 하는지를 물어라. 덕운 비구가 자세히 말하여 주리라."

덕운 비구를 찾아간 선재 동자는 그에게 보살행에 대해서 묻습니다. 그때 덕운 비구는 선재 동자에게 이렇게 대답을 해 줍니다.

> 선남자여! 나는 자유자재하고
> 결정하게 이해하는 힘을 얻어서
> 믿는 눈이 청정하고 지혜의 빛이 밝게 비침으로
> 경계를 두루 관찰하여 모든 장애를 여의였으며
> 교묘하게 관찰하여 넓은 눈이 밝아서
> 청정한 행을 갖추었으며
> 시방의 모든 국토에 가서
> 여러 부처님을 공경하고 공양하며
> 모든 부처님 여래를 생각하며
> 모든 부처님의 바른 법을 모두 지니고
> 시방의 모든 부처님을 항상 뵈옵느니라.

덕운 비구는 지혜의 눈이 열린 분입니다. 지혜의 눈이 열려 있기 때문에 시방에 계신 모든 부처님을 뵙고 공경하고 생각할 수 있는 겁니다. 부처님은 시방세계에 법신, 보신, 화신으로 항상 있기 때문입니다. 덕운 비구는 다음과 같이 자신의 경계를 설합니다.

선남자여!
모든 부처님의 경계를 생각하여
지혜의 광명으로 두루 보는 법문을 얻었거니와
모든 대보살이 그지없는 지혜로
청정하게 수행하는 문이야 어떻게 알겠는가?
지혜의 빛으로 설한 두루 비추는 염불문이니
모든 부처님 국토에 가지가지 궁전을
청정하게 장엄함을 항상 보는 연고이며
일체중생으로 하여금 생각케 하는 염불문이니
중생의 마음을 따라서 부처님을 뵈옵고
청정함을 얻기 위한 연고이니라.
신의 편안에 머무는 염불문이니
여래의 심력에 들게 하는 연고이며
법에 편안히 머물게 하는 염불문이니
한량없는 부처님을 보고 법을 듣는 연고이며
여러 방위에 밝게 비추는 염불문이니
모든 세계에 차별 없이
평등한 부처님 바다를 다 보는 연고이며

사람이 볼 수 없는 염불문이니

모든 미세한 경계에 계신 부처님들의

자유자재한 신통을 다 보는 연고이니라.

자유자재한 마음에 머무는 염불문이니

자기 마음에 좋아함을 따라서

모든 부처님이 형상을

나타내시는 줄을 아는 연고이며

자기의 업에 머무는 염불문이니

중생의 쌓인 업에 따라 영상을 나타내어

깨닫게 하는 것을 아는 연고이며

신통 변화에 머무는 염불문이니

부처님이 앉으신 큰 연꽃이

법계에 두루 피는 것을 보는 연고이며

허공에 머무는 염불문이니

여래의 소유하신 몸이

법계와 허공계를 장엄하였음을

관찰하는 연고이니라.

그러거늘 내가 어떻게 그 공덕의 행을

능히 알며 능히 말하겠는가?


여기서 '염불'은 염할 염念 자, 부처 불佛 자입니다. 부처님을 염한
다는 말입니다. 염念이란 한자를 풀어 보면 지금今 자기의 마음心을 챙

긴다는 뜻입니다. 진정한 염불은 부처님을 지금 내 마음에 챙기는 것입니다. 부처님을 뵙고 부처님의 가르침을 생각하고 부처님의 가르침대로 살려는 것이 진정한 염불이라는 말입니다.

덕운 비구는 이와 같이 자신의 경계를 이야기해 주고 그 나머지는 알 수가 없다며 "여기서 남쪽으로 가면 해문海門이라는 나라에 해운이라는 비구가 있다. 그 해운 비구에게 가서 보살행에 대해 묻도록 하라."며 또 다른 선지식인 해운 비구를 추천해 줍니다.

그래서 선재 동자는 바다 남쪽 나라인 바다의 문, 해문에 주석하고 있는 해운 비구를 찾아갑니다. 우리나라 남쪽 끝 부산에 있는 해운대라는 지명이 『화엄경』의 해운 비구에서 유래한 것입니다.

선재 동자와 만난 해운 비구는 "선남자여! 아뇩다라삼먁삼보리심을 내었는가?" 하고 물었습니다. 이에 선재 동자는 "그렇습니다. 아뇩다라삼먁삼보리심을 내었습니다." 하고 대답합니다.

'아뇩다라삼먁삼보리심'이란 무상정등정각의 마음을 뜻합니다. 무상은 위가 없다는 뜻으로 지존至尊을 뜻합니다. 정등은 바르고 평등하다는 의미입니다. 정각은 올바른 깨달음입니다. 무상정등정각을 한마디로 표현하면 '최상의 깨달음'이라고 할 수 있습니다. 해운 비구는 그 최상의 깨달음을 얻겠다는 마음을 내었느냐고 물은 겁니다. 다시 해운 비구가 말했습니다.

선남자여!
만일 중생이 선근을 심지 않으면

아뇩다라삼먁삼보리심을 내지 못하나니
보현 법문의 선근 광명을 얻어야 하며
참된 길인 삼매의 광명을 갖추어야 하며
가지가지 광대한 복의 바다를 내야 하며
희고 깨끗한 법 자람에 게으름이 없어야 하며
선지식 섬기는 데 고달픈 생각을 내지 말아야 하며
온갖 목숨 돌보지 말고 쌓아 두는 일이 없어야 하며
평등한 마음이 땅과 같아서 높낮이가 없어야 하며
항상 모든 중생을 사랑해야 하며
생사의 길을 늘 생각하고 버리지 말아야 하며
여래의 경계 관찰하기를 좋아해야
능히 보리심을 내게 되느니라.

해운 비구는 최상의 깨달음을 성취하겠다는 보리심을 내는 일이 매우 어렵다고 말합니다. 보리심을 내는 일은 진리를 구하기 위해서는 목숨도 바칠 수 있을 정도의 선근을 심지 않고는 어렵다는 것입니다.

『열반경』에는 구법을 위해 목숨을 던진 설산 동자의 이야기가 전해집니다. 설산 동자는 아무리 수행해도 깨달음을 얻을 수가 없었습니다. 이를 본 제석천왕은 안타까운 마음에 나찰로 변신해 게송을 읊습니다.

제행무상　　諸行無常

시생멸법　　是生滅法


모든 존재는 무상하기에

끊임없이 일어났다 사라진다네.


　설산 동자는 이 게송을 듣자마자 눈앞이 번쩍 띄었습니다. 그리고
게송을 읊은 주인공을 찾아가 묻습니다.

　"당신이 이 게송을 설했습니까?"

　"그렇다."

　"저를 위해 나머지 게송을 설해 주소서."

　"너는 너의 사정만 생각하지 남의 사정은 눈앞에 없구나."

　"당신은 무엇이 필요합니까?"

　"나는 지금 배가 몹시 고프다. 나는 살아 있는 사람의 피와 살만을
먹는다."

　"그렇다면 저의 몸을 바치겠습니다. 나머지 게송을 들려 주소서."

　이렇게 해서 제석천왕은 나머지 두 구절을 읊습니다.


생멸멸이　　生滅滅已

적멸위락　　寂滅爲樂


일어나고 사라짐이 사라진다면

진정한 행복이 찾아온다네.

　이 게송을 듣고 기쁨에 찬 설산 동자는 다른 사람들도 이 게송을 보고 깨달음을 얻을 수 있도록 바위와 나무에 적어 놓습니다. 그리고 나찰과의 약속을 지키기 위해 절벽에서 뛰어내립니다. 그때 나찰은 제석천왕의 모습으로 돌아가 뛰어내리는 설산 동자를 받아 구해 주었습니다. 설산 동자의 이런 마음이야말로 최상의 진리를 갈구하는 마음이라고 하겠습니다.

　해운 비구는 이어서 보리심을 내는 연유를 설합니다.

　　보리심을 낸다는 것은
　　크게 가엾이 여기는 마음을 냄이니
　　일체중생을 널리 구원하는 연고이며
　　크게 인자한 마음을 냄이니
　　모든 세간을 다 복되게 하는 연고이며
　　안락케 하는 마음을 냄이니
　　일체중생으로 하여금 괴로움을 없애게 하는 연고이다.

　보리심을 내는 것은 자기 혼자만의 깨달음을 구하기 위함이 아니라 일체중생을 가엾이 여기고 복되게 하고 안락하게 해 주기 위해서라는 겁니다. 한마디로 '발고여락拔苦與樂'입니다. 고통을 뽑아 주고 즐거움을 안겨 준다는 것입니다. 해운 비구는 바다의 열 가지 덕성을 생각하며 마음이 큰 바다와 하나 되는 수행을 한다고 말합니다. 그리고 "선남자여! 남쪽으로 60유순쯤 가면 능가산으로 가는 길 옆에 한 마을이 있는데 그 이름을 해안 바다 연안이라 한다. 거기에 비구가 있으니 그 이름이 선주이니라. 그대는 그에게 가서 보살의 행을 어떻게 깨끗하게 하느냐고 물으라."고 말하며 다음 선지식을 추천합니다.

해운 비구의 추천을 받은 선재 동자는 연안 마을에 이르러 사방을 살피면서 선주 비구를 찾습니다. 그때 선재 동자는 팔부신중을 비롯한 온갖 하늘의 신이 선주 비구에게 합장하며 공경, 찬탄하고 공양을 올리는 모습을 보게 됩니다. 선재 동자는 이 모습을 보고 환희심이 일어났습니다. 그리고 선주 비구에게 합장 예경하고 "거룩하신 이여! 저는 이미 아뇩다라삼먁삼보리심을 내었사오나 보살은 어떻게 수행하며 어떻게 불법을 쌓아 모으며 어떻게 불법을 갖추며……." 하고 묻습니다. 이에 선주 비구는 "훌륭하고 훌륭하다. 선남자여! 그대가 이미 아뇩다라삼먁삼보리심을 내었고 이제 또 마음을 내어 부처의 법과 온갖 지혜의 법과 자연인 법을 묻는구나. 선남자여! 나는 이미 보살의 걸림 없는 해탈의 행을 성취하였으므로 오고가고 다니고 그칠 적에 따라서 생각하고 닦고 관찰하여서 곧 지혜의 광명을 얻었으니 이 몸이 필경 걸림 없음이니라."라고 말합니다.

이어서 선주 비구는 걸림 없는 마음에 대해 설합니다.

나는 이 신통한 힘을 얻었으므로
허공중에서 다니고 서고 안고

눕기도 하며 숨고 나타나기도 하며

한 몸으로 나타나기도 하고

여러 몸도 나타내며

장벽을 뚫고 나가기를 허공처럼 하고

공중에서 가부좌하며

자유롭게 가고 오는 것이 나는 새와 같고

……

시방세계를 두루 덮기도 한다.


아라한과를 성취한 분들은 마음에 걸림이 없기 때문에 그 어떠한 장애도 없다고 합니다. 바로 그러한 걸림 없는 경지를 말하는 겁니다. 그리고 선주 비구는 "여기서 남방으로 한 나라가 있는데 그 이름이 달리비다요. 그 나라에 자재라는 성이 있고, 그 성에 이름이 미가라는 장자가 있다. 미가 장자에게 가르침을 받아라." 하며 다음 선지식을 추천합니다.


미 가 해 탈 여 해 당
## 彌伽解脫與海幢

"미가해탈여해당"은 미가 장자, 해탈 장자 그리고 해당 비구를 말합니다. 선재 동자는 선주 비구가 일러준 대로 남쪽으로 발걸음을 옮깁니다. 마침내 자재성에 이르러 미가 장자를 찾아가 보니 장자는 시장 가운데 사자좌에 앉아 수많은 사람에게 둘러싸여 장엄한 법문을 설하고 있었습니다. 미가 장자가 선재 동자에게 말하였습니다.

"선남자여! 그대는 아뇩다라삼먁삼보리심을 이미 내었는가?"

"그렇습니다. 저는 이미 아뇩다라삼먁삼보리심을 내었습니다."

미가 장자는 문득 사자좌에서 내려와 선재 동자가 있는 땅에 엎드리고 금꽃, 은꽃, 값나가는 보배와 전단향을 흩으며, 한량없는 여러 가지 옷을 그 위에 덮고 또 한량없는 가지가지 향과 꽃과 갖가지 공양 거리를 흩어 공양하고 일어나서 칭찬합니다.

"훌륭하고 훌륭하다. 선남자여! 그대가 아뇩다라삼먁삼보리심을 능히 내었구나."

아뇩다라삼먁삼보리심은 무상정등정각의 마음이라고 했습니다. 이와 같은 마음은 내기만 해도 많은 사람이 환희심을 내고 공경을 합니다. 선재 동자가 최상의 깨달음을 얻으리라고 발심만 했는데도 불구하고 미가 장자는 땅에 엎드렸습니다. 그리고 칭찬을 합니다. 보리심을 내는 일이 얼마나 가치 있고 중한지를 가르치는 대목입니다.

이와 같은 이야기가 또 있습니다. 옛날 노스님과 젊은 스님이 함께 길을 걷고 있었습니다. 젊은 스님이 '나는 중생의 고통을 없애 주고 즐거움을 주기 위해서 최상의 깨달음을 얻어야 되겠다.'고 마음속으로 발심을 합니다. 타심통이 열린 노스님이 그 마음을 읽고 "이보게. 자네가 지고 있는 걸망을 나에게 주게나." 하며 대신 짊어지고 갑니다. 한참 길을 가다가 젊은 스님이 또 생각하기를 '이렇게 혼자 걸어 가기도 힘든데 중생을 위하는 삶이 얼마나 힘들까? 나 하나의 몸이나 잘 건사하고 살아야 되겠다.'는 열등한 마음을 냅니다. 그러자 노스님이 젊은 스님에게 걸망을 다시 건네줍니다. 이 상황이 의아했던 젊은 스님은 노스님에게 묻습니다.

"노스님, 전에는 제가 매고 있던 걸망을 굳이 스스로 매겠다고 가져가시더니 지금은 제가 달라고도 안 했는데 주십니다. 어떤 연유로 그리하셨습니까?"

그러자 노스님이 대답했습니다.

"전에는 자네가 최상의 깨달음을 얻겠다는 보리심을 냈지. 그래서 나라도 조금 거들어줘야겠다는 마음으로 너의 걸망을 내가 짊어지고 왔네. 그런데 그 마음이 바뀌었지. 이제는 열등한 소승의 마음을 내었기 때문에 자네의 짐을 가져가라고 준 것이네."

우리가 대승의 마음을 발심만 해도 불보살님이 가피를 내립니다. 미가 장자 역시 선재 동자가 이미 발심을 했다는 사실만으로 자리에서 내려와 땅에 엎드려 한없는 칭찬과 함께 다음과 같이 설합니다.

선남자여!
만약 아뇩다라삼먁삼보리심을 내는 이는
모든 부처의 종자를 끊지 않게 함이요.
모든 부처의 세계를 깨끗이 함이며
모든 중생을 성숙케 함이며
모든 법의 성품을 통달함이며
모든 업의 종자를 깨달음이며

모든 행의 원만함이며

모든 서원을 끊지 않음이며

탐욕을 여읜 성품을 사실대로 이해함이며

능히 삼세의 차별한 것을 분명히 보고

있는 지혜를 영원히 견고하게 함이니라.


그리고 미가 장자는 다시 자리에 올라앉아서 "선남자여! 나는 이미 묘한 음성 다라니를 얻었으므로 삼천대천세계에 있는 모든 하늘의 말과 용, 야차, 건달바, 아수라, 가루라, 긴나라, 마후라가 등의 말과 범천의 말을 모두 분별하여 아노라." 하고 선재 동자에게 말했습니다. 음성 다라니, 즉 광명 법문은 미가 장자의 능력입니다. 요즘 상황으로 비유하면 세계 각국의 말을 다 할 줄 안다는 의미입니다. 그것도 사람의 말뿐 아니라 온갖 신과 의사소통이 되는 경지에 이르렀다는 겁니다. 미가 장자는 선재 동자에게 해탈 장자를 찾아 가도록 권합니다.

선재 동자는 미가 장자가 추천한 해탈 장자를 찾아 떠납니다. 그리고 주림성에 이르러 해탈 장자를 보고는 땅에 엎드려 절하고 일어서서 합장하고는 "거룩하신 이여! 제가 이제 선지식과 한데 모였으니 이는 제가 광대하고 좋은 이익을 얻음입니다. 선지식은 보기도 어렵고 듣기도 어렵고 나타나기도 어려우며 받들어 섬기기도 어렵고 가까이 모시기도 어렵고 대하여 뵈옵기도 어렵고 만나기도 어렵고 함께 있기도 어려우며 기쁘게 하기도 어렵고 따라 다니기도 어렵사온

데 저는 이제 만났사오니 이것이 좋은 이익을 얻은 것입니다."라고 말합니다.

선지식과 관련한 부처님과 아난 존자의 유명한 대화가 있습니다. 어느 날, 아난 존자는 부처님께 이렇게 말씀드립니다.

"부처님, 좋은 선지식을 만났다는 것은 이미 깨달음의 반을 성취한 것이나 마찬가지입니다."

그러나 부처님은 "그렇지 않다."고 말씀하십니다. 그 말씀이 의아했던 아난 존자는 왜 그렇지 않은지 다시 부처님께 여쭙니다. 그러자 부처님은 이렇게 말씀하십니다.

"좋은 선지식을 만났다는 것은 깨달음의 반이 아니고 깨달음의 전부를 성취한 것이나 마찬가지다."

우리가 깨달음을 얻기 위해서는 반드시 선지식을 만나야 합니다. 참다운 선지식을 만났다는 것은 이미 깨달음의 길에 확고히 들어섰다는 것과 같습니다. 선재 동자도 이렇듯 좋은 선지식을 만난 것에 대해 말한 것입니다. 선재 동자는 해탈 장자에게 "원하옵건대 거룩하신 이여! 어떻게 보살의 행을 배우며, 보살의 도를 닦으며, 닦아 익힌 것이 빨리 청정해지며, 빨리 분명해지는 것을 저에게 말씀하여 주소서." 하고 법문을 청합니다. 이에 해탈 장자가 선재 동자에게 게송을 설합니다.

선남자여!
나는 이미 여래의 걸림 없는

장엄 해탈문에 들어갔다 나왔노라.

선남자여!

내가 이 해탈문에 들어갔다 나올 적에

동방의 염부단금 광명세계의

용, 자재왕, 여래, 응공, 정등각을

도량에 모인 대중이 둘러싸는데

비로자나장보살이 우두머리가 되었음을 보았노라.

이렇게 동방 남방 서방 북방

또 동북방 서북방 상방 하방 동남방 서남방

모든 세상의 불보살님과

둘러싼 대중을 다 관찰했다.

그러나 저 여래께서 여기 오시지도 않고

내 몸이 거기 가지도 않나니

모든 부처님이나 내 마음이

모두 꿈과 같음을 알며

모든 부처님은 그림자 같고

내 마음은 물 같은 줄 알며

모든 부처님의 모습과 내 마음이 환幻 같음을 알며

모든 부처님과 내 마음이 메아리 같음을 아나니

나는 이렇게 알고 이렇게 뵈옵는 부처님이

제 마음으로 말미암음인 줄 생각하노라.

이 말씀은 『금강경』에 있는 다음 게송과 같습니다.


일체유위법        一切有爲法
여몽환포영        如夢幻泡影
여로역여전        如露亦如電
응작여시관        應作如是觀


일체의 모든 존재는
꿈, 허깨비, 물거품, 그림자와 같으며
이슬과 같고 번갯불과 같으니
응당 이와 같이 관찰을 할지어다.


『금강경』의 핵심도 관찰입니다. 해탈 장자도 동서남북과 상·하방, 모든 간방의 부처님과 보살님을 다 보는데도 사실은 부처님이 오는 것도 아니고 내가 가는 것도 아니라고 말했습니다. 그것은 실체가 없어 어디서 와서 어디로 간다고 할 수 없기 때문입니다. 인연 따라 생겼다 인연 따라 사라질 뿐입니다.

해탈 장자는 선재 동자에게 다음 선지식으로 해당 비구를 추천합니다. 선재 동자는 해탈 장자에게 "선지식에게 어머니라는 생각을 일으킬 것이니 모든 무익한 법을 버리는 연고이며, 선지식에게 아버지라는 생각을 일으킬 것이니 모든 선한 법을 내게 하는 연고입니다." 하고는 다음 선지식을 찾아 떠납니다.

선재 동자가 해당 비구를 두루 찾다가 문득 보니 해당 비구는 가부
좌하고 삼매에 들어 숨도 쉬지 않고 분별심도 없어서 몸이 편안하고
움직임도 없었습니다.「입법계품」에서는 해당 비구를 다음과 같이 묘
사하고 있습니다.

발바닥에서는
백천억 장자 거사 바라문들이 나오는데
모두 갖가지 장엄거리로 장엄하였고
두 무릎에서는
백천억 찰제리 바라문들이 나오는데
모두 총명하고 슬기로우며
……
머리 위에서는
한량없는 부처세계의 티끌 수
보살 대중이 나오는데
모두 훌륭한 모습으로 몸을 장엄하고
그지없는 광명을 놓으며 가지가지 행을 말하였다.
이른바 보시를 찬탄하여 간탐을 버리고
묘한 보배를 얻어 세간의 세계를 장엄케 하였다.
계율을 지키는 공덕을 찬탄하여
중생으로 하여금 나쁜 짓을 끊고
보살들이 크게 자비한 계율에 머물게 하였다.

모든 것이 꿈과 같다고 말하며

모든 농락이 재미없다고 말하며

중생으로 하여금 번뇌의 속박을 여의게 하였다.


해당 비구가 삼매에 들어서 이와 같은 모습을 선재 동자에게 보여주는 겁니다. 그때 선재 동자는 일심으로 해당 비구를 관찰하면서 앙모하여 그 삼매의 해탈을 생각하고 그 부사의한 보살의 삼매를 생각합니다. 이렇게 서서 생각하고 관찰하기를 하루 낮, 하루 밤이 지나고 칠 일, 보름, 한 달, 여섯 달이 지나고 또 엿새가 지나게 됩니다. 그리고 선재 동자는 해당 비구에게 "이런 삼매는 정말 대단한 삼매입니다. 거룩하신 이여, 이 삼매의 이름은 무엇입니까?" 하고 묻습니다. 이에 해당 비구가 게송을 설합니다.


선남자여!

이 삼매의 이름은

넓은 눈으로 어둠을 버림이라고도 하고

반야바라밀의 청정한 광명이라고도 하며

두루 장엄한 청정한 문이라고도 하느니라.

선남자여!

나는 반야바라밀을 닦았으므로

이 두루한 청정한 삼매 등

백만 아승지 삼매를 얻었느니라.

그리고 해당 비구는 삼매의 효과에 대해서도 설합니다.

삼매 속에서
모든 중생에게 모든 모습을 보여 줘서
중생으로 하여금 가난한 고통을 여의게 하고
지옥에서 벗어나게 하고 축생을 면하게 하며
액난을 면하게 하고 천상 인간의 중생을 기쁘게 하며
선정을 사랑하게 하고 보리심을 인도하게 한다.
결국은 모든 보살의 원과 행을 성취케 한다.

해당 비구는 마지막으로 "나는 오직 이 한 가지 반야바라밀 삼매의 광명을 알거니와 보살들의 모든 삼매는 또 공부를 해야 한다."고 하면서 "여기서 남쪽으로 가면 한 곳이 있으니 이름이 해조요, 동산이 있으니 이름이 보장운이다. 그 동산에 우바이가 있으니 이름이 휴사라고 한다. 그대는 그에게 가서 어떻게 보살의 행을 배우며 보살의 도를 닦느냐고 물어라." 하고 다음 선지식을 추천합니다.

휴 사 비 목 구 사 선
# 休舍毘目瞿沙仙

『화엄경』「입법계품」에서 선재 동자는 53선지식을 만나러 다닙니다. 그런데 이 53선지식의 '53'은 상징적인 숫자입니다. 선지식이 53

명만 있겠습니까? 여기서 53선지식은 『화엄경』에서 말하는 수행의 53단계를 상징합니다. 53선지식 중에는 다양한 부류의 다양한 사람들이 포함되어 있습니다. 이번에는 재가 여신도인 휴사 우바이를 만날 차례입니다. 휴사 우바이를 만나기 전 선재 동자는 '선지식이 나로 하여금 부처님을 보게 하고 선지식이 나로 하여금 법을 듣게 하였도다. 선지식은 나의 스승이니 나에게 부처님의 법을 보여 준 연고이며 선지식은 나의 눈이니 나에게 부처님 보기를 허공과 같이 하게 한 연고이며 선지식은 나의 나룻목이니 나로 하여금 부처님 여래의 연못에 들어가게 하는 연고이다.'라는 생각에 잠깁니다.

선재 동자는 이와 같은 생각을 하면서 해조국의 휴사 우바이를 찾아갑니다. 그때 휴사 우바이는 황금 자리에 앉아서 해장 진주 금류관을 쓰고 하늘 것보다 더 좋은 진검의 팔찌를 끼고 검푸른 머리카락을 드리우고 큰 마니 그물로 머리를 장엄하고 사자구 마니 보배로 귀걸이를 하였고 여의 마니 보배로 영락을 만들고 온갖 그물 보배로 몸을 덮어 드리웠습니다. 또한 백천억 나유타 중생이 허리를 굽혀 공경하며 한량없는 중생이 모여 왔으니 범천, 범중천, 대범천, 범부천, 자재천들이며 내지 사람과 사람 아닌 이들이며 동방, 남방, 서방, 북방과 네 간방과 상방, 하방도 역시 그러하였습니다.

그런데 이 우바이를 보는 이는 모든 병이 다 없어지고 번뇌의 때를 여의고 나쁜 소견을 뽑아 버렸으며 장애의 산을 부수고 걸림 없이 청정한 경계에 들어가며 모든 선근을 더욱 밝히고 모든 감관을 기르며 모든 지혜의 문에 들어가고 모든 다라니 문에 들어가서 모든 삼매문,

모든 서원문, 모든 미묘한 수행문, 모든 공덕문들이 앞에 나타나서 마음이 광대하고 신통을 구족하며 몸에는 장애가 없이 모든 것에 이르는 것이었습니다.

보기만 해도 모든 병이 없어지고 번뇌의 때를 여의고 나쁜 소견을 뽑아 버리며 장애가 없어진다면 이와 같은 분은 진정한 보살이라 할 수 있습니다. 관세음보살님이나 약사여래 같은 분들이 바로 그렇습니다. 그런데 이런 분들을 만나기는 쉽지 않습니다. 만나려면 그에 해당하는 복이 있어야 합니다. 때문에 우리는 끊임없이 복덕을 구족하고 도업을 성취해야 한다는 겁니다.

참으로 다행스럽게도 선재 동자는 휴사 우바이를 만났습니다. 그리고 보살도를 어떻게 닦아야 하는지를 여쭈었습니다. 그때 휴사 우바이가 게송으로 설합니다.

선남자여!
나는 오직 한 해탈문을 얻었으니
나를 보거나 듣거나 생각하는 이나
나와 함께 있는 이나 나를 이바지하는 이는
모두 헛되지 아니하니라.
선남자여!
만약 중생으로서 선근을 심지 못하고
선지식의 거두어 줌을 받지 못하고
부처님들의 보호함을 받지 않는 이는

마침내 나를 보지 못한다.

선남자여!

어떤 중생이 나를 보기만 하면

아뇩다라삼먁삼보리에서 물러나지 아니하니라.


진정한 보살을 만나려면 세 가지 중에 하나가 성취되어야 합니다. 중생으로서 선근을 심거나, 선지식의 거두어 줌을 받거나, 부처님의 보호함이 있어야 합니다.

휴사 우바이의 특징은 어떤 장애에도 발보리심이 퇴전하지 않는데 있습니다. 불퇴전의 경지에 이르게 된 분입니다. 선재 동자는 휴사 우바이로부터 가르침을 듣고 다음 선지식을 찾아 떠납니다. 휴사 우바이는 "여기서 남쪽으로 한 나라가 있으니 이름은 나라소요, 거기에 선인이 있으니 이름이 비목구사니라." 하며 선지식을 추천합니다.

선인仙人은 나무나 숲에서 도를 닦는 신선 같은 분들을 말합니다. 그때 선재 동자는 비목구사 선인이 전단나무 아래에 풀을 깔고 앉아 일만 무리를 거느리고 있는 모습을 봅니다. 그 무리들은 사슴 가죽이나 나무껍질을 입기도 하고 풀을 엮어서 옷을 만들기도 하였으며 상투를 짜고 보리를 드리웠습니다. 이들이 앞뒤로 둘러 선인을 모시고 있었습니다. 비목구사 선인은 무리를 둘러보고 "선남자들이여! 이 동자는 이미 아뇩다라삼먁삼보리심을 내었느니라. 이 동자는 모든 중생에게 두려움 없음을 보시하느니라. 이 동자는 모든 중생에게 이익을 주느니라." 하고 말하였습니다. 선재 동자에 대해 극진한 칭찬을 하

였던 것입니다. 그곳에 모여 있던 여러 선인은 이 말을 듣고 가지각색
의 묘한 향과 꽃을 선재 동자에게 뿌리며 절하고는 다음과 같이 계송
으로 말합니다.

> 반드시 모든 중생을 구호하리라.
> 반드시 모든 지옥의 고통을 멸하리라.
> 반드시 축생의 길을 모두 끊으리라.
> 반드시 염라대왕의 세계를 바꾸어 놓으리라.
> 반드시 여러 험난한 문을 닫으리라.
> 반드시 애욕의 바다를 말리리라.
> 반드시 괴로움의 덩어리를 없애리라.
> 반드시 무명의 어둠을 깨뜨리리라.
> 반드시 탐애의 결박을 끊으리라.
> 반드시 복덕의 철의 산으로 세간을 둘러쌓으리라.
> 반드시 지혜의 수미산으로 세간을 드러내리라.
> 반드시 지혜의 해를 뜨게 하리라.
> 반드시 선근의 법장을 열어 보이리라.
> 반드시 세간 사람들로 하여금
> 험하고 평탄함을 알게 하리라.

선인들이 선재 동자에게 축원을 한 겁니다. 중생은 그 애욕으로 인
한 죄업 때문에 오지 말라는 지옥문에는 줄을 서고, 오라는 천당문은

텅텅 비어 있다고 합니다. 때문에 보살들이 보살도를 닦으면서 수많은 중생과 연을 맺는 겁니다. 그때 비목구사 선인이 선재 동자에게 말했습니다.

"선남자여! 나는 보살의 무승당해탈無勝幢解脫을 얻었노라."

"거룩하신 이여! 무승당해탈은 그 경계가 어떠하옵니까?"

비목구사 선인은 오른손을 펴서 선재 동자의 정수리를 만지며 선재 동자의 손을 잡습니다. 그때 선재 동자는 자기의 몸이 시방에 있는 열 부처님 세계의 티끌 수 세계에 가서 열 부처님 세계의 티끌 수 부처님 처소에 이르렀음을 보았고 저 부처님 세계와 그곳에 모인 대중과 부처님의 잘생긴 모습이 여러 가지로 장엄하였음을 보았으며, 또 그 부처님이 중생의 마음에 따라서 법을 연설함을 듣고 한 글자, 한 구절을 모두 통달하여 따로따로 받아 지니어 섞이지 아니함을 보았습니다. 비목구사 선인이 손을 잡는 순간, 수많은 세월 동안 수많은 부처님이 법을 설하거나 광명을 놓는 것을 일순간에 보게 된 것입니다.

그때 비목구사 선인이 선재 동자의 손을 놓으니 선재 동자는 자기 몸이 본고장에 있음을 봅니다. 손을 놓는 순간 자기 몸이 원위치에 있었음을 보게 되었다는 겁니다. 그때 비목구사 선인이 선재 동자에게 묻습니다.

"그대는 어떻게 생각하는가?"

이에 선재 동자는 답합니다.

"이것은 다 거룩하신 선지식의 힘인 줄 아옵니다."

그리고 비목구사 선인은 "여기에서 남쪽으로 한 마을이 있으니 이

름이 이사나요, 거기에 바라문이 있으니 이름이 승열이니라. 그대는
그에게 가서 어떻게 보살행을 배우며 보살도를 닦는지를 물어라." 하
며 다음 선지식을 추천합니다.


## 승 열 바 라 자 행 녀
# 勝熱婆羅慈行女

'승열바라'는 승열이라는 이름의 바라문을 말합니다. 비목구사 선
인의 말대로 선재 동자는 승열 바라문을 찾아 갑니다. 승열 바라문은
'열熱을 이긴다勝'고 해서 승열입니다. 승열 바라문은 불산과 칼산에
서 몸을 날리는 수행을 하는 수행자였습니다. 선재 동자가 승열 바라
문에게 법을 청하니 "선남자여! 그대가 만약 이 칼산 위에 올라가서
몸을 불무더기에 던지면 보살의 행이 청정해지리라."고 승열 바라문
이 말합니다. 칼산 위에 올라가기도 힘든데 용광로처럼 이글거리는
불산의 불무더기 속으로 몸을 던지라는 겁니다. 이에 선재 동자는 '사
람 몸 얻기 어렵고 모든 난을 여의기 어렵고 난이 없어짐을 얻기 어렵
고 청정한 법 얻기 어렵고 부처님 만나기 어렵고 모든 감관을 구별하
기 어렵고 불법을 얻기 어렵고 선한 사람을 만나기 어렵고 선지식을
만나기 어렵다더니 이것은 마魔가 아닌가? 마가 시키는 것이 아닌가?
마의 험악한 도량이 보살인 것처럼 선지식의 모양으로 나에게 선근의
난을 짓고 수명의 난을 지어서 나의 지혜 닦는 것을 방해하고 나쁜 길
에 들어가게 하고 나의 법문을 막고 나의 불법을 막는 것이 아닌가?'

하고 의심을 했습니다. 아직도 공부할 것이 많은데 지금 죽게 되면 더 이상 공부를 할 수 없으니 말입니다. 더 이상 선근 닦기를 어렵게 만들고, 더 이상 수명을 유지하기 어렵게 만들어서 오히려 불법을 막는 게 아닌가 하고 의심을 한 겁니다. 그때 범천이 다음과 같이 게송을 설합니다.

선남자여!
그런 생각을 하지 말라.
이 거룩한 이는 금광 불꽃 삼매 광명을 얻었고
모든 중생을 건지려는 마음이
물러가지 아니하였으며
모든 탐애의 바다를 말리려 하고
모든 삿된 소견의 그물을 찢으려 하고
모든 번뇌의 섶을 태우려 하고
모든 의혹의 숲을 비추려 하고
모든 늙어 죽는 공포를 끊으려 하고
모든 삼세의 장애를 무너뜨리려 하고
모든 법의 광명을 놓으려 하느니라.

범천들은 승열 바라문의 신통으로써 이와 같은 부처님의 법을 들은 적이 있다며 선재 동자에게 의심하지 말라고 합니다. 또 온갖 하늘의 신들도 선재 동자에게 이 바라문이 다섯 군데 뜨거움으로 몸을 볶을 적에 불의 광명이 아비지옥 등 여러 지옥에 비추어 모든 고통을 쉬었으며, 자기들도 그 불의 광명을 보고 심신을 내었고 죽어서 천상에 태어났다고 말해 줍니다. 선재 동자는 이와 같은 게송을 듣고 매우 기뻐하며 '승열 바라문이야말로 진실한 선지식이구나!'라는 마음을 냅니다. 그리고 "제가 거룩하신 선지식에게 착하지 못한 마음을 내었습니다. 바라옵건대 거룩하신 이여! 저의 참회를 받아 주소서."라고 말합니다.

대승불교에서 보살이 되고자 하는 수행자는 선지식을 잘 만나야 한다고 합니다. 그런데 선지식이 정말 누군지, 또 어떤 분이 선지식인지를 알기란 쉽지가 않습니다. 선재 동자 역시 승열 바라문을 만났을 때 '이 사람이 진짜 선지식인가?' 하고 의심스런 마음을 냈던 겁니다. 그런데 수많은 하늘의 신이 모두 이분이야말로 진정한 선지식이라고 하는 이야기를 듣고 참회를 한 겁니다. 그때 승열 바라문은 선재 동자에게 게송을 설하였습니다.

> 보살이 누구든지 선지식의 가르침을 순종하면
> 모든 의심과 두려움이 없어지고 편안하여
> 마음이 흔들리지 않으리.
> 이러한 사람들은 광대한 이익 얻으리니
> 보리수 아래에 앉아서 깨달음을 이루리라.

그때 선재 동자는 즉시 칼산에 올라가 불무더기에 몸을 내던집니다. 선재 동자는 불구덩이 아래로 내려가는 도중에 보살의 잘 머무는 삼매를 얻었고, 몸이 불꽃에 닿자 또 보살의 고요하고 즐거운 신통삼매를 얻었습니다. 이에 선재 동자는 승열 바라문에게 "매우 신기하옵니다. 거룩하신 이여. 칼산과 불무더기에 몸이 닿을 적에 편안하고 쾌락하였습니다."라고 말합니다. 이 불꽃은 그냥 뜨거운 불꽃이 아니라 이 몸의 탐 · 진 · 치 삼독을 녹여 주는 불꽃이었던 겁니다.

선재 동자는 승열 바라문을 만나 아주 좋은 경험을 하게 됩니다. 그리고 승열 바라문은 선재 동자에게 "여기서 남쪽으로 가면 사자분신이라는 성이 있고, 그 안에 동녀가 있으니 이름이 자행이니라. 그대는 그에게 가서 어떻게 보살행을 배우며 보살도를 닦는지를 물어라." 하고는 다음 선지식을 추천합니다.

선재 동자는 자행녀를 찾아 길을 떠납니다. 자행녀는 자행이라는 이름의 동녀입니다. 점점 남쪽으로 가던 선재 동자는 사자분신성에 이르러 여러 곳으로 다니며 자행 동녀를 찾습니다. 그리고 동녀가 사자당 왕의 딸로서 오백 동녀의 시중을 받으며 비로자나장 궁전에 사는데 용승전단이 발이 되고 금실로 된 그물을 두르고 하늘의 옷을 깐 자리에 앉아 묘한 법을 연설한다는 말을 듣습니다.

이 말을 들은 선재 동자는 왕궁에 찾아가 자행 동녀를 찾고 있는데 한량없는 사람이 궁중으로 들어가는 것을 보았습니다. 선재 동자가 사람들에게 어디로 가는지 묻자, 그 사람들은 "우리는 자행 동녀에게 가서 묘한 법을 들으려 한다."고 대답하였습니다. 그래서 선재 동자는 자행 동녀를 찾으러 비로자나장 궁전으로 갑니다. 비로자나장 궁전은 파려로 땅을 만들고 유리瑠璃로 기둥을 만들었으며 금강金剛으로 벽을 만들고 염부단금閻浮檀金으로 담을 쌓았고 백천 광명은 창호가 되고 아승지 보배로 꾸몄으며 보장寶藏 마니 거울로 장엄하고 세상에 제일가는 마니보배로 장식되어 있었습니다. 선재 동자가 자행 동녀를 보니, 자행 동녀는 살갗이 금빛이요 눈은 자줏빛이고 머리카락은 검푸르며 범천의 음성으로 법을 설하고 있었습니다.

자행 동녀를 본 선재 동자는 엎드려 절을 하고 "제가 이미 아뇩다라삼먁삼보리심을 내었지만 어떻게 보살의 행을 배우고 어떻게 보살도를 닦아야 합니까?"라고 여쭙니다. 그때 자행 동녀는 선재 동자에게 "선남자여! 그대는 나의 궁전에 장엄한 것을 보라."라고 합니다. 선재 동자가 궁전의 장엄함을 보니 그 궁전에는 여래께서 처음 마음을 내고 보살의 행을 닦고 서원을 만족하고 공덕을 갖추고 그 다음에 무상정등정각을 이루던 일과 묘한 법문을 굴리다가 열반에 드신 일이 마치 깨끗한 물에 일월성신과 모든 불상이 비추는 듯 나타납니다. 선재 동자는 부처님들의 여러 가지 모양을 생각하고 합장하면서 자행 동녀를 바라봅니다. 그때 자행 동녀가 선재 동자에게 설합니다.


선남자여!
이것은 반야바라밀의 두루 장엄하는 문이니
내가 36항하사恒河沙의 부처님 계신 데서
이 법을 얻었는데
저 여래들이 각각 다른 문으로써

나로 하여금 이 반야바라밀로

두루 장엄하는 문에 들어가게 하였으니

한 부처님이 말씀한 것은

다른 부처님이 다시 말하지 아니하였느니라.

내가 이 반야바라밀로

두루 장엄하는 문에 들어가서

따라 나가면서 생각하고

관찰하고 기억하고 분별할 적에

넓은 문 다라니를 얻으니

백만 아승지 다라니 문이 앞에 나타났느니라.


아승지는 한량없이 큰 수를 가리키는 단위입니다. 자행 동녀는 보살행의 방법에는 반야바라밀로 장엄하는 문 이외에 수없이 많은 다라니 문이 있다고 말한 겁니다. 그리고 자행 동녀는 "선남자여! 여기서 남쪽에 한 나라가 있으니 이름이 삼한이요, 거기에 비구가 있으니 이름이 선견이니라. 그대는 그에게 어떻게 보살의 행을 배우며, 보살의 도를 닦는지를 물어라." 하고 선재 동자에게 다음 선지식을 추천합니다.

## 제2장

<ruby>善<rt>선</rt></ruby><ruby>見<rt>견</rt></ruby><ruby>自<rt>자</rt></ruby><ruby>在<rt>재</rt></ruby><ruby>主<rt>주</rt></ruby><ruby>童<rt>동</rt></ruby><ruby>子<rt>자</rt></ruby>

<ruby>具<rt>구</rt></ruby><ruby>足<rt>족</rt></ruby><ruby>優<rt>우</rt></ruby><ruby>婆<rt>바</rt></ruby><ruby>明<rt>명</rt></ruby><ruby>智<rt>지</rt></ruby><ruby>士<rt>사</rt></ruby>

<ruby>法<rt>법</rt></ruby><ruby>寶<rt>보</rt></ruby><ruby>髻<rt>계</rt></ruby><ruby>長<rt>장</rt></ruby><ruby>與<rt>여</rt></ruby><ruby>普<rt>보</rt></ruby><ruby>眼<rt>안</rt></ruby>

<ruby>無<rt>무</rt></ruby><ruby>厭<rt>염</rt></ruby><ruby>足<rt>족</rt></ruby><ruby>王<rt>왕</rt></ruby><ruby>大<rt>대</rt></ruby><ruby>光<rt>광</rt></ruby><ruby>王<rt>왕</rt></ruby>

<ruby>不<rt>부</rt></ruby><ruby>動<rt>동</rt></ruby><ruby>優<rt>우</rt></ruby><ruby>婆<rt>바</rt></ruby><ruby>遍<rt>변</rt></ruby><ruby>行<rt>행</rt></ruby><ruby>外<rt>외</rt></ruby>


선견 비구와 자재주 동자

구족 우바이와 명지 거사

법보계 장자와 보안 장자

무염족왕과 대광왕

부동 우바이와 변행외도

불교에서는 발보리심이 대단히 중요합니다. 보리심을 발한다는 것은 드디어 깨달음을 얻을 연을 맺었다는 뜻입니다. 일반적으로 보리심을 발하는 사람은 많지 않습니다. '왜 이 세상에 태어났는가?', '왜 죽는 것인가?', '태어나기 전에는 어땠고, 죽으면 어떻게 되는 것인가?' 등에는 별 관심이 없습니다. 내 한 몸 잘 먹고 잘사는 것, 내 자식들 잘되고 건강한 것 등에만 초점이 맞춰져 있습니다. 죽어서 천상에 태어나면 다행이라는 생각으로 신에게 구걸하고 삶도 평범하게 살지, 나도 신들의 스승인 부처님이 되어야겠다는 보리심을 내는 것은 희유한 일입니다.

사람들은 윤회에서 벗어나는 것에는 별로 관심이 없고 복된 윤회를 위해서만 안달복달을 합니다. 더 부자가 되고, 더 좋은 곳에 취업하고, 자식들 더 잘되기만을 바랍니다. 물론 이런 것은 인간 생활의 기본이라고 할 수 있습니다. 그러나 '재財·색色·식食·수壽·명名'에만 집착하게 되면 윤회에서 벗어날 기약이 없게 됩니다. 오르막길이 있으면 내리막길이 있고, 내리막길이 있으면 오르막길이 있듯이 윤회라는 것도 그러합니다. 오르내리기를 수없는 생 동안 거듭하게 됩니다.

우리가 참선, 염불, 간경 등 수행을 하는 이유는 윤회의 수레바퀴에서 해탈하기 위해서이지 복된 윤회를 위해서 하는 것이 아닙니다. 우리가 잘 먹고 잘살고 일이 잘되기를 바라는 것이 나와 내 가족만을 위함이어서는 안 됩니다. 윤회에서 벗어나기 위한 복을 짓고 도를 닦기 위해서 사용되어야 합니다. 그래야 그 윤회에 보람이 있어집니다.

우리가 인간의 몸을 받아 태어난 것은 생로병사의 고통스러운 윤

회에서 해탈하기 위한 법을 공부하기 위해서입니다. 그런데 복된 윤
회만 바라고 산다면 이 세상에 온 보람이 전혀 없는 것입니다. 따라서
선재 동자와 같이 보리심을 내는 것이야말로 정말 중요하다고 하겠습
니다.

선재 동자는 구법 여행 중 만난 두 번째 그룹의 선지식으로부터 십
행十行을 얻습니다. 십행을 정리하면 다음과 같습니다. 남에게 베풀어
기쁘게 하는 환희행, 모든 중생을 이롭게 하는 요익행, 성내지 않고
참는 무에한행, 끊임없이 중생을 구제하는 무진행, 바른 생각을 하여
어리석지 않은 이치란행, 청정한 행위로 중생을 교화하는 선현행, 집
착하지 않는 무착행, 행하기 어려운 행을 존중하고 성취하는 존중행,
바른 가르침을 지키고 보호하는 선법행, 말과 행동이 일치하는 진실
행입니다. 각각의 선지식으로 등장하는 인물은 선견 비구, 자재주 동
자, 구족 우바이, 명지 거사, 법보계 장자, 보안 장자, 무염족왕, 대광
왕, 부동 우바이, 변행외도입니다.


선 견 자 재 주 동 자
# 善見自在主童子

자행 동녀의 가르침을 받은 선재 동자는 선견 비구를 찾아갑니다.
선재 동자는 삼한국에 이르러 도성과 마을과 골목과 저잣거리와 시내
와 평원과 산골짜기를 두루 다닙니다. 그때 선견 비구가 숲속에서 왔
다 갔다 거니는 것을 보았습니다. 요즘은 인터넷 검색이나 내비게이

선 등을 이용하면 목적지 찾기가 참으로 쉽습니다. 그러나 그 옛날에는 마을을 찾는 것도 쉽지 않았을 뿐더러 사람 찾기란 더욱 어려운 일이었습니다. 선재 동자가 한두 명도 아닌 53명이나 되는 선지식을 일일이 찾아다녔다는 것은 구도심이 그만큼 절실했음을 말해준다고 하겠습니다. 『화엄경』 「입법계품」에서는 선견 비구를 다음과 같이 묘사하고 있습니다.

> 한창 나이에 용모가 아름답고 단정하여 보기에 반가우며 검푸른 머리카락이 오른쪽으로 돌아 어지럽지 아니하고 정수리에는 살 상투가 있고 피부가 금빛이었다. 목에는 세 줄 무늬가 있고 이마가 넓고 번듯하며 눈은 길고도 넓어 청련화 같고 입술은 붉고 깨끗하여 빈바나무 열매 같았다. 가슴에는 만卍 자가 있고 일곱 군데가 평평하고 팔은 가늘고 길며 손가락에는 그물막이 있고 손바닥과 발바닥에는 금강 바퀴 같은 금이 있고 몸은 아름다워 정거천인淨居天人 같고 위와 아래가 곧고 단정하여 이구타나무 같으며 거룩한 모습과 잘생긴 모양이 모두 원만하여 설산과 같아 가지가지로 꾸몄고 눈은 깜짝이지 않고 둥근 광명이 한길이었다.

선재 동자는 선견 비구에 나아가 엎드려 절하고 허리 굽혀 합장한 뒤 "저는 이미 아뇩다라삼먁삼보리심을 내었고 보살행을 하고 있는

데 어떻게 보살의 도를 닦는지 말씀해 주소서." 하고 여쭙습니다. 이에 선견 비구는 지금 세상에서는 나이도 젊고 출가한 지도 얼마 되지 않았지만 과거 부처님 처소에서 말할 수 없는 대겁의 세월 동안 범행을 닦았다고 말합니다.

불교에서는 과거, 현재, 미래 삼생의 인과를 모두 봐야 합니다. 비록 어떤 스님이 지금은 출가한 지 얼마 안됐지만 무수히 많은 과거 생을 통해 수행정진한 분일 수도 있습니다. 또 지금은 재가자로 있을지라도 과거 생에는 나의 스승이었을 수도 있는 겁니다. 이와 같이 무한한 가능성을 염두에 두고 있어야 합니다. 지금 보이는 금생만 놓고 판단하면 자칫 그릇된 판단을 할 수 있습니다. 때문에 결국은 모든 사람이 나의 선지식이 될 수 있는 겁니다.

선견 비구는 "나는 부처님 세계에서 무량한 범행을 닦고 중생의 차별세계를 안다. 그러나 여래보살들의 지혜 등불은 무너뜨릴 수 없으니, 저 남방 명문국의 자재주 동자를 만나도록 해라."라며 다음 선지식으로 자재주 동자를 추천합니다.

선재 동자는 선견 비구의 추천에 따라 자재주 동자를 찾으러 명문국으로 갑니다. 그때 천룡과 건달바들이 "선재 동자여! 이 동자는 지금 물가에 있습니다."라고 안내를 합니다. 그때 선재 동자가 그곳에 나아가 이 동자를 보니 십천 동자와 함께 모래를 모아 장난하고 있었습니다. 선재 동자는 자재주 동자에게 보살행을 묻습니다. 이에 자재주 동자는 "나는 옛날에 문수사리 동자에게서 서법書法, 산수법算數法, 인법因法 등 여러 법을 배워서 온갖 공교하고 신통한 지혜의 법문에 들어갔노라."라고 말합니다. 『화엄경』「입법계품」에서는 자재주 동자의 능력을 다음과 같이 묘사하고 있습니다.

선남자여!
나는 이 법문으로 인하여 세간의
서법, 산수법, 인법, 계, 처 등의 법을 알았으며
또 풍경, 간질, 조갈, 헛것 들리는 모든 병을 치료하며
성시, 마을, 동산, 누각, 궁전, 가옥들을
세우기도 하고
갖가지 약을 만들기도 하고
전장, 농사, 장사하는 직업을 경영하기도 하며
짓고 버리고 나아가고 물러가는 일에
모두 적당하게 하였다.
또 중생의 모습을 잘 분별하여
선을 짓고 악을 지어
착한 길에 태어나고 나쁜 길에 태어나는 것을 알며
이 사람은 성문의 법을 얻고
이 사람은 연각의 법을 얻고
이 사람은 온갖 지혜에 들어간 일을 다 잘 알고
중생이 이런 법을 배우도록 하며 증장하고 결정하여
끝까지 청정케 하였노라.

자재주 동자는 서법, 의술, 건축, 토목, 농사, 장사 등 세간의 온갖 기술에 통달한 분입니다. 자재주 동자가 특히 잘하는 것은 보살의 계산하는 법이었습니다. 요즘 말로 하면 수학, 과학 천재였던 겁니다. 선재 동자는 자재주 동자로부터 이와 같은 법을 배우게 됩니다. 그리고 자재주 동자는 "나는 문수사리 동자로부터 배운 기술과 도리는 알지만 보살의 일체 경계는 모르니 남방 해주성의 구족이라는 이름의 우바이를 찾아가라." 하며 다음 선지식을 추천합니다.

구 족 우 바 명 지 사
## 具足優婆明智士

구족 우바이는 구족이라는 이름의 여성 재가신도를 말합니다. 선재 동자는 선지식의 가르침에 대해 다음과 같이 생각하면서 구족 우바이를 찾아갑니다.

선지식의 가르침은 봄 날씨와 같아서
모든 착한 법의 싹을 자라게 하며
선지식의 가르침은 보름달과 같아서
비추는 곳마다 서늘케 하며
선지식의 가르침은 여름의 설산과 같아서
모든 짐승의 갈증을 제해 주며
선지식의 가르침은 연못에 비추는 해와 같아서

모든 착한 마음의 연꽃을 피어나게 하며

선지식의 가르침은 커다란 보주와 같아서

가지가지 법보가 그 마음에 충만하며

선지식의 가르침은 연부나무와 같아서

모든 복과 지혜의 열매를 모으며

선지식의 가르침은 큰 용왕과 같아서

허공에서 자재하게 유의하며

선지식의 가르침은 수미산과 같아서

한량없는 법에 삼십삼천이 그 가운데 머무르며

선지식의 가르침은 제석천과 같아서

모든 대중이 둘러 호위하여 가릴 이가 없고

능히 외도 아수라 군중의 항복을 받는다.


마침내 선재 동자가 구족 우바이를 찾아 그 집안을 살펴보니 의복, 음식, 살림살이 도구도 없이 조그마한 그릇 하나만 놓여 있었습니다. 그런데 구족 우바이에게는 형용할 수 없는 신통함이 묻어났습니다. 이를 『화엄경』「입법계품」에서는 다음과 같이 묘사하고 있습니다.


일만의 동녀와 함께 있었으며

몸에서는 묘한 향기가 나 모든 것에 풍기니

중생이 향기를 맡기만 하면 물러가지 아니하며

성내는 마음도 없고 원수가 맺히지도 않으며

간탐하는 마음, 아첨하는 마음

구부러진 마음, 미워하고 사랑하는 마음

성내는 마음, 교만한 마음이 없고

평등한 마음, 자비한 마음을 일으키고

계율을 지니는 마음에 머물며

그 소리를 듣는 이는 기뻐하고

그 모습을 보는 이는 탐욕이 없어지는 것이다.


대단한 경지입니다. 동녀들의 몸에서 향기가 나는데 그 향기를 맡기만 하면 탐·진·치가 사라져 버린다는 겁니다. 진정한 보살이라고 할 수 있습니다.

선재 동자는 구족 우바이에게 절을 하고 가르침을 청합니다. 그때 구족 우바이는 "선남자여! 나는 보살의 다하지 않는 복덕장福德藏 해탈문을 얻었으므로 이렇게 작은 그릇으로도 중생의 갖가지 욕망에 따라서 가지가지 맛좋은 음식으로 모두 배부르게 하나니 시방세계의 모든 중생을 그들의 욕망에 따라 모두 배부르게 하여도 그 음식은 끝나지도 않고 줄어들지도 않느니라. 선남자여! 이 십천 동녀들이 나의 그릇을 가지고 천상에 가면 하늘들을 만족하게 먹이고 인간에 가면 사람들을 만족하게 먹이느니라."라고 가르침을 전합니다.

그리고 구족 우바이는 "나는 일체를 충만케 하는 무진복덕장 해탈문을 성취했지만, 더 큰 불보살의 공덕 바다를 알려면 남쪽의 대흥성에 명지라는 이름의 거사가 있으니 찾아가라."라고 말하며 다음 선지식을 추천합니다.

구족 우바이의 추천을 들은 선재 동자가 마침내 대흥성에 도착하여 명지 거사를 만납니다. 그리고 그의 발 아래에 엎드려 절한 뒤 합장하고는 말합니다.

거룩하신 이여!
저는 모든 중생을 이롭게 하려고
모든 중생을 괴로움에서 벗어나게 하려고
모든 중생을 끝까지 안락하게 하려고
모든 중생을 생사의 바다에서 뛰쳐나오게 하려고
모든 중생을 법의 보배 섬에 머물게 하려고
모든 중생의 사랑의 물결을 말리게 하려고
모든 중생이 큰 자비심을 일으키게 하려고
모든 중생이 업을 버리게 하려고
모든 중생이 부처의 지혜를 앙모하게 하려고
모든 중생이 생사의 벌판에서 벗어나게 하려고
모든 중생이 부처의 공덕을 좋아하게 하려고
모든 중생을 삼계의 성에서 나오게 하려고
모든 중생을 온갖 지혜의 성에 들어가게 하려고
아뇩다라삼먁삼보리심을 내었습니다.

선재 동자가 최고의 깨달음을 얻으려고 하는 이유가 분명히 드러

냅니다. 그것은 일신상의 안락을 위함이 아니고 모든 중생을 이롭게 하려고, 모든 중생을 괴로움에서 벗어나게 하려고, 모든 중생이 큰 자비심을 일으키게 하려고, 모든 중생이 삼계의 성에서 해탈케 하려고 보리심을 냈다는 겁니다.

진정한 대승 보살은 모든 중생을 위해서 깨달음을 구합니다. 그래서 부처님을 향해 기원할 때도 "제가 속히 깨달음을 얻어지이다. 제가 깨달음을 얻고 나면 중생을 편안케 해 주겠습니다."라고 하면 안 됩니다. "모든 중생을 이롭게 하고, 일체중생이 깨달아지이다."라는 마음가짐으로 기원해야 합니다. 『화엄경』「입법계품」에서는 명지 거사의 능력에 대해 다음과 같이 묘사하고 있습니다.

선남자여!
나는 마음대로 복덕이 나오는
광의 해탈문을 얻었으므로
무릇 필요한 것은 다 소원대로 되나니
이른바 의복, 영락, 코끼리, 말, 수레,
꽃, 향, 당귀, 일산, 음식, 탕약,
방, 집, 평상, 등불, 하인, 소, 양과
시중꾼들의 모든 살림살이에 필요한 물건이
찾는 대로 만족되며
진실한 법문까지 연설하느니라.

명지 거사는 복덕의 광의 해탈문을 얻었기 때문에 한량없는 중생의 갖가지 욕망과 서원을 다 성취시켜 주는 분입니다.

명지 거사는 "나는 수의출생복덕장隨意出生福德藏 해탈문을 얻어 사람이 요구하는 것은 무엇이든 다 들어주지만, 사방을 보배로 덮는 일은 다 모르니 남쪽 사자궁성에 사는 법보계라는 이름의 장자를 찾아가라."라 하며 다음 선지식을 추천합니다.


법 보 계 장 여 보 안
## 法寶髻長與普眼

선재 동자가 법보계 장자를 찾아뵈니 법보계 장자는 자신의 집을 보라고 합니다. 선재 동자가 보니 10층으로 된 집은 각 층마다 특징이 있었습니다. 1층부터 4층까지는 중생을 위해 음식, 옷, 장신구, 보물 등을 베푸는 곳이었습니다. 다음 5층부터 10층까지는 법을 설하고 수행하는 곳이었습니다. 층이 올라갈수록 수승한 사람들이 법을 설하고 있었던 겁니다. 5층에서는 법을 설하고, 6층에서는 보살이 법의 성품을 분명히 통달하였고, 7층에서는 보살들이 방편과 지혜로써 모든 부처님의 바른 법을 듣고 지녔으며, 8층에서는 부처님 경계에 두루 들어가서 법을 설하였고, 9층에는 미륵보살과 같은 일생보처보살이 모여 있었고, 10층에는 여래가 가득하게 있어 법륜을 굴리면서 중생을 제도하고 있었습니다.

선재 동자는 법보계 장자에게 "도대체 어떤 선근을 심어서 이와 같은 과보를 받았습니까?" 하고 여쭙니다. 이에 법보계 장자는 "과거생에 원만장엄세계 무변광법계 보장엄왕 부처님이 성에 들어오실 때 음악을 연주하고 향을 살라 공양했으며, 또 모든 빈곤과 고행을 영원히 여의고 부처님과 선지식을 항상 뵈오며 바른 법을 항상 들었으므로 무량복덕보장無量福德寶藏 해탈문을 얻었느니라." 하고 가르침을 전합니다. 그리고 보문국에 사는 보안 장자를 다음 선지식으로 추천합니다.

역시 보안이라는 이름의 장자를 만나기 위해 선재 동자가 찾아 갑니다. 그리고 보안 장자를 만나서 "저는 이미 아뇩다라삼먁삼보리심을 내었사오나 어떻게 보살행을 배우며 어떻게 보살도를 닦는지 알지 못합니다." 하고 보살행과 보살도에 대해서 질문을 합니다. 그때 보안 장자가 "훌륭하다. 선남자여! 그대는 능히 아뇩다라삼먁삼보리심을 내었구나." 하고 발심한 것을 칭찬합니다.

보안 장자는 풍병, 황달병, 해소, 열병, 귀신 들린 침책, 해충의 독 등 여러 가지 병을 치료해 주는 분입니다. 방편으로 병을 치료해 주고 또 몸을 씻겨 주고 의복을 입혀 주고 음식을 주고 재물을 주어서 모자람이 없게 해 줍니다. 그리고 그들에게 각각 알맞은 법을 설합니다. 바로 방편바라밀을 성취한 분입니다. 『화엄경』 「입법계품」에는 보안 장자의 방편행을 다음과 같이 묘사하고 있습니다.

탐욕이 많은 이는
부정하게 관하는 것을 가르치고

미워하고 성내는 일이 많은 이는
자비롭게 관하는 것을 가르치고
어리석음이 많은 이는
가지가지 법의 모양을 분별하도록 가르치고
세 가지가 평등한 이는
썩 나은 법문을 가르치노라.

탐욕과 성냄과 어리석음은 중생이 공통적으로 갖추고 있는 살림살이입니다. 그중에서도 탐욕이 많은 사람, 성냄이 잦은 사람, 지혜가 부족한 사람 등 사람마다 각기 다른 특성이 나타나기도 합니다. 이와 같은 병에 따라 처방전이 달라지는 것은 당연한 것입니다. 탐욕이 많은 사람에게는 백골관 등의 부정관, 성냄이 잦은 사람에게는 자애로움이 나도록 하는 자비관, 어리석은 사람에게는 수식관 등을 통해 법의 모양을 분별하도록 하는 방편이 필요한 것입니다. 보안 장자는 바로 이러한 방편으로 중생이 해탈하도록 돕는 보살행을 하고 있다고 선재 동자에게 전합니다.

보안 장자는 선재 동자에게 "남쪽으로 큰 성이 있으니 이름이 바라담이요, 거기에 왕이 있으니 무염족이다. 그를 찾아가도록 하라."고 다음 선지식을 추천합니다.

# 無厭足王大光王

선지식을 찾아 나선 선재 동자는 바라담의 무염족왕을 보게 됩니
다. 무염족왕은 형상이 추악하고 의복이 누추하며 무기를 손에 들고
눈을 부릅뜨고 팔을 뽐내어 보는 사람들이 모두 무서워하고 있었습
니다. 눈을 부릅뜨고 주먹을 불끈 쥐거나 창과 칼을 쥐고 있는 모습은
우리나라 사찰의 인왕상이나 사천왕상과 비슷합니다. 그런데 이것은
상징적인 표현입니다. 악귀를 쫓거나 중생의 잡념을 물리쳐 준다는
의미입니다.

무염족왕의 처소에도 역시 십만 군졸이 험악한 표정으로 무기를
손에 들고 범법 행위를 저지른 자에게 형벌을 내리고 있었습니다.
『화엄경』 「입법계품」에서는 이때의 상황을 다음과 같이 묘사합니다.

> 손과 발을 끊기도 하고
> 귀와 코를 베고 눈을 뽑기도 하고
> 머리를 찍고 가죽을 벗기고 몸을 도려내고
> 끓는 물에 삶고 타는 불에 지지고
> 높은 산에 끌고 올라가서 밀어 떨어뜨리기도 하여
> 고통이 한량없으니
> 부르짖고 통곡하는 형상이
> 중한 대지옥과 같았다.

이 모습을 본 선재 동자는 깜짝 놀랐습니다. 그리고 '나는 모든 중
생을 이롭게 하려고 보살행을 행하고 보살도를 닦는데, 이 왕은 선한
법이 하나도 없고 큰 죄업을 지으며 중생을 핍박하여 생명을 빼앗으
면서도 장래에 나쁜 길을 두려워하지 않으니 어떻게 여기서 법을 전
하겠는가?' 하고 의심을 합니다. 그때 하늘에서 "선재여! 마땅히 보
안 장자의 가르침을 생각하라."라는 소리가 납니다. 보안 장자가 무
염족왕을 선지식으로 추천한 이유를 생각해 보라는 겁니다. 선재 동
자는 돌이켜 생각해 보고 무염족왕에게 절한 뒤 가르침을 청합니다.
그때 무염족왕은 교묘한 방편으로써 중생이 악업을 버리고 선도를 행
하도록 하게 하기 위해서 이런 일을 하고 있다고 말합니다. 그리고 게
송을 설합니다.

> 선남자여!
> 나의 몸이나 말이나 뜻으로 짓는 일이
> 지금까지 한 중생도 해친 일이 없느니라.
> 선남자여!
> 내 마음에는 차라리 오는 세상에
> 무간지옥에 들어가 고통을 받을지언정
> 잠깐이라도 모기 한 마리나 개미 한 마리를
> 괴롭게 하려는 생각을 내지 아니하거늘
> 하물며 사람일까 보냐.
> 사람은 복밭이라

모든 선한 법을 능히 내는 연고이니라.

이와 같은 가르침을 전하고 무염족왕은 "남쪽에 성이 있으니 이름은 묘광이요, 왕의 이름은 대광이다. 그대는 그에게 가서 어떻게 보살행을 배우며 보살도를 닦는지를 물어라." 하고 다음 선지식을 추천합니다.

대광왕은 무염족왕과는 상반되는 인물입니다. 무염족왕이 겁박의 방편으로 보리심을 내게 했다면 대광왕은 인자한 당기의 행을 닦아 자비로써 교화하는 왕입니다. 선재 동자가 대광왕을 찾아뵈니 대광왕은 모든 필수품을 쌓아 두고 중생의 마음을 따라 보시하고 있었습니다. 선재 동자는 대광왕에게 참배하고 가르침을 청합니다. 그때 대광왕은 "선남자여! 보살의 크게 인자한 당기의 행을 닦으며, 보살의 크게 인자한 당기의 행을 만족하였느니라. 선남자여! 나는 한량없는 백억 만억 내지 말할 수 없이 많은 부처님의 처소에서 이 법을 묻고 생각하고 관찰하고 닦아서 장엄하였느니라."라고 말합니다. 그리고 보살행의 이유를 게송으로 설합니다.

중생을 두루 거두어 주기 위함이요.
중생을 기쁘게 하기 위함이요.
중생을 뛰놀게 하기 위함이요.
중생의 마음을 깨끗하게 하기 위함이요.
중생을 시원하게 하기 위함이요.

중생의 번뇌를 없애기 위함이요.

중생으로 하여금 모든 이치를 알게 하기 위함이요.

중생을 지혜의 길에 들어가게 하기 위함이라.


　이러한 보살행으로 이 나라에 사는 중생은 공포감이 없게 되었다고 대광왕은 말합니다. 대광왕의 베푸는 보살행으로 이 나라 사람들은 탐·진·치 삼독심을 여의고 살게 되었다는 겁니다. 진정한 복지국가가 실현된 겁니다. 재보시의 방편을 통해 법의 인연을 짓고 스스로 지혜를 증득하게 만드는 겁니다. 보살의 인자한 마음이 으뜸이 되어 무서워하는 마음, 해롭게 하는 마음, 원수로 생각하는 마음 등 오탁악세의 온갖 다투는 마음이 모두 소멸됩니다. 이렇게 되면 사람뿐만 아니라 새와 짐승, 산천초목까지 자애심을 불러일으키게 됩니다.

　대광왕은 선재 동자에게 대광삼매에 대한 가르침을 전하고 다음 선지식으로 부동 우바이를 추천합니다.


부 동 우 바 변 행 외
## 不動優婆遍行外

　보리심을 내고 보살도를 공부하는 사람에게는 항상 보살을 깨우쳐주기 위해 여래의 심부름을 하는 천신이 있습니다. 천신이 보살행자를 옹호하는 겁니다. 선재 동자가 묘광성을 나와 다음 선지식인 부동 우바이를 찾아 나설 때도 마찬가지입니다. 선재 동자를 옹호하는 천신이 하늘에서 말합니다.

선남자여!
선지식이 가르치는 대로 수행하면
모든 부처님이 환희하며
선지식의 말을 순종하면
온갖 지혜의 지위에 가까워지며
선지식의 말에 의혹이 없으면
모든 선지식을 항상 만날 것이며
선지식을 떠나지 않으면
모든 이치를 구족하게 되리라.


그리고 부동 우바이라는 큰 선지식을 만날 것을 권했습니다. 선재
동자는 기쁜 마음으로 부동 우바이가 있는 집을 찾아갑니다. 그 집안
에서는 금빛 광명이 두루 비추는데, 이 광명을 받는 이는 모두 몸과
뜻이 청량해졌습니다. 부동 우바이의 용모는 단정하고 기묘하며, 입
에서는 묘한 향기가 나 시방세계 모든 여인이 미칠 수가 없을 정도였
습니다. 특히 모든 중생이 이 여인을 보기만 해도 번뇌가 스스로 소멸
되는 것을 보게 됩니다. 선재 동자가 부동 우바이를 보고 환희심이 나
서 게송으로 찬탄을 합니다.

청정한 계를 항상 지키고

넓고 큰 참음 닦아 행하며
꾸준히 노력하여 물러가지 않으니
광명이 온 세상에 밝게 비치네.


선재 동자는 부동 우바이에게 "어떻게 이와 같은 훌륭한 몸을 얻게 되었습니까?"라고 여쭙습니다. 부동 우바이는 지난 생에 왕비로 있을 때 부처님의 모습을 보고 환희심이 났다고 합니다. 그래서 부처님처럼 되겠다는 마음을 내고 노력했다며 게송을 설합니다.


선남자여!
내가 이런 마음을 낸 후부터
염부제의 티끌 수 겁을 얻으면서
탐욕을 생각하는 마음을 내지 않는데
하물며 그런 일을 행했겠는가.
무수한 겁 동안에 친족에게도
성내는 마음을 일으키지 않았는데
하물며 다른 중생에게 일으켰겠는가.
무수한 겁 동안에 나의 몸에도
나라는 소견을 내지 않았는데
하물며 모든 도구에
내 것이라는 생각을 내었겠는가.

탐·진·치 삼독을 오래전부터 쉬었다는 이야기입니다. 부동 우바이는 "나는 보살이 항복받기 어려운 지혜장智慧藏 해탈문을 얻어 일체법이 평등함을 알았다. 보살도는 일체법을 구하는 데 싫어하는 마음이 없어야 한다."며 선재 동자에게 가르침을 전합니다. 부동 우바이는 가르침을 전하고 다음 선지식으로 도살라성의 변행외도를 추천합니다.

변행외도는 불을 섬기는 수행자로 여겨집니다. 선재 동자는 도살라성에 밤중이 되어 도착했습니다. 그런데 산꼭대기를 보니 초목과 바위에 광명이 환하게 비추어 마치 해가 처음 뜨는 것과 같았습니다. 그 광채가 하늘의 신 대범천왕보다 더 찬란했고, 또 수많은 천신이 그를 호위하고 있었습니다. 선재 동자는 절하고 합장하며 가르침을 청합니다. 변행외도는 세상에는 온갖 종류의 중생이 있다고 말합니다. 상계욕색제천중, 중계팔부사왕중, 하계호법선신중을 비롯한 온갖 중생이 길에서 나고 죽습니다. 변행외도는 이와 같은 여러 세계의 중생을 갖가지 방편과 지혜의 문으로 이롭게 한다고 말합니다. 그리고 다음과 같은 게송을 설합니다.

선남자여!
이 도살라성 중 여러 곳에 있는
여러 종류의 남녀들 가운데서
나는 갖가지 방편으로
그들의 형상과 같이 나투고

그에게 알맞게 법을 말하거든

그 중생은 내가 어떤 사람인지

어디서 왔는지 알지도 못하거니와

듣는 이로 하여금 사실대로 수행케 하노라.


    중생을 불법으로 이끌기 위해 하는 보살의 사섭법이라는 것이 있습니다. 그중 하나가 보살이 중생의 모습과 똑같이 몸을 나투어 고락을 함께하는 동사섭입니다. 사람을 제도할 때는 사람의 몸으로 나투고, 신들을 제도할 때는 신의 몸으로 나투고, 지옥 중생을 제도할 때는 지옥 중생의 몸으로 나툽니다. 그렇게 그들과 고락을 같이 하면서 진리의 말씀을 설합니다. 바로 방편을 통해 보살도를 짓는 것입니다.

    변행외도는 다음 선지식으로 광대국의 우바라화 장자를 추천합니다.

## 제3장

우 바 라 화 장 자 인
優婆羅華長者人

바 시 라 선 무 상 승
婆施羅船無上勝

사 자 빈 신 바 수 밀
獅子嚬伸婆須蜜

비 슬 지 라 거 사 인
毘瑟祇羅居士人

관 자 재 존 여 정 취
觀自在尊與正趣

대 천 안 주 주 지 신
大天安住主地神

향 파는 우바라화 장자
바시라 뱃사공과 무상승 장자
사자빈신 비구니와 바수밀다 여인
비슬지라 거사
관자재보살과 정취보살
대천신과 안주신

194

『화엄경』「입법계품」에 등장하는 선지식은 보살 5명, 비구 5명, 비구니 1명, 장자 9명, 우바새 1명, 우바이 5명, 동남동녀 5명, 국왕 2명, 천신천녀 2명, 외도 1명, 바라문 2명, 선생 1명, 뱃사공 1명, 선인 2명, 불모 1명, 불비 1명, 제신 10명입니다. 선지식의 지위나 신분, 또는 직업이 매우 다양합니다. 신분과 계급의 차별, 빈부와 귀천의 차별, 승속의 차별, 남녀노소의 차별, 사상과 표현의 차별 등을 뛰어넘고 있습니다. 선재 동자가 만난 선지식이 이렇게 다양한 것은 어디든지 선지식이 있다는 의미입니다. 산에 있는 스님만 선지식인 것은 아닙니다. 스님은 물론이고 불교를 믿지 않는 외도까지도 선지식이라 할 수 있습니다.

지금부터는 선재 동자의 구법 여행 중 십회향에 해당하는 선지식 그룹을 만나겠습니다. 회향이란 보살이 닦은 공덕을 널리 중생에게 베푸는 것을 말하며 구체적인 내용은 다음과 같습니다. 모든 중생을 차별하지 않고 구제하고 보호하는 구호일체중생리중생상회향, 굳은 믿음을 중생에게 돌려 이익을 얻게 하는 불괴회향, 모든 부처님이 한 것과 같이 공덕을 중생에 돌려주는 등일체불회향, 청정한 일을 두루 중생에게 이르게 하는 지일체처회향, 끝없는 공덕을 중생에게 돌려주는 무진공덕장회향, 중생이 청정한 일을 하게 하는 수순평등선근회향, 청정한 일을 중생에게 돌려 이롭게 하는 수순등관일체중생회향, 청정한 일을 그대로 중생에게 돌려주는 여상회향, 집착하지 않고 해탈한 마음으로 청정한 일을 중생에게 돌려주는 무박무착해탈회향, 한량없는 청정한 일을 거듭 닦아 중생을 진리의 세계에 들게 하는 법계무량회향이 그것입니다. 이에 해당하는 선지식으로는 차례로 우바라화 장자, 바시라 뱃사공, 무상승 장자, 사자빈신 비구니, 바수밀다여인, 비슬지라 거사, 관자재보살, 정취보살, 대천신, 안주신입니다.


우 바 라 화 장 자 인
# 優婆羅華長者人

　"우바라화장자"는 우바라화라는 이름을 가진 장자로 향을 파는 사람입니다. 선재 동자는 광대국에 이르러 우바라화 장자를 만납니다. 우바라화 장자는 향의 전문가였습니다. 모든 향을 잘 알고, 만드는 법도 알고, 그 향이 나는 곳도 잘 알고 있었습니다. 모든 분야에는 전문가가 있기 마련입니다. 알고 보면 그 사람들이 선지식입니다. 배울 것이 있다는 말입니다. 그런데 우리는 선지식에 대해 편협한 생각을 가지고 있는 경우가 있습니다. "나를 가르치는 선지식이라면 적어도 부처님처럼 계·정·혜 삼학을 갖추고, 경전에도 통달하고, 참선도 많이 한 사람이어야 한다."는 고정관념에 빠져 있다는 것입니다. 그리고 선지식다운 선지식이 없다고 한탄을 합니다. 하지만 그와 같은 선지식은 이 시대에만 없는 게 아니라 과거에도 없었고 앞으로도 나타나지 않을 겁니다.

　자기 분야에 통달한 사람이 바로 선지식입니다. 스님도 마찬가지입니다. 모든 것을 다 잘할 수는 없습니다. 경전 해설, 참선 수행, 염불 수행, 계율 수지 등 스님이 잘하는 분야를 살펴 가르침을 청하고 배우면 되는 겁니다. 나보다 나은 점이 한 가지라도 있으면 바로 그분이 선지식입니다. 『화엄경』「입법계품」에서는 우바라화 장자의 가르침을 다음과 같이 게송으로 소개합니다.

선남자여!
인간의 향이 있는데 이름은 상장이요
용이 싸울 적에 생기며
한 개비만 살라도
큰 향 구름을 일으켜 하늘을 덮으며
이레 동안 향의 비를 내리나니
몸에 닿으면 몸이 금빛이 되고
의복이나 궁전이나 누각에 닿아도 금빛으로 변하며
바람에 날리어 궁전 안에 들어가면
그 향기를 맡은 중생은
이레 동안 밤낮으로 환희하며
몸과 마음이 쾌락하여 병환이 침노하지 못하고
모든 근심이 없어져 놀라지도, 무섭지도
어지럽지도, 성내지도 않으며
인자한 마음으로 서로 대하고
뜻이 청정하여지거든
나는 그것을 알고 법을 말하여
그들로 하여금

아뇩다라삼먁삼보리심을 내게 하느니라.

우바라화 장자의 향 또한 방편입니다. 궁극적으로는 보리심을 내도록 하는 데 있습니다. 우바라화 장자는 바로 이러한 가르침을 선재 동자에게 설합니다. 그리고 "여기서 남쪽으로 성이 있으니 이름이 누각이요, 거기에 뱃사공이 있으니 이름이 바시라라 하느니라. 그대는 그에게 가서 어떻게 보살행을 배우며 보살도를 닦느냐고 물어라." 하고 선재 동자에게 다음 선지식을 추천합니다.

바 시 라 선 무 상 승
## 婆施羅船無上勝

"바시라선인"은 바시라라는 이름의 뱃사공을 뜻합니다. 선재 동자는 외도, 장사꾼 선지식에 이어 뱃사공 선지식을 만나러 갑니다.

선재 동자는 마침내 누각성에 이르러 뱃사공을 만나게 됩니다. 바시라 뱃사공은 바다를 방편 삼아 부처님의 공덕을 설하고 있었습니다. 선재 동자는 그의 앞에 나아가 절하고 합장하며 보살도에 대한 가르침을 청합니다. 그때 바시라 뱃사공은 다음과 같이 게송을 설합니다.

선남자여!
나는 이 성의 바닷가에 있으면서
보살이 크게 가엾이 여기는

당기의 행을 깨끗하게 닦았노라.

선남자여!

염부제에 있는 빈궁한 중생을 보고

그들을 이롭게 하려고 보살의 행을 닦으며

그들의 소원을 모두 만족케 하는데

먼저 세상의 물건을 주어 마음을 채우고

다시 법의 재물을 보시하여 환희케 한다.


바시라 뱃사공이 보리심을 낸 이유 역시 중생을 이롭게 하기 위해서입니다. 그리고 재보시와 법보시의 방편을 쓰는 겁니다. 필요한 물건 등을 주는 재보시는 물고기를 주는 것과 같고, 법보시는 물고기를 잡는 방법을 가르치는 것과 같은 겁니다.

사람이 현재의 삶을 바꾸지 못하는 이유는 가치관 때문입니다. 구걸하는 사람은 구걸해 먹는 것을 가치관으로 삼고 있는 겁니다. 가치관이 바뀌어야 팔자가 바뀝니다. 가치관, 즉 도약하려는 의지와 노력이 없는 사람은 아무리 도와줘도 팔자가 바뀌지 않습니다. 진정한 도움이란 일시적으로 물질을 베푸는 것이 아니라 고통과 괴로움의 삶에서 스스로 벗어날 수 있도록 지원하는 것입니다.

바시라 뱃사공은 지혜로운 사람이기 때문에 방편을 통해 스스로 자립할 수 있는 길을 제시하고 있습니다. 재보시로 관심을 끌고 법보시를 통해 가치관의 변화를 도모하였습니다. 그리고 스스로 복덕의 행을 닦고 지혜를 내게 한 겁니다. 『화엄경』「입법계품」에서는 바시

라 뱃사공이 보리심을 내어 방편바라밀을 행하는 이유를 다음과 같이
묘사하고 있습니다.

선남자여!
선근의 힘을 내게 하고
보리심을 일으키게 하고
보리의 원을 깨끗하게 하고
크게 가엾이 여기는 마음을 견고케 하고
생사를 없애는 도를 닦게 하고
생사를 싫어하지 않는 행을 내게 하고
모든 중생 바다를 거둬 주게 하고
모든 공덕 바다를 닦게 하고
모든 법의 바다를 비추게 하고
모든 부처 바다를 보게 하고
온갖 지혜의 바다에 들어가게 하노라.
……
선남자여!
나는 이런 큰 배를 가지고 다니지만
한 번도 실수한 적이 없느니라.
어떤 중생이 내 몸을 보거나
내 법을 들은 이는
영원히 나고 죽는 바다를 무서워하지 않고

온갖 지혜의 바다에 들어가서 모든 애욕을 말리고

지혜의 광명으로 삼세의 바다를 비추며

중생의 고통 바다를 끝나게 하노라.


이렇게 가르침을 전한 바시라 뱃사공은 다음 선지식으로 무상승 장자를 추천합니다.

바시라 뱃사공을 만나고 난 후 선재 동자는 가락성 대장엄당의 무림에 이르러 무상승 장자를 만나 가르침을 구합니다. 무상승 장자는 법을 설하여 모든 다툼을 쉬게 하는 이입니다. 우리 세계에는 수많은 다툼이 있습니다. 국가 간의 전쟁, 민족 간의 갈등, 국민 간의 대립, 종교 간의 분쟁 등 이루 헤아릴 수 없습니다. 무상승 장자는 바른 법으로 삿된 소견에서 벗어나게 하고 나쁜 짓을 하지 않도록 하며, 착한 일을 하고 좋은 기술을 닦아 세간을 이롭게 한다고 합니다.

무상승 장자는 일체처에 이르는 보살행문을 배워 이와 같은 신통력으로 중생의 다툼을 쉬게 한다는 가르침을 선재 동자에게 주고 다음 선지식으로 수나국에 사는 사자빈신이라는 비구니를 추천합니다.


사 자 빈 신 바 수 밀
## 獅子嚬伸婆須蜜

선재 동자가 선지식을 찾아 마침내 수나국에 다다르니 사자빈신 비구니가 햇빛동산의 사자좌에 앉아 수많은 중생을 상대로 설법을 하고 있었습니다. 사자빈신 비구니의 설법은 중생이 가진 근기의 수준에 따라 이루어졌고 모두 최상의 깨달음에서 물러나지 않게 하였습니다. 선재 동자는 이 비구니에게 가르침을 구합니다. 이때 사자빈신 비구니는 "선남자여! 나는 온갖 지혜를 성취하는 해탈을 얻었노라. 이는 삼세의 여래에게 두루 공양한 공덕의 결과이며, 최상의 깨달음에서 물러나지 않아 어떤 중생이든 반야바라밀을 설해 준다."라고 말합니다. 그리고 팔상성도의 모습을 보면서 공양을 올립니다.

팔상성도는 부처님의 일생을 여덟 가지로 압축하여 묘사한 것입니다. 부처님이 도솔천에서 이 세상에 내려오는 장면인 도솔래의상<sup>兜率來儀相</sup>, 부처님의 탄생 장면인 비람강생상<sup>毘藍降生相</sup>, 부처님이 사대문 밖으로 나가 생로병사의 고통을 보고 무상을 느끼는 장면인 사문유관상<sup>四門遊觀相</sup>, 출가를 위해 왕성을 빠져나가는 장면인 유성출가상<sup>踰城出家相</sup>, 설산에 들어가 6년간 수행하는 장면인 설산수도상<sup>雪山修道相</sup>, 마귀의 항복을 받아내고 깨달음을 얻는 장면인 수하항마상<sup>樹下降魔相</sup>, 녹야원에서 다섯 비구에게 법을 전하는 장면인 녹야전법상<sup>鹿野轉法相</sup>, 사라수 밑에서 열반에 드는 장면인 쌍림열반상<sup>雙林涅槃相</sup>의 여덟 가지입니다. 『화엄경』 「입법계품」에서는 사자빈신 비구니의 반야바라밀 경계를 다음과 같이 묘사하고 있습니다.

선남자여!
모든 중생을 보아도
중생이란 분별을 내지 않으니

지혜의 눈으로 보는 연고이며

모든 말을 들어도

말이란 분별을 내지 않으니

마음의 집착이 없는 연고이며

모든 여래를 뵈어도

여래라고 분별을 내지 않으니

법의 연을 통달한 연고이며

모든 법륜을 머물러 가지면서도

법륜이라는 분별을 내지 않으니

법의 성품을 깨달은 연고이며

한 생각에 모든 법을 두루 알면서

모든 법이란 분별을 내지 않으니

법이 환幻 같음을 아는 연고이니라.


    사자빈신 비구니는 지혜란 모든 분별과 집착을 여읜 자리임을 선재 동자에게 말하고, "나는 일체지를 성취하는 해탈을 얻어서 모든 중생을 사자좌에 들어오게 하는 위신력을 가지고 있으나, 한 생각에 말할 수 없는 겁에 들어가는 공덕을 알 수 없다."며 남쪽 험난국 보장엄성에 살고 있는 바수밀다라는 여인을 다음 선지식으로 추천합니다.

    선재 동자는 험난국의 보배로 장엄한 성에 이르러 바수밀다 여인을 찾습니다. 선재 동자가 보기에 바수밀다 여인 역시 범상치 않은 모습이었습니다. 바수밀다 여인은 몸을 마음대로 변신할 수 있는 신통을 구족하고 있었습니다. 천신이 볼 때는 천녀가 되어 나타나고, 사람이 볼 때는 사람의 몸으로 나타나는 겁니다. 특히 중생의 욕심에 따라 여인의 몸으로 나타나 모든 탐욕을 없애고 해탈한 광명세계를 얻도록 했습니다. 처음에는 애욕에 얽매여 바수밀다 여인을 보러 왔지만 그와 잠깐 이야기하는 사이, 잠깐 쳐다보는 사이, 잠깐 말하는 사이에 탐욕이 사라진다는 겁니다. 이렇듯 매우 훌륭한 보살행을 닦는 여인이 바로 바수밀다입니다. 바수밀다 여인은 "나는 전생에 고행불께 공양하고 탐욕의 세계를 여의는 해탈문을 얻어 경계에 따라 욕망에서 벗어나게 할 수 있지만 그 이상은 모른다." 하고는 무변방편지를 얻고자 한다면 남쪽 선도성에 사는 비슬지라 거사를 찾아가라며 다음 선지식을 추천합니다.

## 비슬지라거사인
# 毘瑟祗羅居士人

선재 동자는 선도성에 이르러 비슬지라라는 이름의 거사를 찾아뵙고 보살도를 어떻게 닦아야 하는지를 묻습니다. 그때 비슬지라 거사는 "나는 완전한 열반에 들지 않는 해탈문을 얻어 제불성현들의 열반경계를 다 알고 있다."라고 말합니다. 반열반般涅槃은 완전한 열반을 의미합니다. 범어 빠리니르바나parinirvāṇa를 한문으로 음사한 것으로, '빠리pari'는 '완전한'이란 뜻입니다. 부처님이 처음 깨달음을 얻은 것을 열반이라고 하는데 이것은 마음에서 온갖 분별심을 쉬었다는 것을 뜻합니다. 그리고 몸마저 소멸하는 경지를 반열반이라고 합니다. 몸과 마음이 완전히 소멸해서 법의 자리, 본래 성품자리로 돌아간 것이 반열반입니다.

비슬지라 거사는 여래는 본래 반열반에 드는 이가 없고, 다만 중생을 조복하기 위해 일부러 반열반을 보이는 것이라고 말합니다. 이 말은 여래는 중생을 제도하기 위해 보지도 듣지도 못하는 법신불에 안주하지 않고 보신불과 화신불로, 즉 몸과 마음으로 항상 나투신다는 뜻입니다. 그래서 여래는 필경 반열반에 들지 않는다는 것입니다. 『화엄경』「입법계품」에는 비슬지라 거사가 모든 부처님을 보고 게송을 설하는 것을 아래와 같이 묘사하고 있습니다.


선남자여!
보리심의 마음을 내고, 선근을 심고
훌륭한 신통을 얻고, 큰 원을 성취하고
묘한 행을 닦고, 바라밀을 구족하며
보살의 지위에 들어가 청정한 법의 지혜를 얻고
마군들을 항복받고 정등각을 이루어
도가 청정하고 대중이 둘러싸고 있음을 보노라.
……
선남자여!
큰 광명 놓고, 묘한 법륜을 굴리며
신통으로 변화하는 가지가지 차별을 다 지니고

다 기억하고 살피며, 분별하여 나타내노라.
미래의 미륵불 등 여러 부처님과
현재의 비로자나불 등 여러 부처님과
시방삼세의 모든 부처님과
성문, 연각, 보살 대중도 그와 같이 하노라.

비슬지라 거사는 선재 동자에게 "나는 부처의 종자가 다함이 없는 불종무진佛種無盡 삼매를 얻었기 때문에 모든 부처님이 발심하여 출가하고, 성도하여 전법하는 과정들을 전부 보고 있다."고 말합니다. 그리고 비슬지라 거사는 선재 동자에게 "선남자여! 여기서 남으로 가면 보타락가산이 있고 거기에 보살이 있으니 이름이 관자재이니라."라고 관자재보살을 추천하며 게송을 설합니다.

바다 위에 산이 있고 성이 많으니
보배로 이루어져 매우 깨끗해
꽃과 과실나무들이 우거져 서 있고
샘과 못과 시냇물이 갖추어져 있는데
용맹하고 장부이신 관자재보살
중생을 이롭게 하려 거기 계시니
너는 가서 모든 공덕 물어 보아라.
그대에게 큰 방편 일러 주리라.

관 자 재 존 여 정 취
# 觀自在尊與正趣

관자재보살은 범어로 아바로키테슈바라Avalokiteśvara이며, 뜻으로 옮겨 관세음觀世音, 관자재觀自在, 관세음자재觀世音自在 등으로 씁니다. 관세음은 구역舊譯이며 관자재는 신역新譯으로 '아바로키테슈바라'는 '자유자재로 관찰하는 이'라는 뜻입니다. 관찰이야말로 불교의 핵심이라 할 수 있습니다.

선재 동자는 보타락가산에 이르러 관자재보살을 찾아뵙게 됩니다. 그리고 엎드려 절한 뒤 합장하며 가르침을 청합니다. 그때 관자재보살이 말씀하셨습니다.

> 선남자여!
> 나는 크게 가엾이 여기는
> 행의 문에 머물렀으므로
> 모든 여래의 처소에 항상 있으며
> 모든 중생의 앞에 항상 나타나
> 보시로서 중생을 거두어 주기도 하고
> 사랑하는 말로서 하기도 하고
> 이롭게 하는 행으로서 하기도 하고
> 같이 일함으로써 중생을 거두어 주기도 한다.

보시布施, 애어愛語, 이행利行, 동사同事를 보살의 사섭법이라고 합니다. 관자재보살은 대자대비로 사섭법을 닦아 나간다는 겁니다. 자慈는 내 말을 잘 듣는 것이 어여뻐서 사랑하는 것이고, 비悲는 내 말을 안 듣고 뜻을 거역하는 것이 가여워서 사랑하는 것입니다. 보시는 재물과 진리를 베푸는 재시와 법시를 말합니다. 애어는 부드럽고 사랑스러운 말로 인도하는 것입니다. 이행은 신·구·의 삼업으로 중생을 이롭게 하는 일입니다. 동사는 자타가 하나가 되어 함께하는 일입니다. 이는 곧 모든 공포에서 벗어나게 해 주는 일이기도 합니다. 우리는 어려운 일, 두려운 일, 무서운 일이 있을 때 관자재보살을 찾습니다. 그것은 관자재보살이 중생의 모든 괴로움과 어려움을 관찰하여 공포와 두려움을 없애 주고 즐거움을 안겨 주기 때문입니다. 관자재보살은 "보살은 큰 서원을 세웠으며, 그 서원은 모든 중생을 구제하겠다는 것이다. 모든 중생의 온갖 공포와 근심을 모두 없애 주겠다는 서원이다."라고 선재 동자에게 가르침을 전하고는 다음 선지식으로 동방의 정취보살을 추천합니다.

동방의 정취보살은 공중으로부터 이 사바세계에 왔다고 합니다. 사바는 범어 사하Saha를 의역하여 '인고토忍苦土'라고 합니다. 탐·진·치 삼독의 번뇌를 겪어야 하고 오온에서 비롯되는 고통을 참아야 하는 국토라는 뜻입니다. 때문에 사바세계는 즐거움과 괴로움이 항상 교차합니다. 세상일이란 복락에 따라 다소 차이가 있을 뿐 내 뜻대로 되기도 하지만 때때로 그렇지 않은 일도 많습니다. 극락정토가 아닌 사바세계이기 때문에 당연한 일입니다.

선재 동자는 정취보살을 찾아갑니다. 그때 정취보살은 몸에서 해와 달과 모든 별의 광명을 가리고 심지어는 모든 하늘의 왕의 광명까지도 삼켜버리는 큰 광명을 놓습니다. 그 광명은 지옥, 아귀, 축생의 삼악도를 비추어서 모든 고통과 번뇌를 소멸하고 근심 걱정을 여의게 하였습니다.

정취보살이 선재 동자에게 묻습니다.

"선남자여! 그대는 이 정취보살이 여기 오는 것을 보느냐."

"보나이다."

이어서 정취보살은 "선남자여! 그에게 어떻게 보살행을 배우며 어떻게 보살도를 닦느냐고 물어라." 하고 말합니다. 선재 동자가 정취보살을 찾은 게 아니고 정취보살이 선재 동자를 위해 직접 나투셨다는 겁니다. 선재 동자는 정취보살에게 엎드려 절하고 합장하며 보살도에 대해 묻습니다. 그때 정취보살이 "선남자여! 나는 동방 묘장세계 보승장생 부처님이 계신 곳에서 이 세계에 왔으며, 그 부처님 처소에서 이 법문을 얻었고, 거기서 떠난 후 말할 수 없는 부처님 세계의 티끌 수만큼의 겁을 지냈느니라. 또한 낱낱 부처님께 공양을 올린 공덕으로 여래로부터 찬탄을 받았다."라고 말합니다. 그 결과 모든 중생의 마음을 알고, 근성을 알아 욕망과 이해에 따라서 광명을 놓기도 하고 재물을 보시하기도 한다는 것입니다.

정취보살은 해탈은 얻었으나 지혜 경계는 다 알 수 없다며 남방의 타자발지성에 사는 대천신을 다음 선지식으로 추천합니다.

## 大天安住主地神

대천신은 광대한 몸을 가진 신입니다. 그 몸이 얼마나 크던지 네 바다의 물을 움켜쥐고 얼굴을 씻을 정도였다고 합니다. 선재 동자는 대천신을 찾아 그의 발에 절하고 합장하며 보살행에 대해 물었습니다. 그때 대천신은 "선남자여! 모든 보살은 보기 어렵고 듣기 어렵고 세간에 나오는 일이 드물어서 중생 가운데 제일이며 사람들 중에 백련白蓮이니라."라고 말합니다. 보살이야말로 백련과 같은 존재라는 말입니다.

관세음보살, 문수보살, 보현보살 등 모든 보살은 언제 어디서나 우리 곁에 있습니다. 그런데도 우리는 그 수많은 보살을 직접 보거나 만나지를 못합니다. 그것은 신·구·의에 허물이 없는 이라야 형상을 볼 수 있기 때문입니다.

그때 대천신이 말합니다.

"선남자여! 나는 이 보살의 해탈을 성취하였으니 이름이 구름 그물이니라."

이에 선재 동자가 "그 경계는 어떻습니까?" 하고 물어봅니다. 그때 대천신은 선재 동자 앞에 각종 꽃과 향과 의복과 음악, 그리고 온갖 보배를 산더미같이 쌓아놓고 말했습니다.

"선남자여! 이 물건을 가져다가 여래에게 공양하여 복덕을 닦고 또 모든 중생에게 보시하여 그들이 보시바라밀을 배우게 하고 버리기 어려운 것들을 버리게 하라."

210

육바라밀의 첫째가 보시바라밀입니다. 보살은 마땅히 여래에게 공양함으로써 복덕을 닦고, 중생으로 하여금 보시의 마음을 내도록 하고 착한 법을 증장케 하며, 위없는 보리심을 내게 하라는 겁니다. 그리고 대천신은 다음과 같이 게송을 설합니다.

어떤 중생이 오욕을 탐하여 방일한 이에게는
부정한 경계를 보여 주고
어떤 중생이 성내고 교만하여
언쟁을 좋아하는 이에게는
매우 무서운 형상을 보여 주되
나찰 따위가 피를 빨고 씹는 것을 보여서
놀래고 두려워 마음이 부드럽고 원수를 여의게 하며
어떤 중생이 혼미하고 게으르면
그에게는 국왕의 법과 도적과 수재, 화재와
중대한 질병을 보여서 두려운 마음을 내고
근심과 고통을 알아서 스스로 힘쓰게 하노라.

오욕락과 탐·진·치는 우리가 일상에서 만나는 경계입니다. 대천신은 이러한 경계에 직면한 우리를 교화하기 위하여 여러 가지 모습으로 방편을 보인다는 겁니다. 그것은 착하지 못한 법을 버리고 착한 법을 닦게 하며, 모든 바라밀의 장애를 버리고 바라밀을 구족케 하며 모든 험하고 어려운 일을 벗어나서 장애가 없는 곳에 이르도록 하기 위함입니다. 대천신은 선재 동자에게 이와 같은 가르침을 전하고 다음 선지식으로 보리도량에 있는 안주신을 추천합니다.

선재 동자는 마갈제국의 보리도량에 있는 땅의 신, 안주 주지신의 처소에 당도합니다. 그때 선재 동자를 본 백천억의 땅의 신들이 서로 선재 동자는 모든 중생이 의지할 곳이며, 무명의 껍질을 깨뜨릴 부처님의 창고라고 찬탄합니다. 무명이라는 것은 명이 없는 겁니다. 명은 지혜입니다. 우리는 본래 지혜로운 존재들인데 잠시 무명의 껍데기를 뒤집어써서 지혜가 가려졌을 뿐입니다. 무명의 껍데기만 없어지면 선명하게 모든 지혜가 드러납니다.

그때 안주 주지신이 선재 동자에게 게송으로 설합니다.


선남자여!
나는 보살의 해탈을 얻었으니
이름은 깨뜨릴 수 없는 지혜의 광이니라.
항상 이러한 법으로
중생을 성취하느니라.
선남자여!
내가 생각하니 연등 부처님 때로부터
항상 보살을 따라서 공경하고 호위했으며
보살들의 마음과 행과 지혜의 경계와
모든 서원과 청정한 행과
모든 삼매와 광대한 신통과 자유자재한 힘과

깨뜨릴 수 없는 법을 살펴보았으며

모든 부처님 국토에 두루 가서

모든 여래의 수기를 받았으며

모든 부처님의 법륜을 굴리며

모든 경전의 문을 널리 말하며

큰 법의 광명으로 널리 비추어

모든 중생을 교화하고 조복하며

모든 부처님의 신통 변화를

내가 모두 받아 지니고 모두 기억하노라.


　안주 주지신은 "나는 과거에 선근 공덕을 심은 결과로 이 같은 복력을 구족하였다. 나는 과거 부처님을 뵙고 가히 파괴할 수 없는 지혜를 얻었다."고 말하며 가비라성에 살고 있는 바산바연주야신을 다음 선지식으로 추천합니다.

## 제4장

바산바연주야신
## 婆珊婆演主夜神

보덕정광주야신
## 普德淨光主夜神

희목관찰중생신
## 喜目觀察衆生神

보구중생묘덕신
## 普救衆生妙德神

적정음해주야신
## 寂靜音海主夜神

수호일체주야신
## 守護一切主夜神

개부수화주야신
## 開敷樹華主夜神

대원정진력구호
## 大願精進力救護

묘덕원만구바녀
## 妙德圓滿瞿婆女

바산바연 밤의 신

보덕정광 밤의 신

기쁨의 눈으로 관찰하는 중생 밤의 신

널리 중생 구해 주는 묘덕 밤의 신

고요한 소리 바다 밤의 신

일체중생 수호해 주는 밤의 신

나무의 꽃 피워 내는 밤의 신

큰 원 정진력으로 중생 건지는 밤의 신

묘덕원만신과 구바녀

앞에서 설명했듯이 보살이란 범어 보디사트바를 음사한 보리살타의 준말입니다. 보디는 깨달음, 사트바는 중생을 뜻합니다. 보살은 '깨달은 중생', '지혜를 가진 사람', '깨달음을 증득할 것이 확정된 중생'으로 풀이할 수 있습니다. 대승불교에서는 누구든지 보리심을 내어 보살의 길로 나아가면 그 사람이 바로 보살이라고 그 의미를 확대하고 있습니다. 대승불교의 보살이 갖춰야 하는 기본적인 요건은 중생을 구제하겠다는 서원과 자기가 쌓은 선근 공덕을 남을 위해 돌리겠다는 회향입니다. 따라서 보살은 육바라밀, 사무량심 등의 실천을 근간으로 합니다.

깨달음을 성취했다고 부처가 될 수 있는 게 아닙니다. 깨닫기만 한 부처를 벽지불paceeka-buddha이라 합니다. 아라한도 무아법에 통달한 깨달은 분입니다. 그러나 독각, 연각, 벽지불, 아라한을 부처님이라고 하지는 않습니다. 깨달음은 얻었지만 아직 중생과의 연이 없기 때문입니다. 수많은 연을 통해 아직 보살도를 겪지 않았기 때문입니다. 다시 말해 깨달음을 얻고도 중생과 고통을 함께하지 못하고 자기 혼자서만 평화로운 안락에 빠져 사회의 고통을 외면하고 살아가는 수행자는 부처님이 아니라는 겁니다. 따라서 수많은 중생과 연을 짓고, 중생을 제도하는 것은 선택이 아니라 진정한 부처님이 되기 위한 필수 조건이라 하겠습니다.

지금부터 공부할 내용은 보살 십지에 해당하는 내용입니다. 보살 십지는 광대한 서원을 발하는 환희지, 계율을 지키는 이구지, 선정을 닦는 발광지, 도행을 닦는 염혜지, 방편의 지혜를 익히는 난승지, 깊고 미묘한 인연을 아는 현전지, 중생을 교화하고 복덕을 증장하는 원행지, 세간을 장엄하는 신통력을 발하는 부동지, 지혜로써 두루 가르침을 설하는 선혜지, 부처님의 가르침을 널리 중생에게 설하는 법운지입니다. 선지식으로 등장하는 인물로는 바산바연주야신, 보덕정광주야신, 희목관찰중생주야신, 보구중생묘덕주야신, 적정음해주야신, 수호일체주야신, 개부수화주야신, 대원정진력구호주야신, 묘덕원만신, 구바녀입니다.

<br>

바 산 바 연 주 야 신

## 婆珊婆演主夜神

선재 동자가 길을 떠나 마침내 바산바연주야신을 만납니다. 그때 바산바연주야신은 허공에 있는 보배 누각 향연화장 사자좌에 앉아 있었는데 몸은 금빛이요, 보배 영락으로 몸을 장엄하고, 한량없고 수없는 중생을 제도하여 험난한 길을 면하게 하고 있었습니다. 선재 동자가 바산바연주야신에게 가르침을 청하니, 바산바연주야신은 "선남자여! 나는 모든 중생의 어둠을 깨뜨리는 법 광명해탈을 얻었노라." 하며 게송을 설합니다.

> 선남자여!
> 나는 나쁜 꾀를 가진 중생에게는
> 크게 인자한 마음을 일으키고

착하지 못한 업을 짓는 이에게는

크게 가엾이 여기는 마음을 일으키고

착한 업을 짓는 중생에게는

기뻐하는 마음을 일으키고

착하고 나쁜 두 가지 행을 하는 중생에게는

둘이 아닌 마음을 일으키고

잡되고 물든 중생에게는

깨끗함을 내게 하는 마음을 일으키노라.


그리고 중생이 어떤 어려움에 처하더라도 이를 다 극복하게 해 주며, 구하는 일을 이루지 못하는 이들의 근심과 괴로움, 험난한 길에서 느끼는 공포심 등에서 모두 벗어나게 해 준다고 말합니다.

바산바연주야신은 이렇듯 대자대비를 갖추게 된 것은 수없는 부처님께 오랫동안 공양한 까닭이라는 가르침을 전하고 다음 선지식으로 보덕정광주야신을 추천합니다.


보 덕 정 광 주 야 신
# 普德淨光主夜神

선재 동자는 보덕정광주야신을 만나 절을 하고 합장하며 보살도에 대해 여쭙습니다. 그때 보덕정광주야신은 보살이 성취해야 할 열 가지 법에 대해 게송으로 설합니다.

청정한 삼매를 얻어

모든 부처님을 항상 봄이요.

청정한 눈을 얻어

모든 부처님이 잘생긴 모습으로 장엄함을 관찰함이요.

모든 여래의 한량없고 그지없는

공덕의 큰 바다를 앎이요.

법계와 평등한 한량없는

부처님 법의 광명 바다를 앎이요.

모든 여래의 털구멍마다

중생의 수요와 같은 큰 광명 바다를 놓아

한량없는 중생을 이롭게 함이요.

모든 여래의 털구멍마다

모든 보배, 빛, 광명, 불꽃 내는 것을 봄이요.

생각마다 모든 부처님의 변화하는 바다를 나타내어

법계에 가득하고

모든 부처의 경계에 끝까지 이르러

중생을 조복함이요.

부처님의 음성을 얻고 모든 중생의 말과 같아서

삼세 온갖 부처님의 법륜을 굴림이요.

모든 부처님의 그지없는 이근 바다를 앎이요.

모든 부처님이 중생을 조복하는

부사의하고 자재한 힘을 앎이니라.

보살이 갖추어야 할 열 가지 법의 대부분은 부처님을 관찰하는 겁니다. 삼세의 부처님을 두루 보고, 청정한 국토와 도량에 모인 대중을 보아 한량없는 중생을 이롭게 할 뿐 집착함을 떨쳐 내기 위함입니다. 왜냐하면 모든 여래는 세상의 길이 아주 없어진 까닭으로 가는 것도 아니며, 자체 성품이 태어남이 없는 까닭에 오는 것도 아니기 때문입니다. 다만 진실한 것이 아니니 허깨비 같은 법에 머물 뿐이며, 허망한 것도 아니니 오직 중생을 이롭게 할 뿐입니다. 또한 변천하는 것이 아니니 생사를 초월하고 있으며, 무너지지 않는 것이니 성품이 변하지 않는 까닭입니다. 보살의 행은 실체가 있는 것은 아니지만 작용으로써 존재하는 겁니다.

보덕정광주야신은 선재 동자에게 위와 같은 적멸정락정진에 대한 법문을 설하고 다음 선지식으로 희목관찰중생주야신을 추천합니다.

희 목 관 찰 중 생 신
# 喜目觀察衆生神

희목관찰중생주야신은 기쁜 눈으로 중생을 관찰하는 밤의 신입니다. 선재 동자가 희목관찰중생주야신을 찾아뵈니 중생을 이롭게 하는 십바라밀에 대하여 설명합니다. 십바라밀이란 보시바라밀, 지계바라밀, 인욕바라밀, 정진바라밀, 선정바라밀, 지혜바라밀, 방편바라밀, 원바라밀, 역力바라밀, 지바라밀을 말합니다.

보시바라밀은 버리기 어려운 것을 버리는 것, 즉 중생을 위해 널리 베푸는 것입니다. 이것 자체가 훌륭한 수행이라고 할 수 있습니다. 지계바라밀은 지위, 명예, 부 등의 세속적 가치를 포기하고 보살도를 닦는 것입니다. 인욕바라밀은 세간의 모든 괴로움과 보살이 닦는 고행을 참는 것입니다. 정진바라밀은 불법을 꾸준히 정의롭게 진행해 나간다는 의미를 담고 있습니다. 불법을 닦다 보면 난관에 봉착하게 되는데, 그래도 포기하지 않고 꾸준히 닦아 나가는 것을 말합니다. 선정바라밀의 선정은 정定, 정려靜慮, 사유수思惟修라 번역하며 삼매에 들어가는 수행을 말합니다. 지혜바라밀의 '지혜'는 범어 프라즈나prajñā를 음사한 단어, 반야般若로 번역합니다. 분별과 집착이 끊어진 완전한 지혜를 성취한 것을 지혜바라밀이라 합니다. 앞에서 말한 다섯 가지 바라밀을 닦다 보면 바로 이 지혜가 생깁니다. 방편바라밀은 제법을 중생의 근기에 맞게 써서 중생을 이롭게 하는 것입니다. 원바라밀은 범어 프라니다나praṇidhāna를 음사하여 파니타나波抳陀那바라밀이라고도 합니다. 원은 서원입니다. 서원은 보살도의 목표라고 할 수 있습니다. 그 서원은 바로 중생을 구제하겠다는 것입니다. 역바라밀은 범어 바라bala를 음사하여 파라婆羅바라밀이라고도 합니다. 역바라밀은 바르게 판단하고 수행하는 완전한 힘을 성취하는 것입니다. 마지막으로 지바라밀은 중생을 깨달음으로 인도하는 완전한 지혜를 성취함을 말합니다.

희목관찰중생주야신은 이러한 보살의 집착 없는 십바라밀을 선재동자에게 가르치고 다음 선지식으로 보구중생묘덕주야신을 추천합니다.

보 구 중 생 묘 덕 신

# 普救衆生妙德神

보구중생묘덕주야신은 널리 중생을 보호하는 묘한 덕을 지닌 밤의 신이라는 말입니다. 선재 동자는 보구중생묘덕주야신을 찾아뵙습니다. 그때 이 주야신은 선재 동자를 위하여 중생을 조복하는 해탈의 신통한 힘을 보이고, 여러 가지 거룩한 모습으로 몸을 장엄하며 한량없는 광명으로 권속을 삼았으며, 그 광명이 선재 동자의 정수리로 들어가 온몸에 가득하게 하였습니다. 선재 동자는 이 광명에 힘입어 이 주야신의 활약을 보게 됩니다. 주야신은 온갖 때와 여러 곳에서 중생의 형상과 말과 행동과 이해를 따라서 방편력으로 알맞게 교화하고 있었습니다. 『화엄경』「입법계품」에서는 다음과 같이 묘사합니다.

> 지옥의 중생은 고통에서 벗어나게 하고
> 축생의 중생은 서로 잡아먹지 않게 하고
> 아귀의 중생은 기갈이 없어지게 하고
> 용들은 모든 공포를 여의게 하고
> ……

온갖 동물의 수장이며 물과 바람과 비를 관장하는 용도 증장천왕의 권속에 해당하는 가릉빈가에 대한 공포심으로 괴로워한다고 합니다. 이렇듯 세상 모든 존재에게는 천적이 있습니다. 그러나 진정한 천적은 바로 탐·진·치 삼독에 물든 자기 자신입니다. 보구중생묘덕주야신은 삼독으로 인해 삼악도에 떨어진 중생을 온갖 방편으로 그곳으로부터 벗어나게 합니다.

선재 동자는 보살이 중생을 교화하는 법문과 더러움을 떠난 원만 삼매를 주야신으로부터 배우고 다음 선지식으로 적정음해주야신을 추천받습니다.


적 정 음 해 주 야 신
# 寂靜音海主夜神

적정음해주야신은 고요한 음성 바다를 주관하는 밤의 신입니다. 선재 동자는 마침내 염부제의 마가다국 도량에 있는 적정음해주야신을 만나 절하고 합장하며 보살도를 묻습니다. 이때 주야신은 "선남자여! 나는 청정하고 평등함을 좋아하는 마음을 내었노라. 나는 모든 중생이 걱정의 벌판을 뛰어넘게 하려는 마음을 내었노라."고 말합니다. 중생이 모든 걱정과 근심을 여의게 하겠다는 말입니다. 그리고 이 주야신은 선재 동자에게 바라밀행을 게송으로 설명합니다.

> 어떤 중생이 자기가 있는 궁전이나 가옥에
> 애착함을 보면
> 나는 그에게 법을 말하여
> 모든 법의 성품을 통달하여
> 여러 가지 집착을 여의게 하노라.

어떤 중생이 부모나 형제나 자매를

그리워하는 것을 보면

나는 그에게 법을 말하여

여러 부처님과 보살의 청정한 모임에 참여케 하노라.

어떤 중생이 성내는 일이 많은 것을 보면

나는 그에게 법을 말하여

끊임없이 인내하는 바라밀에 머물게 하노라.

어떤 중생이 마음이 게으름을 보면

나는 그에게 법을 말하여

청정하게 꾸준히 노력하는 바라밀을 얻게 하노라.

어떤 중생이 마음이 산란함을 보면

나는 그에게 법을 말하여

여래의 선정바라밀을 얻게 하노라.


이에 선재 동자는 이 주야신에게 "어떻게 해서 이 해탈을 얻었습니까?" 하고 묻습니다. 그때 주야신은 열 가지 큰 법장을 닦아 행하면 해탈을 얻은 것이라고 말합니다. 열 가지 큰 법장, 즉 십바라밀입니다. 선재 동자는 적정음해주야신으로부터 십바라밀을 배우고 다음 선지식으로 수호일체주야신을 추천받습니다.

수 호 일 체 주 야 신
# 守護一切主夜神

선재 동자는 수호일체주야신을 찾아뵙고 절하고 합장하며 보살도
에 대해 가르침을 청합니다.

그때 수호일체주야신은 "선남자여! 나는 보살의 매우 깊고 자유자
재한 묘한 음성의 해탈을 얻었고 큰 법사가 되어 모든 거리낌 없으니
모든 부처님의 법장을 잘 열어 보이는 연고이며, 큰 서원과 자비의 힘
을 갖추었으니 모든 중생으로 하여금 보리심에 머물게 하는 연고이
며, 중생을 이롭게 하는 모든 일을 지으니 선근을 쌓아 쉬지 않는 연
고이니라."라고 말합니다. 보리심을 내어 부처님의 뜻을 잘 관찰하고
중생에게 회향하고자 하는 보살행 원력으로 음성의 해탈과 자비의 힘
을 얻었고, 중생을 이롭게 할 수 있다는 겁니다. 이에 선재 동자는 음
성의 해탈문을 얻게 된 연유를 묻습니다. 주야신은 오랜 과거 생의 정
법이 없어지려 할 때의 상황을 이야기합니다. 일천 떼의 다른 대중이
일천 가지로 제각기 엉뚱한 소리를 하며, 번뇌와 업이 두터운 나쁜 비
구가 많아서 서로 다투며 경계에만 집착하고 공덕을 구하지 않았다고
합니다.

사자가 자기 몸속의 사자충 때문에 죽음을 맞듯이 불법은 외도에
의해 손상되는 게 아니라 불법 안에 있는 대중에 의해 손상됩니다. 스
님들이 불법에 대해서는 이야기하지 않고 왕의 언론 · 도둑의 언론 ·
여인의 언론 · 나라의 언론 · 바다의 언론과 모든 세간의 언론에 대해
말하기 좋아한다는 건 정치에 관한 이야기, 경제에 관한 이야기, 세간

잡사에 관한 이야기만 한다는 겁니다. 그때 전륜성왕이 출가하여 한량없는 중생의 번뇌를 제거하고 한량없는 중생에게 보리심을 내게 하였습니다. 그 인연으로 여래가 가르친 법이 다시 흥성하게 되었다는 겁니다. 또 전륜성왕의 딸로서 출가한 법륜화광法輪化光이라는 비구니가 있었는데 보리심을 내어 삼매를 얻고 자유자재한 묘한 음성 해탈문을 얻었다고 합니다. 그때의 전륜성왕이 바로 보현보살이고, 그 딸인 법륜화광 비구니가 바로 자신이라고 말합니다.

이렇게 해탈문을 얻게 된 수호일체주야신의 가르침을 받은 선재동자는 다음 선지식으로 개부수화주야신을 추천받습니다.


개 부 수 화 주 야 신
## 開敷樹華主夜神

"개부수화주야신"은 모든 나무에 꽃을 피우는 밤을 주관하는 신이라는 말입니다. 선재 동자는 개부수화주야신에게 보살도를 어떻게 닦아야 되는지 묻습니다. 그때 개부수화주야신이 "선남자여! 나는 이 사바세계에서 해가 지고 연꽃이 오므라들어 사람들이 구경하던 일을 파할 적에 여러 가지 산이나 물이나 성지나 벌판 등지에 있던 중생이 그들이 있던 데로 돌아가려는 것을 보면 가만히 보호하여 바른길을 찾게 하며, 가려는 곳에 가서 밤을 편안히 지내게 하노라." 하고 말합니다. 그리고 또 말을 덧붙입니다. "선남자여! 어떤 중생이 한창 나이에 혈기가 충실하며 교만하고 방탕하여 다섯 가지 욕락을 마음껏 하거든 나는 그에게 늙고 병들어 죽는 일을 보여 두려운 생각을 내게 하고 나쁜 짓을 버리게 하며 다시 가지가지 선근을 칭찬하여 닦아 익히게 하노라." 하며 게송으로 바라밀행을 설합니다.

인색한 이에게는 보시를 찬탄하고
파계하는 이에게는 청정한 계율을 칭찬하고
성내는 이에게는 인자하게 머물게 하고
해칠 마음을 가진 이에게는 참는 일을 하게 하고
게으른 이에게는 정진하게 하고
산란한 이에게는 선정을 닦게 하고
나쁜 꾀를 가진 이에게는 반야를 배우게 하고
소승을 좋아하는 이는 대승에 머물게 하고
삼계의 여러 길을 좋아하는 이는
보살의 서원바라밀에 머물게 하며
만약 중생의 복과 지혜가 미약하여
번뇌와 업에 걸림이 많은 이는
보살의 역力바라밀에 머물게 하며
중생의 마음이 어두워 지혜가 없으면
보살의 지혜바라밀에 머물게 하노라.

개부수화주야신은 모든 탐·진·치를 여의고 바라밀행을 닦아 보살도를 성취할 것을 선재 동자에게 가르칩니다. 그리고 다음 선지식으로 대원정진력구호주야신을 추천합니다.

# 大願精進力救護

대원정진력구호주야신은 대원의 정진력으로 일체중생을 구원하는 주야신입니다. 선재 동자가 이 주야신을 찾아갑니다. 그때 주야신은 중생의 마음을 볼 수 있는 몸, 부처님의 법을 받아 지니고 잊지 않는 몸, 보살의 큰 서원을 이룩하는 몸, 광명이 시방에 가득한 몸, 법의 등불로 세상의 어둠을 두루 없애는 몸 등 가지가지의 훌륭한 모습으로 나투고 있었습니다. 이때 선재 동자는 한결같은 마음으로 엎드려 절하고 합장하며 열 가지 마음을 냅니다.

온갖 지혜의 법을 마련케 하는 연고이며
착한 뿌리를 내리는 연고이며
보살의 행을 빨리 장엄케 하는 연고이며
도를 닦게 하는 연고이며
위없는 법을 내게 하는 연고이며
보현보살의 행원을 수행하여 벗어나게 하는 연고이며
여러 가지 좋은 방법을 쌓게 하는 연고이며
온갖 지혜를 더욱 자라게 하는 연고이며
소원을 원만케 하는 연고이며

보살의 법에 자유로이 편안히
머물게 하는 연고입니다.

　선재 동자가 이러한 마음을 내고는 주야신이 갖추고 있는 여러 보
살세계의 티끌 수같이 많은 행을 얻을 수가 있었습니다. 모든 세계의
보살에게 공통되는 법이란 일체중생에게 두루 자비를 베푸는 보현행
입니다. 보현행이야말로 모든 부처님의 바람이며, 하시는 일이기 때
문입니다. 선재 동자가 이 해탈문의 이름이 무엇인지를 묻습니다. 이
때 주야신은 "선남자여! 이 해탈문의 이름은 중생을 교화하여 선근을
내게 함이다."라고 말하며 게송을 설합니다.

　　선남자여!
　　이 해탈을 성취하였으므로
　　모든 법의 성품이 평등함을 깨달았고
　　법의 진실한 성품에 들어가
　　의지함이 없는 법을 증득하였으며
　　세간을 여의었으면서도
　　모든 법의 모양이 차별함을 알고
　　푸르고 누르고 붉고 흰 것의 성품이 실답지 아니하여
　　차별이 없는 것도 분명히 통달하였다.
　　……
　　선남자여!

이것은 큰 원력을 말미암은 때문이며

온갖 지혜의 힘에 의한 때문이며

보살의 해탈한 힘에 의한 때문이며

크게 가엾이 여기는 힘에 의한 때문이며

크게 인자한 힘에 의한 때문으로

이와 같은 일을 짓는다.


대원정진력구호주야신은 이러한 연유로 한량없는 몸을 나투어 중생으로 하여금 아뇩다라삼막삼보리에서 물러나지 않게 한다는 겁니다. 다시 말해 일체법의 성품이 본래 평등함을 깨달아 모든 분별과 집착을 떠나고, 중생의 여러 가지 상황에 따라 가지가지의 모습을 나타내어 무량한 중생으로 하여금 발심 수행하게 해서 깨달음의 길로 나아가게 한다는 겁니다. 중생을 교화하여 선근을 내게 하는 것이 대원이라 할 수 있습니다. 대원이야말로 보살행이 있게 하는 원동력입니다.

대원정진력구호주야신은 이와 같은 가르침을 선재 동자에게 전하고 다음 선지식으로 묘덕원만신을 추천합니다.


묘 덕 원 만 구 바 녀
## 妙德圓滿瞿婆女

묘덕원만신은 묘한 덕이 원만한 신이라는 말입니다. 선재 동자가 룸비니 숲에 이르러 묘덕원만신을 찾아뵙고 절하고 합장하며 보살행은 어떻게 닦는 것이고, 또 어떻게 하면 여래의 가문에 나는 것인지를 여쭙습니다. 여래께서 태어난 곳이 룸비니 동산입니다. 이러한 상징 때문에 여래의 가문에 나는 방법에 대해서 물은 겁니다. 그때 묘덕원만신은 보살이 태어나는 열 가지 장이 있다고 말합니다. 그리고 보살이 이를 성취하면 여래의 가문에 태어나 선근을 증장하고 훌륭한 신통을 얻으며 부처님의 법이 항상 앞에 나타나서 온갖 지혜의 이치를 따르게 된다고 말합니다. 그리고 여래의 가문에 태어나는 열 가지 방법을 게송으로 설합니다.

> 모든 부처님께 항상 공양하기를 원하여
> 태어나는 장이요.
> 보리심을 내어 태어나는 장이요.
> 여러 법문을 관찰하고 부지런히 행을 닦아
> 태어나는 장이요.
> 깊고 청정한 마음으로 삼세를 두루 비춰
> 태어나는 장이요.
> 평등한 광명으로 태어나는 장이요.
> 여래의 가문에 태어나는 장이요.
> 부처님의 힘에 광명으로 태어나는 장이요.
> 넓은 지혜를 관찰하여 태어나는 장이요.
> 장엄을 널리 나투어 태어나는 장이요.

여래의 지위에 들어가 태어나는 장이니라.

이렇듯 보살이 열 가지 법을 닦아 익히고 증장하여 원만하게 성취하면 능히 한 가지 장엄 속에 갖가지 장엄을 나타내며, 모든 국토를 장엄하고, 중생을 인도하고 깨우쳐 중생의 욕망과 이해하는 능력의 차이에 따라 성불향을 나타내고, 한량없는 깊은 법의 창고를 열어 모든 세간을 교화하고 성취한다고 하였습니다.

묘덕원만신은 선재 동자에게 이와 같은 가르침을 전하고 다음 선지식으로 구바녀를 추천합니다.

구바녀는 '석가녀 구바'라고 합니다. 부처님의 여러 전생 중 위덕 왕자라는 신분으로 계실 때 결혼한 분이기 때문입니다. 선재 동자는 가비라성에 이르러 구바녀를 만나기 전 무덕신을 만납니다. 선재 동자는 무덕신에게 보살은 마땅히 중생을 내 자식처럼 또는 내 부모처럼 여겨, 그들이 고통받는 것을 근심하고 착한 업을 짓는 것을 마땅히 즐거워해야 한다고 말합니다. 보살의 마음가짐을 스스로 확인하고 있는 겁니다. 그리고 구바녀를 만나 엎드려 절하고 합장하며 어떻게 보살행을 닦는지를 묻습니다. 이때 구바녀는 "선남자여! 만일 보살들이 열 가지 법을 성취하면 인드라 그물 같은 넓은 지혜의 광명인 보살의 행이 능히 원만하리라."라고 말하고는 그 열 가지에 대해 게송으로 말합니다.

선지식을 의지하는 연고이며

광대하고 훌륭한 이해를 얻는 연고이며

청정한 욕망을 얻는 연고이며

온갖 복과 지혜를 모으는 연고이며

여러 부처님에게서 법을 듣는 연고이며

마음에 항상 삼세의 부처님을 버리지 않는 연고이며

모든 보살의 행과 같은 연고이며

모든 여래가 보호하고 염려하는 연고이며

큰 자비와 묘한 서원이 모두 다 청정한 연고이며

지혜의 힘으로 모든 생사를 끊는 연고이니라.


사람들은 일반적으로 자기 생각에서 벗어나기 어렵습니다. 때문에 불교에서는 반드시 선지식을 의지하고 지도받아야 수행에 진전이 있다고 합니다. 선재 동자가 선지식을 찾아 공부하고 있는 『화엄경』 「입법계품」이 이를 가장 잘 말해 줍니다. 보살은 반드시 중생과 인연을 맺어야 성취가 있다고 했습니다. 특정한 사람뿐만 아니라 각각의 분야에서 최고의 경지에 이른 사람들이 모두 선지식입니다. 그래서 특별히 선지식을 친근히 여기는 열 가지 마음자세를 또 게송으로 말합니다.


자기 몸과 목숨을 아끼지 않으며

세상에 즐거워하는 도구를 탐내어 구하지 않으며

모든 법의 성품이 평등한 줄 알며

모든 지혜와 서원을 영원히 버리지 않으며

모든 법계의 진실한 모양을 관찰하며

마음의 모든 존재 바다를 항상 떠나며

법이 공함을 알고 마음에 의지함이 없으며

모든 보살의 큰 원을 성취하며

모든 세계의 바다를 항상 나타내며

보살의 걸림 없는 지혜의 바퀴를

깨끗이 닦는 것이니라.

# 제5장

<ruby>摩<rt>마</rt></ruby><ruby>耶<rt>야</rt></ruby><ruby>夫<rt>부</rt></ruby><ruby>人<rt>인</rt></ruby><ruby>天<rt>천</rt></ruby><ruby>主<rt>주</rt></ruby><ruby>光<rt>광</rt></ruby>
摩耶夫人天主光

변 우 동 자 중 예 각
遍友童子衆藝覺

현 승 견 고 해 탈 장
賢勝堅固解脫長

묘 월 장 자 무 승 군
妙月長者無勝軍

최 적 정 바 라 문 자
最寂靜婆羅門者

덕 생 동 자 유 덕 녀
德生童子有德女

미 륵 보 살 문 수 등
彌勒菩薩文殊等

보 현 보 살 미 진 중
普賢菩薩微塵衆

마야 부인과 천주광 왕녀
변우 동자와 중예 동자
현승녀와 견고해탈 장자
묘월 장자와 무승군
가장 고요한 바라문
덕생 동자와 유덕 동녀
미륵보살과 문수사리보살 등
보현보살과 수많은 대중들

모자母子간의 인연은 참으로 지중합니다. 이러한 인연은 업으로써 이루어지는 경우도 있고, 원으로써 이루어지는 경우도 있습니다. 업으로 이루어진 관계는 정상적이지 않습니다. 전생에 맺힌 원한으로 부부, 부자, 모자의 연을 지으면 다툼과 갈등이 끊이지 않습니다. 또는 전생에 진 빚을 갚기 위해 고통과 괴로움의 관계가 지속될 수 있습니다. 그런데 원력으로 이루어진 관계는 다릅니다. 과거 생에 큰 서원을 세우고 공덕을 지어 맺은 관계라면 보살행이 절로 이루어질 겁니다. 특히 어머니 입장에서는 모든 자식을 부처님으로 만들겠다는 서원을 세우고 이를 이루기 위해 선근 공덕을 쌓아간다면 더할 나위가 없을 겁니다. 또 자식은 보리심을 내어 깨달음을 성취하고, 이 땅의 모든 부모님을 제도하여 성불의 길로 인도하겠다는 원력으로 정진한다면 그 국토가 바로 정토가 될 것입니다.

　마야 부인과 석가모니 부처님이 바로 이와 같은 분들입니다. 마야 부인은 단지 석가모니 부처님의 어머니만 되는 것이 아니고 과거 수많은 부처님과 미래 수많은 부처님의 어머니이기도 합니다. 그것은 바로 과거 수없는 생을 통해 서원을 세우고 공덕을 지었기 때문입니다. 석가모니 부처님도 마찬가지입니다.

　우리도 이와 같이 서원을 세우고 공덕을 지어야 합니다. 나의 아들을 비롯한 수없이 많은 이 땅의 자식이 부처님이 되도록 하겠다는 서원을 세우고 선근 공덕을 쌓기를 바랍니다. 그렇게 되면 응당 우리 자신도 마야 부인과 같은 부처님의 어머니가 되는 경계를 체험하게 될 겁니다. 진정으로 원하는 바가 있다면 반드시 서원을 세우고 그 서원에 걸맞은 공덕을 지으면 누구나 다 이룰 수 있습니다.

# 摩耶夫人天主光

마야 부인은 부처님의 어머니로서 부처님을 출산하고 일주일 만에 돌아가십니다. 그리고 도리천에서 천신으로 태어나 도리천 권속들과 함께 계셨습니다. 선재 동자는 천상에 도착하여 마야 부인을 뵙고 엎드려 절하고 합장하며 "큰 성인이시여! 문수사리보살께서 아뇩다라 삼먁삼보리심을 내게 하고 선지식을 찾아가서 친근하고 공양하라 하였나이다. 저는 낱낱 선지식이 계신 곳에 가서 받자와 섬기고 그냥 지나지 아니하였으며 점점 이곳까지 오게 되었습니다. 바라옵건대, 저를 위하여 어떻게 보살의 행을 배워서 성취하는 것인지 말씀하여 주소서."라고 여쭙습니다. 그때 마야 부인은 보살의 큰 원과 지혜의 해탈문을 얻었기 때문에 석가모니 부처님의 어머니가 되었듯 옛적의 한량없는 부처님의 어머니가 되었을 뿐만 아니라 모든 미래불의 어머니가 되었다고 말합니다. 그리고 이는 과거 수많은 생을 거듭하여 발원하고 선근 공덕을 쌓은 인연의 결과라며 게송으로 설합니다.


　　　이때 도량 맡은 신이
　　　한량없이 기뻐하면서 전륜왕에게
　　　아들이라는 생각을 내고

부처님 발에 엎드려 절하고

이렇게 발원하였다.

이 전륜왕이 여러 곳에 태어날 적마다

또는 필경에 부처를 이룰 때

내가 항상 그의 어머니가 되어지이다.

이렇게 원을 세우고 이 도량에서

십 나유타 부처님께 공양하였느니라.


　마야 부인은 선재 동자에게 이와 같이 가르침을 전하고 다음 선지
식으로 천주광을 추천합니다.

　천주광은 삼십삼천, 즉 도리천의 정념이라는 왕의 딸로 하느님 광
명이라는 뜻입니다. '천주님'이라는 말도 여기에서 연유된 것으로 보
입니다. 선재 동자는 도리천궁을 찾아가 천주광 왕녀를 보고 절하고
합장하며 "거룩하신 이여! 저는 아뇩다라삼먁삼보리심을 내었사오나
어떻게 보살행을 배우며, 어떻게 보살도를 닦는지 알지 못하나이다.
듣자온즉 거룩한 이께서 잘 가르치신다 하오니, 바라옵건대 저에게
말씀해 주소서." 하고 가르침을 청합니다. 그때 천주광 왕녀는 "선남
자여! 나는 보살의 해탈을 얻었으니 이름이 걸림 없는 생각의 깨끗한
장엄이니라."라고 말하며 지난 수없는 세월 동안 모든 부처님께 공양
을 올렸으며 모든 부처님이 발심하여 깨달음을 이룰 때까지의 전 과
정을 밝게 기억하고 잊지 않았기 때문이라고 말합니다.

　천주광 왕녀는 선재 동자에게 이와 같은 가르침을 전하고 가비라

성에 사는 변우 동자를 다음 선지식으로 추천합니다.

## 遍友童子衆藝覺
변 우 동 자 중 예 각

　변우 동자는 모든 이의 벗이라는 말입니다. 좋은 친구가 되고 스승이 되어 그들을 올바르게 가르친다는 겁니다. 선재 동자는 도리천궁에서 지상의 가비라성으로 내려옵니다. 그리고 가비라성의 변우 동자를 찾아 절하고 합장하며 "거룩하신 이여! 저는 이미 아뇩다라삼먁삼보리심을 내었사오나 어떻게 보살행을 배우며 어떻게 보살도를 닦는지 알지 못하나이다. 바라옵건대 말씀하여 주소서." 하며 하심의 마음으로 가르침을 청했습니다. 그때 변우 동자는 "선남자여! 여기 한 동자가 있으니 이름이 '선지중예善知衆藝', 모든 예술을 잘 아는 이니라." 하며 곧바로 중예 동자를 추천합니다. 변우 동자는 특별한 가르침을 전하지 않고 다음 선지식을 소개한 겁니다. 변우 동자는 다음 선지식을 추천한 것으로 순수한 구도자인 선재 동자의 훌륭한 스승이 됩니다.

　선재 동자는 중예 동자를 찾아뵙고 보살도에 대해 묻습니다. 그때 중예 동자는 "선남자여! 나는 보살의 해탈을 얻었으니 이름이 모든 예술을 잘 앎이니라. 나는 항상 이 자모를 부르느니라."라고 말합니다.

　중예 동자는 모든 예술을 잘합니다. 보살도를 행할 때는 예술을 잘하는 것도 큰 도움이 됩니다. 요즘 같은 문화 시대에서의 전법 포교는 더욱 그렇습니다. 산사음악회, 템플스테이, 붓글씨 쓰기, 탱화 그리기 등이 모두 예술을 통한 전법입니다. 많은 사람이 불교를 쉽고 편하게 접할 수 있는 계기가 됩니다. 특히 문화예술 활동은 종교를 초월해서 공유할 수 있는 부분이 많습니다.

중예 동자는 "선남자여! 나는 언제나 이 자모를 부르노라. 내가 이 자모를 부를 적에 42반야바라밀 문이 으뜸이 되어, 온갖 문장이 걸림 없이 따라 옮기어 한량없고 수없는 반야바라밀 문에 깊이 들어가노라."라고 말합니다. 자모를 부르는 것은 마치 선에서 말하는 최초일구와도 같습니다. 중예 동자가 부르는 대표적인 자모는 다음과 같습니다.

'아' 자를 부를 적에는
반야바라밀 문에 깊이 들어가니
이름이 보살의 훌륭한 위덕의 힘으로
모든 법의 본래 나지 않는 뜻을 나타냄이다.
'라' 자를 부를 적에는
반야바라밀 문에 깊이 들어가니
이름이 가없는 데까지 널리 나타내는
미세한 앎음앎이다.
'파' 자를 부를 적에는
반야바라밀 문에 깊이 들어가니
이름이 법계에 널리 비추는 미세한 지혜다.

'차' 자를 부를 적에는

반야바라밀 문에 깊이 들어가니

이름이 넓은 바퀴로 차별한 빛을 끊음이다.

'타' 자를 부를 적에는

반야바라밀 문에 깊이 들어가니

이름이 별과 달 원만한 빛이다.

'카' 자를 부를 적에는

반야바라밀 문에 깊이 들어가니

이름이 많은 구름 끊이지 않음이다.


선재 동자는 어떻게 행을 닦으면 이 해탈문을 얻는지 묻습니다. 중예 동자는 보살이 열 가지 법을 닦아서 구족하고 원만하면 능히 이 해탈문을 얻는다고 말합니다.


지혜를 구족하고

선지식을 부지런히 구하고

용맹하게 정진하고

모든 번뇌를 여의고

바른 행이 깨끗하고

바른 교법을 존중하고

법의 성품이 공한 줄을 관찰하고

나쁜 소견을 없애고

바른 도를 닦고

진실한 지혜를 보는 것


  중예 동자는 선재 동자에게 이와 같이 가르침을 전하고 "마갈제국
에 한 시골이 있으니 이름은 유의요, 거기에 성이 있으니 이름은 바다
나요, 거기에 한 우바이가 있으니 이름이 현승이다."라고 다음 선지
식을 추천합니다.

현 승 견 고 해 탈 장
## 賢勝堅固解脫長

  선재 동자는 중예 동자의 추천으로 현승 우바이를 찾아가 보살행
에 대하여 묻습니다. 그때 현승 우바이는 "선남자여! 나는 보살의 해
탈을 얻었으니 이름이 머문 데 없고 다함이 없는 바퀴요, 이미 스스로
깨우쳐 알고 또 다른 이에게 말하느니라. 나는 이 큰 삼매에 있으면서
모든 법을 내는 것이 다함이 없고 머무는 데 없느니라."라고 말하며
그 연유를 게송으로 설합니다.


    지혜의 성품인 눈을 냄이 다함없는 연고이며

    지혜의 성품인 귀를 냄이 다함없는 연고이며

    지혜의 성품인 코를 냄이 다함없는 연고이며

    지혜의 성품인 혀를 냄이 다함없는 연고이며

지혜의 성품인 몸을 냄이 다함없는 연고이며
지혜의 성품인 뜻을 냄이 다함없는 연고이니라.

안 · 이 · 비 · 설 · 신 · 의 육근이 온갖 지혜의 성품이라는 겁니다. 그동안 우리는 이 육근에 대해 허망한 것이고 무상한 것이기 때문에 나라고 할 것이 없다고 배웠습니다. 그런데 『화엄경』에서는 육근이야말로 온갖 지혜의 성품이라고 합니다. 다시 말해 눈, 귀, 코, 혀, 몸, 뜻을 떠나서 성품이 따로 있는 것이 아님을 설하는 겁니다. 무상을 떠나서 변하지 않는 영원을 갈구하지만 결국 영원한 것은 무상밖에 없다는 이치입니다. 무상하다는 것은 항상 됨이 없이 변한다는 뜻입니다. 육근도 마찬가지이지만, 이 육근이 온갖 지혜의 성품이기도 합니다. 그렇기 때문에 다함이 없이 나온다는 의미가 되는 것입니다. 현승우바이는 세 가지를 더 게송으로 설합니다.

지혜의 성품인 공덕 파도를 냄이 다함없는 연고이며
지혜의 성품인 지혜 광명을 냄이 다함없는 연고이며
지혜의 성품인 빠른 신통을 냄이 다함없는 연고이니라.

육근의 무더기를 가지고 있어야 공덕도 짓는 것이고, 지혜의 광명도 내는 것이고, 빠른 신통도 내는 겁니다. 즉 무상한 몸과 마음이지만 육근을 떠나서는 따로 부처님의 신통력을 볼 수 없다는 의미입니다. 바로 화엄 사상을 드러낸 것입니다.

현승 우바이는 "선남자여! 나는 다만 이 머무는 데 없고 다함이 없는 바퀴 해탈문을 알 뿐이니, 저 보살마하살의 온갖 것에 집착이 없는 공덕과 지혜의 행인 다함이 없는 법문이야 어떻게 알며 어떻게 말하겠는가." 하며 다음 선지식으로 견고해탈 장자를 추천합니다.

견고해탈 장자는 견고한 해탈을 얻은 장자라는 말입니다. 선재 동자는 점점 남쪽으로 가다가 옥전성에 이르러 견고해탈 장자를 만나 보살의 도를 묻습니다. 이때 견고해탈 장자는 "선남자여! 나는 보살의 해탈을 얻었으니 이름이 집착하는 생각이 없는 청정한 장엄이니라. 나는 이 해탈을 얻고부터는 시방세계의 부처님 계신 데서 바른 법을 부지런히 구하고 쉬지 아니하였노라."라고 말합니다.

부처님의 경지에 이르는 것만을 해탈이라고 생각할 필요는 없습니다. 누구나 자기 분야에서 걸림 없는 경지에 이르는 것이 보살의 해탈입니다. 견고해탈 장자는 "선남자여! 나는 다만 이 집착하는 생각 없는 청정한 장엄 해탈문을 알 뿐이니, 저 보살마하살의 사자후처럼 두려움 없음을 얻고 큰 복덕과 지혜가 훌륭한 자리에 있으면서, 큰 음성으로 중생을 깨우치는 공덕과 지혜의 행이야 어찌 알고 말하겠는가."라고 말하며 다음 선지식으로 묘월 장자를 추천합니다.


묘 월 장 자 무 승 군
## 妙月長者無勝軍

묘월은 묘한 달이라는 뜻입니다. 선재 동자는 해탈 장자로부터 소개반은 묘월 장자를 찾아가 보살의 도를 어떻게 닦는지 묻습니다. 그때 묘월 장자는 "선남자여! 나는 보살의 해탈을 얻었으니 이름은 깨끗한 지혜 광명이니라."라고 말합니다.

묘월 장자 역시 자기 나름의 해탈을 얻은 겁니다. 누구든지 보살의 해탈을 얻을 수 있습니다. 한 가지 분야에서만이라도 걸림이 없는 게 해탈입니다. 선재 동자는 어떻게 수행하면 이 해탈을 얻는지를 묻습니다. 이때 묘월 장자는 보살이 해탈을 구족하는 열 가지 법을 게송으로 설합니다.

> 모든 선지식을 항상 여의지 아니하며
> 부처님 뵈올 생각을 항상 망각하지 아니하며
> 바른 법 들을 욕망을 항상 잊지 아니하며
> 불보살님과 선지식에게 공양함을 항상 잊지 아니하며
> 법문 연설하는 이를 항상 여의지 아니하며
> 온갖 바라밀행을 듣기를 항상 여의지 아니하며
> 모든 보리 법문을 듣는 것을 항상 여의지 아니하며
> 삼 해탈문을 항상 버리지 아니하며
> 범천이 머무는 네 가지 법을 항상 여의지 아니하며
> 일체지의 자체를 항상 여의지 아니함이니라.

묘월 장자는 이와 같은 가르침을 선재 동자에게 전하고 다음 선지식으로 무승군이라는 이름의 장자를 추천합니다.

무승군은 이길 자 없는, 무적이라는 뜻입니다. 선재 동자는 무승군 장자를 찾아뵙고 어떻게 보살행을 배우며 보살도를 닦는지를 묻습니다. 그때 무승군 장자는 "선남자여! 나는 보살의 해탈을 얻었으니 이름이 다함없는 모양이니라. 나는 이 보살의 해탈을 증득하였으므로 한량없는 부처님을 뵈옵고 무진장을 얻었노라."라고 말합니다. 무승군 장자는 형상에 걸림이 없는 무진상無盡相 해탈을 증득하여 무진장을 얻었다는 겁니다.

그러나 우리는 그 형상에 걸려 있습니다. 그와 관련된 이야기 하나를 소개합니다. 옛날 어떤 마을에서 큰 잔치가 열리자, 남루한 차림의 스님이 잔칫집을 방문하였습니다. 그런데 사람들이 들어가지 못하게 막더랍니다. 거지 취급을 받은 겁니다. 스님이 절로 돌아와 새 옷으로 갈아입고 다시 그 잔칫집을 방문하니 큰스님이 오셨다고 환대하며 들여보내 주더랍니다. 스님은 한 상 차림의 음식을 받아서는 입에 넣지 않고 옷에다 쏟아 부었습니다. 사람들이 의아하여 스님께 묻자, 스님은 "내가 이 옷으로 갈아입고 오기 전에는 들어오지도 못하게 하여 음식을 얻어먹지 못하였는데, 이 옷을 입고 오니 푸짐한 음식을 한 상 차려 주는 게 아닌가. 내가 이 옷 덕분에 음식을 받은 것이니 옷에 음식을 줘야 되지 않겠는가."라고 이야기했답니다. 사람들은 옷이라는 형상에 걸렸던 겁니다. 정말 다함없는 보배, 무진장을 얻으려면 무진상이 이루어져야 됩니다.

선재 동자는 어떻게 이 해탈문을 얻는지를 묻습니다. 이때 무승군 장자는 보살이 해탈문을 증득하는 열 가지 법을 게송으로 설합니다.

한가한 곳에 있어 오욕을 살펴보는 것이니

모든 선정을 닦으려 함이요

부지런한 방편으로 삼매에 드는 것이니

색신을 널리 나타내어 중생을 교화함이요

지혜로써 평등하게 관찰함이니

나고 죽는 일과 열반이 한 모양인 까닭이요

견고한 생각을 부지런히 닦는 것이니

선하고 선하지 못함을 알아 잊지 아니함이요

보살의 공덕을 부지런히 쌓는 것이니

바라밀에 만족함이 없는 까닭이요

계율의 숲을 부지런히 심는 것이니

바른 법 동산에서 늘 유희하는 까닭이요

나쁜 소견을 가진 중생을 항상 구호하는 것이니

잘못된 길에서 벗어나 바른 소견에 머물게 함이요

가지각색 법약을 널리 보시하는 것이니

중생의 번뇌병을 다스리는 까닭이요

부지런히 삼세의 법을 관찰하는 것이니

꿈과 환술과 같아서 물들지 않는 까닭이요

외도들의 삿된 언론을 꺾는 것이니

잘못된 소견으로 중생을 해롭지 않게 함이니라.


무승군 장자는 이와 같이 가르침을 전하고 다음 선지식으로 최적정이라는 이름의 바라문을 추천합니다.


최 적 정 바 라 문 자
# 最寂靜婆羅門者

바라문은 바라문교의 수행자를 가리키는 말입니다. 불교 수행자도 똑같은 수행자이지만 당시 사람들이 보기에는 바라문과 달랐습니다. 욕망이 쉬었고, 성냄을 떠났고, 어리석음에서 벗어나 있었습니다. 그래서 불교 수행자는 '마음이 쉬었다'는 뜻의 슈라마나<sup>śramaṇa</sup>라고 구분하여 불렀습니다. 이 슈라마나를 음역한 것이 바로 사문<sup>沙門</sup>입니다.

최적정 바라문은 가장 고요한 바라문, 즉 다른 종교의 수행자입니다. 선재 동자는 최적정 바라문을 찾아뵙고 어떻게 보살의 행을 닦고, 어떻게 보살의 행을 배우며, 어떻게 보살의 도를 닦는지를 묻습니다. 이때 최적정 바라문은 "선남자여! 나는 이미 보살의 해탈을 얻었으니 이류가 진실하게 원하는 말이니라. 모든 보살이 이 말로 인하여 아뇩다라삼먁삼보리에 물러가지 않나니, 이미 물러간 이도 없고 지금 물러가는 이도 없고 장차 물러갈 이도 없느니라. 선남자여! 나는 진실하게 하는 말에 머물렀으므로 뜻대로 짓는 일이 만족치 않는 일이 없느니라."라고 말합니다.

선재 동자는 어떻게 이 보살의 해탈을 증득하는지를 묻습니다. 이때 최적정 바라문은 보살이 평등한 몸, 깨끗한 몸, 끝없는 몸, 닦아 모은 몸, 법의 성품 몸, 살펴 생각함을 떠난 몸, 헤아릴 수 없는 몸, 고요

제4부 | 선재 동자의 구법 여행                                    249

한 몸, 허공 같은 몸, 묘한 지혜 몸을 갖추면 부처님의 청정한 법신을 얻는다고 말합니다. 그리고 보살은 중생의 상황과 처지에 따라 적합하게 도를 말하여야 한다고 말합니다. 즉 대승, 성문승, 불승, 독각승 등 각각에 해당하는 가르침으로 조복할 만한 이에게는 그에 맞는 도를 연설하고 마음이 산란한 자, 세간법을 좋아하는 자, 나고 죽는 데 있기를 좋아하는 자, 법이 공하다고 고집하는 자 등에게는 그에 알맞은 말로 도를 말해야 한다는 것입니다.

최적정 바라문은 "선남자여! 여기서 남쪽으로 한 성이 있으니 이름은 묘한 뜻 꽃문성이요, 거기 동자가 있으니 이름은 덕생이라. 또 동녀가 있으니 이름은 유덕이다. 그대는 그에게 가서 보살의 도를 물어라." 하며 다음 선지식을 추천합니다.

## 덕생동자유덕녀
## 德生童子有德女

덕생 동자는 덕이 나는 동자라는 뜻이며, 유덕 동녀는 덕이 있는 동녀를 말합니다. 선재 동자는 점점 남쪽으로 가다가 묘한 뜻 꽃문성에 이르러 덕생 동자와 유덕 동녀를 만나게 됩니다. 그리고 어떻게 보살의 도를 닦는지를 가르쳐 달라고 묻습니다. 이때 두 사람은 "선남자여! 우리는 보살의 해탈을 얻었으니 이름을 환술처럼 머무름이다. 이 해탈을 얻어 구족히 원만하고, 이 깨끗한 지혜로 모든 법을 살펴보니 모두 환술처럼 있고, 환술로 성취된 것이다."라고 말합니다.

세상의 모든 법이 환술처럼 머무는 이유는 인연으로 생긴 때문이며, 업과 번뇌로 생긴 때문이며, 무명과 애愛 따위로 생긴 때문이며, 망상 분별로 이룬 때문입니다. 다시 말해서 이 세상은 고정된 실체가 있는 것이 아니라 허깨비처럼 임시로 존재하는 것이기 때문입니다. 그래서 이 세상은 알고 보면 삶이 그대로 판타지입니다. 그런데 판타지 영화에도 우울하거나 밝거나 기괴하거나 하는 여러 내용이 있듯 인생이라는 판타지도 마찬가지입니다. 기왕이면 밝고 즐겁고 원하는 대로 되는 판타지의 삶을 살아야 합니다. 그렇지 않고 남 탓을 하며 불평불만만 늘어놓으면 우울하고 침울하며 엑스트라 연기만 하다 죽고 마는 인생이 될 것입니다. 인생의 주인공이 되려면 삶이란 한 편의 판타지 영화와 같은 것이라고 생각하면 됩니다. 그러면 애착을 쉬게 되고, 애착을 쉬는 만큼 열심히 살게 되기 때문입니다.

동자와 동녀는 "선남자여! 환술 같은 경계의 제 성품을 헤아릴 수 없느니라. 우리 두 사람은 다만 이 환술처럼 있는 해탈만을 알거니와, 환술처럼 이루어진 지혜를 따라 분명하게 아는 공덕과 행이야 어떻게 알겠느냐." 하고는 게송으로 주의사항을 설합니다.

> 선남자여!
> 한 선근을 닦거나, 한 법문을 알거나
> 한 서원을 세우거나, 한 가지 수기를 받거나
> 한 법인에 머무는 것으로 끝난다는 생각을
> 내지 말 것이니

한정된 마음으로 가장 훌륭한 바라밀을 행하지 말며
한정된 마음으로 모든 부처님 세계를
깨끗이 하지 말며
한정된 마음으로 선지식을 섬기거나
공양하지 말 것이니라.

보살은 한 가지에 통달했다고 해서 모든 것에 통달한 양 생각해
서는 안 된다는 겁니다. 왜냐하면 보살은 한량없는 선근을 심어야 하
며, 한량없는 보리의 기구를 모아야 하며, 한량없는 보리의 인을 닦
아야 하며, 한량없는 교묘한 회향을 배워야 하기 때문입니다. 사홍서
원, '중생무변서원도衆生無邊誓願度, 번뇌무진서원단煩惱無盡誓願斷, 법문
무량서원학法門無量誓願學, 불도무상서원성佛道無上誓願成'이야말로 보살
의 기본 입장을 가장 잘 표현한 것이라 할 수 있습니다. 동자와 동녀
는 선재 동자에게 보살이 마땅히 취해야 할 태도에 대하여 게송으로
설합니다.

온갖 보살의 행을 두루 닦을 것이니
법의 평등함을 알기 때문이며
온갖 중생세계를 널리 교화할 것이니
잘 조복하는 까닭이며
온갖 끝없는 겁에 들어갈 것이니
원력이 넓고 큰 까닭이며

온갖 갈래에 두루 날 것이니

일부러 태어나는 까닭이며

온갖 삼세의 지혜를 두루 알 것이니

끝끝내 자체가 같은 까닭이며

온갖 부처님의 세계를 두루 만족할 것이니

평등하게 장엄하는 까닭이며

온갖 보살의 서원을 두루 만족할 것이니

훌륭한 서원이 앞에 나타나는 까닭이며

온갖 보살의 원과 두루 같을 것이니

한 성품이 평등한 까닭이며

온갖 선지식을 두루 섬길 것이니

가지가지 보살의 행을 구하여

저의 마음으로 하여금 기쁘게 하기 때문이니라.

덕생 동자와 유덕 동녀는 "선남자여! 열두 가지 두타의 공덕을 보살이 닦아서 구족하게 성취하면 모든 선지식의 법이 원만하고 청정해서 모든 선지식의 법에서 영원히 물러가지 아니하느니라."라는 가르침을 선재 동자에게 전하고 다음 선지식으로 미륵보살을 추천합니다.

미륵보살은 중생이 대승 가운데 견고함을 얻게 하고, 본래의 선근을 따라 모두 성숙케 하며, 본래의 원력을 따라 자재하게 태어남을 보이는 분입니다. 또한 보살이 곳곳에 태어나지만 태어나는 것이 모두 모양이 없음을 나타내려는 분입니다. 그래서 보살이 어떻게 행을 하며, 도를 닦으며, 계율을 배우며, 원을 세우며, 지혜를 얻으며, 선지식을 섬기는지를 물으라는 겁니다.

## 彌勒菩薩文殊等

미륵보살은 다음 세상에 부처님이 되실 분, 즉 일생보처보살로 도솔천 내원궁에 계시면서 이 세계에 하강할 날을 기다리고 계시는 분입니다. 선재 동자는 선지식의 가르침으로 마음이 윤택하였고, 바른 생각으로 보살행을 생각하면서 해안국으로 향하였습니다. 그리고 미륵보살을 친견하기 전에 스스로를 성찰해 봅니다.


　　지나간 세상에 수없이 나고 죽으면서 예경을 닦지 못한 것을 기억하고, 곧 뜻을 내어 스스로 책망하면서 부지런히 행하며, 또 지나간 세상에 오래도록 바퀴 돌듯 하면서 몸과 마음이 깨끗하지 못함을 기억하고, 곧 뜻을 내어 스스로 깨끗이 하여 저 언덕에 이르기를 원하며, 또 지나간 세상에 세간을 따라 나쁜 짓 한 것을 기억하고, 곧 뜻을 내어 바른 생각으로 보살들의 행을 관찰하며, 또 지나간 세상에서 번뇌가 마음을 덮어 허망한 생각을 일으킨 것을 기억하고, 곧 뜻을 내어 모든 법의 참된 성품을 바로 생각하며, 또 지나간 세상에서 닦은 행이 제 몸만 위하였던 것을 기억하고, 곧 뜻을 내어 마음을 넓혀 중생들에게 미치며, 또 지나간 세상에서 탐욕의 경계를 구하여 스스로 소모하던 것을 기억하고, 곧 뜻을 내어 부처님 법을 닦아 모든 감관을 기르며, 또 지나간 세상에서 잘못된 소견으로 생각이 뒤바뀌던 것을 기억하고, 곧 뜻을 내어 바른 소견으로 보살의 서원을 일으키며, 또 지나간 세상에서 밤낮으로 애를 써서 나쁜 짓 하던 일을 기억하고, 곧 뜻을 내어 크게 정진하여 부처님 법을 성취하며, 또 지나간 세상에서 다섯 갈래五趣로 태어나면서 자기와 남에게 아무 이익도 없는 것을 기억하고, 곧 뜻을 내어 자기의 몸으로 중생을 이롭게 하여 부처님 법을 성취하기를 원하며, 모든 중생의 선근을 일으키고 온갖 선지식을 섬기며, 언제나 정당한 서원과 서로 응하려 하여, 이렇게 생각하고 기뻐하였다.

우리가 불보살님을 친견한다는 것은 정말 수승한 인연입니다. 불보살님을 진정으로 친견하려면 먼저 자기 마음을 돌이켜 봐야 합니다. 참회와 발원이 필요하다는 말입니다. 그래야 선지식을 만나도 그 가르침을 수용할 수 있는 준비가 되는 겁니다.

우리 주변에는 수많은 선지식이 계십니다. 그럼에도 불구하고 선지식을 알아보지 못하고, 아무리 좋은 말을 해 줘도 알아듣지 못하는 것은 스스로가 준비되어 있지 않아서입니다. 컵에 물이 이미 가득 차 있으면 아무리 좋은 것을 부어도 수용이 안 되고 넘쳐흘러 버립니다. 수용을 하려면 그 컵의 물을 비워야 합니다. 그것이 바로 참회이고 발원인 것입니다. 선재 동자도 미륵보살을 만나기 전에 참회와 발원으로 스스로 다짐한 겁니다. 지금까지 오도록 신·구·의 삼업을 제대로 닦지 못한 것을 생각하고 앞으로는 바르게 닦겠다는 참회와 발원입니다.

선재 동자는 한량없는 지혜의 경계로서 훌륭하게 장엄한 비로자나 큰 누각에 엎드려 절하고 잠깐 동안 마음을 거두어 생각하고 관찰하였습니다. 그리고 깊이 믿고 이해함과 큰 서원의 힘으로 온갖 곳에 두루한 지혜의 몸인 평등한 문에 들어갑니다. 이 큰 누각은 공하고 모양이 없고 원함이 없는 삼 해탈문을 아는 이가 머무는 곳입니다. 공空하다는 것은 '비었다' 혹은 '없다'는 것이 아니라 묘하게 있다는 의미입니다. 비었기 때문에 무엇으로든 채울 수 있는 겁니다. 참다운 공은 무가 아니라 묘하게 있는 겁니다. 묘하게 있는 것, 묘유妙有는 착유着有와 상대되는 말입니다. 애착으로 존재하는 것이 아니라 서원으로 존재하는 것이 바로 묘유입니다. 이 누각 역시 비로자나 부처님의 원으로 장엄이 되어 있는 것입니다. 그래서 이 큰 누각이 공하고 무상하고 무원하다는 말입니다. 또 이 세계는 모든 법의 성품을 잘 알아서 분별이 없는 곳입니다. 이 세계는 '나' 아닌 것이 없습니다. 분별을 여의면 눈에 보이는 모든 세계가, 모든 사람이, 모든 생명이 바로 '참나'입니다.

또 세간에 고집하지 않는 이가 있는 곳이며, 경계를 의지하지 않는 이가 있는 곳이며, 모양을 멀리 여읜 이가 있는 곳이며, 허망한 생각을 깨뜨린 이가 있는 곳이며, 모든 법이 제 성품이 없는 줄을 아는 이가 있는 곳이며, 차별한 업을 끊은 이가 있는 곳이며, 온갖 마음과 뜻과 인식을 여읜 이가 있는 곳이며, 깊고 깊은 반야바라밀에 들어간 이가 있는 곳이며, 법계에 방편으로 편안히 머무는 이가 있는 곳이며, 온갖 번뇌의 불을 고요하게 없앤 이가 있는 곳이라고 생각합니다.

또 선재 동자는 다음과 같이 생각합니다.

> 한 겁을 모든 겁에 넣고 모든 겁을 한 겁에 넣으면서도 그 모양을 파괴하지 않는 이가 있는 곳이며, 한 세계를 모든 세계에 넣고 모든 세계를 한 세계에 넣으면서도 그 모양을 파괴하지 않는 이가 있는 곳이며, 한 법을 온갖 법에 넣고 온갖 법을 한 법에 넣으면서도 어지럽고 섞이지 않는 이가 있는 곳이며, 한 중생을 온갖 중생에게 넣고 온갖 중생을 한 중생에게 넣으면서도 그 모양을 파괴하지 않는 이가 있는 곳이며, 한 부처님을 온갖 부처님께 넣고 온갖 부처님을 한 부처님께 넣으면서도 그 모양을 파괴하지 않는 이가 있는 곳이다.

「법성게」에 '구세십세호상즉九世十世互相卽'이라는 말이 있습니다. 구세와 십세가 서로 즉한다는 겁니다. 과거, 현재, 미래 삼세 각각에 또 삼세가 있어서 구세가 됩니다. 여기에 바로 지금을 더해서 십세가 됩니다. 구세와 십세가 서로 즉해 있다는 말은 바로 지금을 떠나서 과거, 현재, 미래가 따로 없다는 것입니다. 또 '일미진중함시방一微塵中含十方 일체진중역여시一切塵中亦如是 무량원겁즉일념無量遠劫卽一念 일념즉시무량겁一念卽是無量劫'이라는 말이 있습니다. "한 알의 티끌 속에 우주가 들어 있고 낱낱의 티끌이 모두 그러하다. 한없는 시간이라도 알고 보면 한 생각에서 싹트며 한 생각이 결국은 한없는 시간이다."라는 뜻입니다. 오늘날 과학이 발전하면서 이와 같은 입장이 현실적으로 증명되고 있습니다.

또 선재 동자는 계속 생각합니다.

> 깊고 깊은 법에 편안히 머문 이가 있는 곳이며, 둘이 아닌 법에 편안히 머문 이가 있는 곳이며, 모양 없는 법에 편안히 머문 이가 있는 곳이며, 얻을 것 없는 법에 편안히 머문 이가 있는 곳이며, 대자대비에 편안히 머문 이가 있는 곳이니라.

『부모은중경』에 "아버지의 사랑은 자慈요, 어머니의 사랑은 비悲다."라고 했습니다. 아버지들은 자식이 말을 잘 듣고 순종하면 어여뻐합니다. 그러나 자기의 말을 듣지 않고 거역하면 내쳐 버립니다. 그런데 어머니의 사랑은 다릅니다. 자식이 아무리 속을 썩이고 말을 안 듣고 거역해도 끝까지 가슴으로 품어 안습니다. 그래서 아버지의 사랑은 자심慈心이 충실하고, 어머니의 사랑은 비심悲心이 충실하다고 말하는 겁니다. 둘 중 어느 것이 더 깊은 사랑일까요? 어머니의 사랑이 더 깊다고 할 수 있습니다. 말을 잘 듣고 순종하는 사람을 어여삐 여기는 것은 누구나 할 수 있습니다. 그러나 말을 안 듣고 거역하는 사람을 가엾이 여기고 사랑하는 것은 아무나 할 수 없습니다. 어머니나 할 수 있는 진정한 사랑입니다.

선재 동자는 또 생각합니다.

> 오취온을 관찰하지만 모든 온을 영원히 멸하지 않는 이가 있는 곳이며, 육처에 집착하지 않으나 육처를 아주 멸하지 않는 이가 있는 곳이며, 비록 온갖 승을 말하지만 대승을 버리지 않는 이가 있는 곳이니, 이 큰 누각은 이러한 한량없는 모든 공덕에 머무는 이가 있는 곳이다.

선재 동자는 계속하여 미륵보살의 세계에 대해 칭찬과 찬탄을 이어갑니다. 육바라밀을 구족한 이가 머무는 곳, 삼독의 성품을 잘 알지만 싫다고 벗어나려 하지 않는 이가 머무는 곳, 팔정도와 십이연기를 다 알지만 고요한 데 가려고 하지 않은 이가 머무는 곳, 한량없는 법신, 보신, 화신으로 법계에 가득한 신통을 가진 이가 머무는 곳, 온 중생과 세상을 구하는 이가 머무는 곳 등 수없는 찬탄을 게송으로 이어갑니다.

선재 동자는 이와 같이 비로자나 장엄장 큰 누각 안에 계시는 보살들을 찬탄하고는 허리 굽혀 합장, 공경하여 예배하고는 일심으로 미륵보살님을 뵈옵고 보살의 도에 대하여 묻습니다. 그때 미륵보살이 도량에 모인 대중을 살펴보시고 선재 동자를 가르치면서 말하였습니다. 선재 동자는 보리심을 내어 물러나지 않는 정진력으로 모든 선지식을 찾아다니며 공양하며 법을 구하였다는 겁니다.

> 그대들이여! 이 장자의 아들은
> 저번에 복성에서 문수보살의 가르침을 받고
> 점점 남쪽으로 오면서 선지식을 찾았고
> 백열 선지식을 만난 뒤에 나에게 왔는데
> 잠깐도 게으른 생각을 내지 않았느니라.

선재 동자는 최초에 문수보살을 만나 선지식을 찾아 떠나는 여행을 시작합니다. 법계에 들어가는 겁니다. 법계란 이 세계와 다른 세상이 아닙니다. 속계에 살되 법에 초점을 맞추어 살면 법계에 들어간 것입니다. 북극성을 중심으로 모든 별이 그 주위를 돌듯 발보리심은 만나는 모든 사람을 선지식으로 이끄는 원동력이 되는 겁니다. 미륵보살은 보리심에 대하여 게송으로 설합니다.

> 선남자여! 보리심은 종자와 같으니
> 모든 불법을 내는 연고이며

마치 종자에서 싹이 트듯이

보리심으로 인해서 모든 불법이 나온다.

보리심은 좋은 밭과 같으니

중생의 깨끗한 법을 자라게 하는 것이며

좋은 밭이 마치 모든 곡물을 자라게 하듯이

보리심이라는 밭이 깨끗한 법을 자라게 한다.

보리심은 땅과 같으니

모든 세간을 유지하는 연고이며

땅처럼 모든 세간을 지탱해 준다.

이것이 바로 보리심이다.


선재 동자는 미륵보살에게 "성인께서는 어디서 오셨나이까?" 하고 묻습니다. 미륵보살은 게송으로 설합니다.


선남자여!

보살들은 오는 일도 없고

가는 일도 없이 그렇게 오느니라.

다니는 일도 없고 머무는 일도 없이

그렇게 오느니라.

처소도 없고 집착도 없고

없어지지도 않고 나지도 않고

머물지도 않고 옮기지도 않고

동하지도 않고 일어나지도 않고

연연함도 없고 애착함도 않고

업도 없고 과보도 없고

생기지도 않고 멸하지도 않고

아주 없지도 않고 항상 하지도 아니하여

그러하게 오느니라.


　바로 보살의 경지를 말합니다. 『반야심경』의 "불생불멸不生不滅 불구부정不垢不淨 부증불감不增不減"과 같은 이치입니다. 우리가 이 세상에 태어나서 죽으면 어디로 가는지를 한 번 생각해 볼 필요가 있습니다.


생야일편부운기　生也一片浮雲起

사야일편부운멸　死也一片浮雲滅

부운자체본무실　浮雲自體本無實

생사거래역여연　生死去來亦如然


태어나는 것은 한 조각 구름이 일어남이요.

죽음이란 한 조각 구름이 사라지는 것이다.

뜬구름은 자체로 실체가 없으니

생사거래가 또한 그러하니라.

서산 대사의 게송입니다. 우리는 이 몸뚱이와 마음을 '나'라고 여기고 지나치게 집착하며 살고 있습니다. 그러나 사실은 인연 따라 왔다가 인연 따라 소멸하는 겁니다. 모든 존재의 속성은 공하기 때문입니다. 마치 촛불이 켜지고 꺼지는 게 인연 따라 켜졌다 꺼질 뿐, 그 실체가 있었거나 없어지는 게 아닌 것과 같습니다.

선남자여!
보살은 크게 가엾이 여기는 곳에서 오나니
중생을 조복하려는 연고이며
크게 인자한 곳에서 오나니
중생을 구호하려는 연고이며
깨끗한 곳에서 오나니
좋아함을 따라서 태어나는 연고이며
크게 서원한 곳에서 오나니
옛날의 서원 아니므로 유지하는 연고이니라.

본질은 오는 것도 없고 가는 것도 없습니다만 현상은 있습니다. 보살도 실체는 없지만 때로는 온갖 형상으로, 마음으로 나투십니다. 그것은 중생을 윤회에서 해탈케 하기 위한 원력 때문입니다.

그때 미륵보살은 선재 동자에게 "너는 옛날 나와 함께 도를 닦다가 보리심을 잃은 사람들과 처자 권속을 제도하기 위하여 대 바라문의 집에 태어났다 이제 여기에 온 것이니 여기서 몸을 마치면 즉시 도솔천에 태어나 일체의 지혜를 이루고 보리를 얻어 너와 문수와 똑같이 나를 보리라. 그러니 너는 문수에게 나아가서 다시 한 번 보살행을 묻고 보현행을 닦아라." 하고 문수보살을 추천합니다.

미륵보살의 가르침을 받은 선재 동자가 보문국 소마다성에 나아가니 문수보살이 맞이하여 이마를 어루만져 주며 말하였습니다.

> 장하도다. 선남자여! 만일 신근信根이 없었던들 고달픈 생각을 내고 뜻이 용렬하여져서 공행功行을 갖추지 못하고 꾸준히 나아가지 못하였을 것이며, 조그마한 선근에 만족한 생각을 내어 모든 행과 원을 잘 일으키지 못하고 선지식들을 가까이 모시지 못하였을 것이다. 그리하여 마침내는 이러한 법의 성품과 이러한 이치와 이러한 법문과 이러한 경계와 이러한 머무는 곳을 알지 못하였을 것이며, 두루 아는 일과 조금 아는 일과 깊이 아는 일과 근원까지 철저함과 관찰함과 증하여 들어감과 얻는 일을 모두 할 수가 없었으리라.

지혜제일인 문수보살은 선재 동자의 이마를 만져 주면서 믿음이 없었다면 어떻게 오늘의 경지를 이룰 수 있었겠는지를 말하며 믿음에 대해서 강조를 합니다.

신이도원공덕모 信而道源功德母

믿음은 도의 으뜸이요. 공덕의 어머니다.

선재 동자는 문수보살에게 어떻게 보살의 해탈을 성취했는지를 묻습니다. 이때 문수보살은 보살의 열 가지 법을 구족하는 방법을 게송으로 설합니다.

> 모든 중생에게 하는 일이 평등하고,
>
> 모든 중생에게 마음이 장애 되지 않고,
>
> 모든 중생에게 마음이 피로하지 않고,
>
> 중생을 이롭게 하기 위하여
>
> 여섯 가지 바라밀을 갖추어 닦고,
>
> 중생을 위하여 일체지를 모으며
>
> 또 둘이 없는 상에도 의지하지 않고,
>
> 중생이 모두 진여와 같아서 분별이 없음을 관찰하고,
>
> 중생의 성품이 평등함을 분명히 알아
>
> 평등한 마음을 증득하고,
>
> 중생과 함께 나고 죽는 큰 불에서 뛰어나기를 원하고,
>
> 자기가 이미 벗어나고는 또 모든 중생을 빼내고,
>
> 모든 중생을 걱정 없는 곳에 평등하게 두는 것이니라.

보살은 중생을 이롭게 하고 즐겁게 하기 위하여 아뇩다라삼먁삼보리를 구하는 것입니다. 만일 중생이 없으면 모든 보살이 정각을 이루

지 못합니다. 여래께 공양함을 성취하는 것은 세간의 재물이나 음식으로써 하는 것을 말하는 것이 아니라 보살이 열 가지 법을 구족하는 것을 말합니다.

이때 문수보살은 이와 같이 한량없고 끝없는 미묘한 법과 뜻을 보여, 선재 동자로 하여금 닦아 익히게 하고는 신력을 도로 거두고 홀연히 나타나지 아니하였습니다.


## 普賢菩薩微塵衆
보 현 보 살 미 진 중

보현보살은 선재 동자가 찾은 53선지식 중 마지막 선지식입니다. 참으로 긴 여정이었습니다. 선재 동자는 적정 법문에 머물러 보현보살의 해탈 경계를 생각했습니다. 그리고 보현보살이 비로자나여래, 응공, 등정각 앞에서 연화장 사자좌에 앉으심을 보았습니다. 그러자 즉시 보현의 경계가 나타나서 온갖 신통을 보여 주고 선재 동자에게 물었습니다.

"선남자여! 그대는 나의 신통을 보았느냐?"

"거룩하신 이여, 그러하나이다."

"선남자여! 나는 이와 같이 과거 무수한 겁을 지내면서도 일체지를 구하고 한 생각 가운데서도 부처님 법을 버리지 아니하였으며 불국토를 장엄하고 일체중생을 구호하였다. 이 같은 무량겁의 작품인 중생의 세계는 바로 나의 청정한 불국토다."

이 말을 할 때 보현보살의 모든 털구멍 속에서 무수한 부처님의 세계가 나타났습니다.

선재 동자가 돌이켜 자기 몸을 보니 보현보살의 몸속에서 시방 일체중생을 교화하고 있었습니다. 그리고 보현보살은 계속하여 부처님 공덕을 게송으로 찬탄합니다. 다음은 그중 한 게송입니다.

찰진심념가수지  刹塵心念可數知
대해중수가음진  大海中水可飮盡
허공가량풍가계  虛空可量風可繫
무능진설불공덕  無能盡說佛功德

티끌 같은 국토는 마음으로 염하여서 다 셀 수 있고
큰 바닷속 물은 다 마실 수 있으며
허공을 가히 재고 바람을 묶을 수 있다 하더라도
부처님의 공덕은 다 말할 수 없느니라.

보현보살은 이와 같은 공덕을 성취하기 위한 보살의 열 가지 큰 원력에 대해 계속하여 말합니다. 그것은 부처님께 예경함이요, 여래를 찬탄함이요, 여러 가지로 공양함이요, 업장을 참회함이요, 남의 공덕을 따라 기뻐함이요, 법륜法輪 굴리시기를 청함이요, 부처님이 세상에 오래 계시기를 청함이요, 부처님을 따라서 배움이요, 중생의 뜻에 늘 따라 줌이요, 모두 회향함입니다. 이 원을 외우는 사람은 어떠한 세간에 다니더라도 허공의 달이 구름에서 벗어나듯이 장애가 없을 것이며, 부처님과 보살들이 칭찬하고 모든 인간과 하늘이 예경하고 중생이 모두 공양할 것이며, 이 선남자는 항상 사람의 몸을 얻어 보현보살의 공덕을 원만하고, 오래지 아니하여 보현보살처럼 미묘한 몸을 성취하여 서른두 가지 대장부의 몸매를 갖출 것이며, 인간으로 나거나 천상에 나면 항상 으뜸 되는 가문에 있을 것이요, 나쁜 갈래는 모두 깨뜨리고, 나쁜 동무는 모두 멀리 여의고, 외도들에게 항복받고 모든 미혹에서 해탈하여, 마치 사자가 모든 짐승을 굴복하듯 할 것이며, 모든 중생의 공양을 받는다고 하였습니다.

이때 보현보살이 부처님 앞에서 보현의 큰 서원과 깨끗한 게송을 말하자 선재 동자는 한량없이 기뻐 뛰놀고, 여러 보살들은 크게 즐거워하였으며, 여래는 잘한다고 찬탄하시었습니다.

이와 같이 선재 동자는 문수보살이 가르친 대로 남방으로 110성을 지나가면서 53선지식을 찾아 각각 묘한 법문을 얻었습니다. 이것을 가지加持 법회라고 합니다.

처음 문수보살을 만나 십신을 얻었고, 남방으로 내려가 덕운 비구, 해운 비구, 선주 비구, 미가 장자, 해탈 장자, 해당 비구, 휴사 우바이, 비목구사 선인, 승열 바라문, 자행 동녀를 만나 십주를 얻었으며, 선견 비구, 자재주 동자, 구족 우바이, 명지 거사, 법보계 장자, 보안 장자, 무염족왕, 대광왕, 부동 우바이, 변행외도를 만나 십행의 법을 얻었습니다. 또 우바라화 장자, 바시라 뱃사공, 무상승 장자, 사자빈신 비구니, 바수밀다 여인, 비슬지라 거사, 관자재보살, 정취보살, 대천신, 안주신에게서 십회향의 법을 얻었습니다. 그리고 바산바연주야신, 보덕정광주야신, 희목관찰중생주야신, 보구중생묘덕주야신, 적정음해주야신, 수호일체성주야신, 개부일체수화주야신, 대원정진력주야신, 묘덕신, 석가족 구바녀로부터 십주의 법을 얻었습니다. 마야 부인, 천주광, 변우 동자, 중예 동자, 현승 우바이, 견고해탈 장자, 묘월 장자, 무승군 장자, 최적정 바라문, 덕생 동자, 유덕 동녀, 미륵보살, 문수보살로부터 등각의 법을 얻었습니다. 마지막으로 보현보살에게서 열 가지 깨뜨릴 수 없는 지혜 법문을 얻고, 모든 경계가 부처님과 평등하게 된 묘각의 법을 얻습니다.

# 제6장

어 차 법 회 운 집 래
## 於此法會雲集來

상 수 비 로 자 나 불
## 常隨毘盧遮那佛

어 연 화 장 세 계 해
## 於蓮華藏世界海

조 화 장 엄 대 법 륜
## 造化莊嚴大法輪

시 방 허 공 제 세 계
## 十方虛空諸世界

역 부 여 시 상 설 법
## 亦復如是常說法


이 법회에 구름처럼 모여들어서
언제나 비로자나 부처님 따라
바다 같은 연화장세계 가운데
장엄한 큰 법륜을 조화해 주며
시방 허공 한량없는 여러 세계에
또한 다시 이처럼 법을 설하네.

어 차 법 회 운 집 래
# 於此法會雲集來

"차법회"는 '이 법회'란 뜻입니다. '이 법회'란 부처님이 거룩하신 여러 보살과 함께 헤아릴 수 없는 해탈 경계의 훌륭한 법문을 연설하실 때입니다. "운집래"는 그때 구름처럼 모인 문수보살을 우두머리로 한 여러 큰 보살, 그들이 성숙한 육천 비구와 미륵보살을 우두머리로 한 현겁의 모든 보살, 무구보현無垢普現보살을 우두머리로 한 일생보처로서 정수리에 물을 붓는 지위에 있는 모든 큰 보살, 시방의 여러 세계에서 모여 온 모든 세계의 티끌 수 같은 모든 보살마하살, 큰 지혜 있는 사리불 · 마하목건련을 우두머리로 한 모든 성문, 천상 · 인간의 모든 세간차지, 하늘 · 용왕 · 야차 · 건달바 · 아수라 · 가루라 · 긴나라 · 마후라가 등 모든 대중을 말합니다.

상 수 비 로 자 나 불
# 常隨毘盧遮那佛

대중은 상수 대중과 일시적인 대중으로 구분됩니다. 상수 대중은 항상 수행하는 대중을 뜻합니다. 석가모니 부처님의 상수 대중이 1,250아라한인 것처럼 여기 모인 미륵보살, 문수보살, 보현보살 및 수많은 대중이 항상 비로자나 부처님을 수행한다는 말입니다.

어 연 화 장 세 계 해
## 於蓮華藏世界海

조 화 장 엄 대 법 륜
## 造化莊嚴大法輪

연화장세계의 바다, 즉 연꽃으로 장엄된 세계에서 대법륜을 조화하고 장엄한다는 뜻입니다. 연화장세계는 화엄 불교의 가장 이상적인 세계로 연꽃에서 출생한 세계를 말합니다. 비로자나 부처님이 있는 공덕이 무량하고 장엄이 광대한 세계입니다. 마치 극락정토와 같은 세상입니다. 극락정토는 마음먹은 대로 성취되는 세계입니다.

시 방 허 공 제 세 계
## 十方虛空諸世界

역 부 여 시 상 설 법
## 亦復如是常說法

이 연화장 세계뿐만 아니라 한량없는 여러 세계, 광대무변한 세계를 불보살이 장엄하고 설하고 교화한다는 겁니다.

제5부

『화엄경』
39품

제1장

<ruby>六<rt>육</rt></ruby><ruby>六<rt>육</rt></ruby><ruby>六<rt>육</rt></ruby><ruby>四<rt>사</rt></ruby><ruby>及<rt>급</rt></ruby><ruby>與<rt>여</rt></ruby><ruby>三<rt>삼</rt></ruby>

六六六四及與三

一十一一亦復一

世主妙嚴如來相

普賢三昧世界成

華藏世界盧舍那


39품을 설하시니

세주묘엄품 여래현상품

보현삼매품 세계성취품

화장세계품 비로자나품

274

『화엄경』은 7처에서 9회에 걸쳐 말씀하신 내용이 39품 80권으로 구성되어 있습니다. 7처란 『화엄경』이 설해진 장소가 일곱 곳이라는 말이며, 9회란 여섯 곳에서 1회씩, 보광명전에서는 3회에 걸쳐 법회를 했기 때문입니다.

『화엄경』이 처음 설해진 장소는 법보리장, 즉 부처님이 깨달음을 얻으신 곳입니다. 이곳에서 「세주묘엄품」, 「여래현상품」, 「보현삼매품」, 「세계성취품」, 「화장세계품」, 「비로자나품」을 설합니다.

다음 장소는 보광명전입니다. 여기에서는 「여래명호품」, 「사성제품」, 「광명각품」, 「보살문명품」, 「정행품」, 「현수품」을 설합니다.

제3회는 천상의 세계인 도리천궁에서 이루어집니다. 여기에서는 「승수미산정품」, 「수미정상게찬품」, 「십주품」, 「범행품」, 「초발심공덕품」, 「명법품」을 설합니다.

제4회는 야마천궁에서 「승야마천궁품」, 「야마천궁게찬품」, 「십행품」, 「십무진장품」을 설합니다.

제5회는 도솔천궁에서 「승도솔천궁품」, 「도솔천궁게찬품」, 「십회향품」을 설합니다.

제6회는 타화자재천궁에서 「십지품」을 설합니다.

제7회는 다시 보광명전으로 내려와서 「십정품」, 「십통품」, 「십인품」, 「아승지품」, 「여래수량품」, 「보살주처품」, 「불부사의법품」, 「여래십신상해품」, 「여래수호광명공덕품」, 「보현행품」, 「여래출현품」을 설합니다.

제8회는 또 다시 보광명전에서 「이세간품」을 설합니다.

마지막으로 기원정사에서 「입법계품」을 설합니다.

『화엄경』은 욕계 6천에서 설하신 내용을 다룹니다. 욕계는 욕심으로 이루어진 세계입니다. 인간세계뿐 아니라 천상세계 역시 마찬가지입니다. 천신은 되었지만 아직 욕심이 남아 있는 천신이 머무는 세계입니다.

육 육 육 사 급 여 삼
六六六四及與三
일 십 일 일 역 부 일
一十一一亦復一

"육육육사급여삼 일십일일역부일"은 각 회마다 설해진 품의 수를 말합니다. 품이란 장章과 같은 말입니다. 요즘은 장, 절로 단락을 나누지만 과거에는 제1품, 제2품 등으로 표현했습니다. 1회부터 3회까지 6품씩, 6이 셋이니 18품입니다. 4회는 4품, 5회가 3품, 이것을 더하면 25품이 됩니다. 또 6회 1품과 7회 11품을 더하면 37품에, 다시 8회 1품과 9회 1품을 더하여 39품이 됩니다.

아래부터는 제1회 법보리장에서 이루어진 설법에 대해 알아보겠습니다.

세 주 묘 엄 여 래 상
# 世主妙嚴如來相

제1품 「세주묘엄품」은 『화엄경』을 설하게 된 인연을 말하는 서문에 해당합니다. 제2품에서 제5품까지는 비로자나 부처님의 깨달음의 덕을 찬탄하고 있으며, 제6품은 비로자나 부처님이 전생에 닦은 인행을 설하고 있습니다. 보현보살이 설주입니다.

## 「세주묘엄품」

"세주묘엄"이란 세상의 주인공들이 묘하게 장엄한다는 말입니다. 『화엄경』을 설하는 장소에 나타난 대중을 의미합니다. 보현보살에서 시작하여 집금강신부터 대자재천왕까지 39류의 화엄성중과 보현보살을 합친 사십 대중이 모이게 됩니다. 이분들은 각자 자기 세상에서는 주인공입니다. 우리도 마찬가지입니다. 우리가 세상 모든 곳에서 주인공 노릇은 할 수 없지만 자기의 삶에서는 주인공이 되는 겁니다. 이렇듯 각 세간에서 주인공이 되는 대중이 묘하게 장엄했다는 것입니다. 이것으로써 대법을 연설할 도량과 법을 말씀할 교주, 법문을 들을 대중이 두루 갖춰지게 되어 『화엄경』의 무량한 법문을 일으킬 준비가 되었습니다.

## 「여래현상품」

근본 법륜인 큰 법을 설하기 위하여 모인 대중이 설법을 청하고, 여래께서 여기에 응답하기 위해 상서로움을 나타내 보이십니다. 입으로 광명을 놓아서 그지없는 세계와 한량없는 불보살을 나타내고, 양미간으로는 설법할 법주를 비추고, 백호의 광명으로는 대교의 근본이 부처님으로부터 나오는 것임을 나타냅니다.

이 품에서 가장 유명한 게송은 다음과 같습니다.

불신충만어법계  佛身充滿於法界
보현일체중생전  普現一切衆生前
수연부감미부주  隨緣赴感靡不周
이항처차보리좌  而恒處此菩提座


부처님이 법계에 충만하시어서
널리 일체중생 앞에 나타나시니
연을 따라 나아가 두루 하지 않음이 없으시되
그러나 항상 이 보리좌에 계시는구나.


누구나 보리심을 내게 되면 그 세계는 속계가 아닌 법계가 됩니다. 법계에서는 부처님이 아니 계신 곳이 없고, 부처님이 아닌 분이 없습니다. 중생의 근기에 따라 법신, 보신, 화신으로 몸을 나투시어 구제하십니다. 즉 나의 발보리심에 맞추어 부처님은 항상 나투시어 감응해 주십니다.

# 普賢三昧世界成

## 「보현삼매품」

보현보살은 여래의 장자이며 각 회마다 설법하는 설주를 대표합니다. 각 회의 설주는 삼매에 들었다가 깨어나서 설법을 합니다. 삼매력으로, 부처님의 위신력으로, 비로자나 부처님의 본원력으로, 보살들의 선근의 힘으로 설법을 하는 겁니다. 삼매를 통해 안으로는 실제를 관찰하고 밖으로는 대중의 근기를 살핍니다.

## 「세계성취품」

보현보살이 이 세계가 중생의 업행, 보살의 원행, 여래의 위신력 등으로 성취되었음을 설합니다.

# 華藏世界盧舍那

## 「화장세계품」

화장장엄세계는 비로자나 부처님이 지나간 오랜 시간 동안 보살도를 닦을 때 부처님을 친견하고 서원을 닦아서 깨끗하게 장엄한 세계입니다. 보현보살은 화장장엄세계의 맨 밑에는 풍륜이 있고, 그 주위에는 큰 철위산이 있으며, 그 안에는 금강으로 된 땅이 있고, 그 땅 위에는 수없는 향수 바다가 있으며, 그 수없는 향수 바다 가운데는 수없는 세계종이 있고, 한 세계종마다 수없는 세계가 있다고 말합니다.

## 「비로자나품」

마지막으로 비로자나 부처님이 「비로자나품」을 말합니다. 비로자나 부처님은 이 화장장엄세계는 반드시 그러한 원인이 있다고 합니다. 비로자나 부처님은 과거세에 어떤 나라의 태위광이라는 태자로 있었을 때 큰 원을 세워 불보살님을 섬기고 모든 삼매와 다라니와 반야바라밀과 대자대비 대희대사와 변재를 얻었습니다. 그리고 또 부처님을 섬기다가 목숨을 마친 뒤 수미산에 태어나 부처님의 법문을 듣고 삼매의 힘으로 실상의 바다에 들어가서 이익을 얻었습니다. 바로 이 대위광 태자가 비로자나불의 전신이었습니다.

## 제2장

<ruby>如來名號四聖諦<rt>여 래 명 호 사 성 제</rt></ruby>

如來名號四聖諦

<ruby>光明覺品問明品<rt>광 명 각 품 문 명 품</rt></ruby>

光明覺品問明品

<ruby>淨行賢首須彌頂<rt>정 행 현 수 수 미 정</rt></ruby>

淨行賢首須彌頂

<ruby>須彌頂上偈讚品<rt>수 미 정 상 게 찬 품</rt></ruby>

須彌頂上偈讚品

<ruby>菩薩十住梵行品<rt>보 살 십 주 범 행 품</rt></ruby>

菩薩十住梵行品

<ruby>發心功德明法品<rt>발 심 공 덕 명 법 품</rt></ruby>

發心功德明法品

여래명호품 사성제품

광명각품 보살문명품

정행품 현수품 승수미산정품

수미정상게찬품

십주품 범행품

초발심공덕품 명법품

여기서부터는 제2회 보광명전에서 이루어진 설법과 제3회 도리천에서 이루어진 설법에 대해 알아보겠습니다.

제2회 보명광전에서 이루어진 설법은 제7품「여래명호품」부터 제12품「현수품」까지입니다. 보명광전 설법의 설주는 문수보살로, 십신에 대해 설합니다.

제3회 도리천에서의 설법부터는 천상으로 이동하여 설법이 이루어집니다. 제13품「승수미산정품」부터 제18품「명법품」까지가 여기에서 설해집니다. 설주는 법혜보살이며 십주에 대해 설합니다.


여 래 명 호 사 성 제
# 如來名號四聖諦

## 「여래명호품」

「여래명호품」은 시방세계의 부처님 명호를 말합니다. 부처님은 중생의 근기에 맞추어 가지가지 묘한 상호를 보이며 자유롭게 나투십니다. 명호는 부처님의 덕을 표현한 것입니다. 명호로써 부처님의 원력을 보인 겁니다. 부처님이 하시는 일이 한량없기 때문에 그 명호도 한량이 없습니다. 마치 한 스님이 대학에서 강의할 때는 교수로, 방송국에서 프로그램에 출연할 때는 진행자로, 법회에서 설법할 때에는 법사로 불리는 것과 같습니다.

「사성제품」

　중생의 욕망이 각각 다르므로 부처님의 가르치는 방법도 다릅니다. 시방의 모든 세계에서 사성제를 일컫는 이름이 제각각 다른 것을 들어서 교화함이 헤아릴 수 없음을 보이고 있습니다.

　사성제四聖諦란 '네 가지 성스러운 진리'라는 말입니다. 그 네 가지는 이 세계의 본질은 괴로움이라는 고성제苦聖諦, 괴로움의 원인은 분별과 집착이라는 번뇌에 있다는 집성제集聖諦, 번뇌를 없애면 괴로움이 없는 열반의 세계에 이르게 된다는 멸성제滅聖諦, 열반에 이르기 위해서는 팔정도를 실천해야 된다는 도성제道聖諦입니다. 사성제는 자신과 현실에 대한 문제를 알아채고 그 원인을 깊이 인식하는 것이며, 이를 통해 문제를 해결할 수 있다는 확신을 가지고 실행하는 올바른 방법과 과정이라고 할 수 있습니다.

광 명 각 품 문 명 품
光明覺品問明品

「광명각품」

　부처님은 두 발바닥으로 광명을 내어 시방세계의 가지가지 차별한 현상을 비추니 모든 것이 분명하였다고 부처님 세계를 찬탄합니다. 발바닥은 믿음을 상징합니다. 신심이야말로 부처님의 경계에 이르는 근본입니다. 또한 뜻으로 이루는 것은 헤아릴 수 없는 것이어서 광명으로 나타내 보입니다.

「보살문명품」

보살이 묻고 밝히는 품이라는 뜻입니다. 여기서는 문수보살이 '수' 자 돌림의 아홉 보살에게 차례로 '연기, 교화, 업과, 설법, 복밭, 바른 가르침, 바른 행, 도를 돕는 일, 한결같은 도'를 묻고 답하며 신심을 밝힙니다. 이 품에는 우리가 새겨야 할 게송이 많습니다. 그중 몇 개를 소개합니다.

여찬수구화　　如鑽燧求火

미출이삭식　　未出而數息

화세수지멸　　火勢隨止滅

해태자역연　　懈怠者亦然

마치 나무를 비벼서 불을 구함에

아직 불도 붙지 않았는데 자주 쉰다면

불 기운도 따라서 소멸되어 버리니

게으른 자 또한 그러하도다.

게으른 자는 도를 성취할 수가 없다는 가르침입니다. 부처님이 마지막으로 말씀하신 것도 "쉬지 말고 방일하지 말고, 부지런히 도를 닦아라."였습니다. 부지런함, 꾸준함이야말로 도를 성취하는 비결입니다. 참선, 염불, 간경, 기도 등 모든 수행이 마찬가지입니다. 마치 나무를 비벼서 불을 구하듯이 해야 성취가 있습니다. 열심히 하는 것보다 더 중요한 게 꾸준히 하는 것이고, 꾸준히 하려면 그것을 즐길 줄 알아야 합니다.

여인수타보      如人數他寶
자무반전분      自無半錢分
어법불수행      於法不修行
다문역여시      多聞亦如是


어떤 사람이 남의 보배를 세는데
자신의 것은 반 전도 없구나.
법에 대해서 닦아 행하지 아니하면
많이 듣는 것도 이와 같도다.


우리가 정법을 받아 지녀도 번뇌를 끊지 못하는 데는 이유가 있습니다. 듣기만 하였지 실행을 하지 않기 때문입니다. 마치 은행 직원이 돈을 세는 것과 같습니다. 아무리 많은 돈을 만지고 세어도 남의 돈이지 자기 돈이 아닙니다. 마찬가지로 아무리 좋은 부처님 말씀을 들어도 그것을 실천해야 자기 것이 되는 것이지, 듣고 흘려버리면 자기 것이 되지 않습니다.

다문제일 아난 존자도 마찬가지입니다. 부처님 말씀을 단지 외우기만 했을 뿐 그것을 자기 것으로 만드는 수행을 하지 않았던 겁니다. 그래서 부처님이 열반에 드시고 마하가섭이 아라한을 모아 경전을 결

집할 때 자격 미달로 결집에 참여할 수 없었습니다. 그때서야 비로소
분심이 일어난 아난 존자는 수행을 통해 아라한도를 이룰 수 있었으
며, 그 결과로 경전 결집에 참여할 수 있었습니다.

문수법상이    文殊法常爾
법왕유일법    法王唯一法
일체무애인    一切無礙人
일도출생사    一道出生死


문수여, 법이 항상 그러해서
법왕께서는 오직 한 법이시니
일체에 걸림 없는 사람은
한 길로 생사를 벗어난다.


원효 대사가 대중을 교화하기 위해 박을 치며 부르던 「무애가」가
바로 이 게송입니다. 우리가 죽고 사는 것은 무언가에 걸려 있기 때문
입니다. 해탈한 사람, 즉 걸림이 없어 자유로운 사람은 생사가 없습니
다. 걸림이란 재·색·식·수·명의 오욕락 등 일체에 대한 집착과
갈애입니다. 집착과 갈애로 괴로움이 생기는 겁니다. 괴로움을 벗어
나 윤회의 사슬을 끊는 것이 해탈입니다.

정 행 현 수 수 미 정

# 淨行賢首須彌頂

「정행품」

정행이란 바른 행위를 말합니다. 어떠한 행위를 할 때 그 마음가짐이 어떠해야 하느냐가 중요합니다. 과보가 달라지기 때문입니다. 적군과 싸워야 하는 군인의 경우, 단지 적군이기 때문에 공격하는 것과 국가와 국민을 위해 불가피하게 공격하는 것은 그 과보가 현격히 다릅니다. 행위보다 더 중요한 게 마음가짐입니다. 이렇듯 「정행품」에서는 141수의 게송으로 마음가짐을 자세히 설하고 있습니다. 몇 가지 게송을 살펴보겠습니다.

> 보시를 할 때는
> 이와 같이 원하라.
> 중생이 모든 것을 버리고
> 마음에 애착이 없어지이다.

보시 자체가 애착을 없애는 연습입니다. 그런데 현실은 정반대입니다. 보시를 하면서 받기를 원합니다. 이것은 보시가 아니고 거래입니다. 불전함에 얼마의 돈을 넣고는 "가족이 모두 건강하게 해 주시고, 시험에 합격하게 해 주시고, 직장에서 승진하게 해 주시고, 가정을 평화롭게 해 주십시오."라고 합니다. 이렇듯 부당 거래할 생각하지 말고 "모든 것을 버리고 마음에 애착이 사라지이다."라는 마음으로 보시를 하라는 것입니다.

머리털과 수염을 깎을 때에는
이와 같이 발원하라.
중생이 번뇌를 아주 버리고
마침내 고요하여지이다.

머리털을 무명초라고 합니다. 무명의 풀이라는 말입니다. 스님들이 머리를 깎는 것도 이 무명초를 제거한다는 의미를 담고 있습니다. 집안 청소를 하거나 설거지를 할 때도 마찬가지입니다. 모든 중생이 번뇌를 버리고 청정한 도를 이루도록 발원하라는 겁니다.

잠에서 처음 깰 때는
이와 같이 발원하라.
중생이 온갖 지혜 깨닫고서
시방세계를 두루 살펴지이다.

일상생활 견문각지에서 항상 발원을 하라는 겁니다. 그리고 그 발원은 항상 중생을 위한 것이어야 합니다. 내가 깨닫기 위해서는 다른 사람이 깨달아야 합니다. 내가 깨닫겠다고 하는 순간 아상 때문에 깨달음과는 십만 팔천 리나 멀어져 버립니다. "모든 사람들이 속히 깨달음을 성취하여지이다."라고 발원하면 '나'라는 생각을 쉴 수 있습니다. 그럼 모든 중생을 생각하는 마음이 발현됩니다. 이런 마음을 먹으면 '내가'라는 생각이 쉬어 버립니다. 그럼 모든 중생을 생각하는 마음이 발현됩니다. 이것이 깨달음의 세계로 진입하는 지름길입니다.

「현수품」
「현수품」에서는 현수보살이 357수의 게송으로 신심의 공덕을 찬탄합니다.

신위도원공덕모 信爲道元功德母
장양일체제선법 長養一切諸善法
단제의망출애류 斷除疑網出愛流
개시열반무상도 開示涅槃無上道

신심은 도의 근원이며 공덕의 어머니이다.
모든 선한 법을 길러내며
의심의 그물을 끊고 애착에서 벗어나
열반의 위없는 도를 열어 보이네.

불교에서 관찰이나 지혜를 중시한다고 하지만 대승불교에서는 이에 못지않게 믿음을 강조합니다. 믿음의 대상은 불·법·승 삼보입니다. 특히 행복도 불행도 내 작품이라는 인과법을 분명히 믿어야 합니다. 만약 행복과 불행이 신의 작품이라고 믿는다면 할 수 있는 일이란 신에게 나의 행복을 구걸하는 것밖에 없습니다. 이것은 불교적 방법이 아닙니다. 지금의 행, 불행은 과거 나의 작품이었고, 지금의 내가 미래의 행, 불행을 저울질하는 척도가 된다는 것이 불교입니다.

「승수미산정품」

「승수미산정품」은 부처님이 깨달으신 보리수 아래를 떠나지 않고 수미산 꼭대기 제석천궁에 올라가서 걸림 없이 화신을 나타내는 일을 보이셨는데, 이를 제석천왕이 게송으로 찬탄한 것입니다.


수 미 정 상 게 찬 품
須彌頂上偈讚品

「수미정상게찬품」

법혜보살 등 열 분의 보살이 부처님의 공덕을 게송으로 찬탄하는 품입니다.


일체법무생    一切法無生
일체법무멸    一切法無滅
약능여시해    若能如是解
제불상현전    諸佛常現前


일체 만법은 나지도 않고

일체 만법은 멸하지도 않는다.

만약 이렇게 알 것 같으면

모든 부처님이 항상 현전한다.


『반야심경』의 "불생불멸 불구부정 부증불감"과 같은 의미입니다. 우주 만물의 존재론적 입장입니다. "불수자성 수연성不守自性 隨緣成", "일체의 존재는 자성을 고집하지 않고 연 따라 이루어졌을 뿐이다." 라는 말입니다. 홀로 존재하는 것은 아무것도 없습니다. 인연에 따라 생하고 멸할 뿐입니다. 때문에 자성이 있어 생겼다 없어지는 게 아니라는 뜻입니다.


## 보살십주범행품
## 菩薩十住梵行品

### 「십주품」

법혜보살이 보살의 열 가지 머무르는 경지인 십주에 대해 설법한 내용입니다. 십주는 다음과 같습니다.


- 초발심주 : 보살이 처음으로 발심하는 자리
- 치지주 : 마음 땅을 다스리는 자리
- 수행주 : 법을 관찰하여 수행하는 자리
- 생귀주 : 부처님 교법에 머무는 귀한 자리

- 방편구족주 : 선근을 닦아 방편을 구족하는 자리
- 정심주 : 마음이 안정되어 움직이지 않는 자리
- 불퇴주 : 마음이 견고하여 후퇴하지 않는 자리
- 동진주 : 동자와 같이 순진무구한 자리
- 법왕자주 : 법왕의 행위를 아는 왕자의 자리
- 관정주 : 일체 지혜를 얻는 자리

「범행품」

보살이 청정한 행위, 성스러운 행위를 닦을 때 열 가지 법을 반연 삼아야 지혜와 자비가 원융하여 처음 발심한 그 자리에서 깨달음을 이룬다는 것을 밝히고 있습니다. 그 열 가지란 몸과 몸의 업, 말과 말의 업, 뜻과 뜻의 업 여섯 가지에 불·법·승 세 가지, 그리고 계율을 합한 것입니다.

발 심 공 덕 명 법 품
## 發心功德明法品

「초발심공덕품」

초발심의 공덕, 말 그대로 보살이 처음 발심한 공덕은 광대하고 끝이 없어 헤아릴 수가 없다는 것입니다. 초발심의 공덕을 아주 자세히 점차적으로 설하고 있습니다. '초발심시변정각初發心時便正覺', 처음 보리심을 발했을 때 문득 깨달음에 들어간다는 말입니다. 우리가 잠에서 깨어나려고 했다는 것은 이미 잠들어 있다는 사실을 알고 있는, 즉 깨어 있는 상태라는 겁니다. 이와 마찬가지로 보리심을 냈다는 것은 이미 깨달음이 보증됐다는 것입니다.

「명법품」

「명법품」에서는 십바라밀에 의해서 보살행을 청정하게 하는 것을 밝혔습니다.

# 제3장

<ruby>佛<rt>불</rt>昇<rt>승</rt>夜<rt>야</rt>摩<rt>마</rt>天<rt>천</rt>宮<rt>궁</rt>品<rt>품</rt></ruby>

<ruby>夜<rt>야</rt>摩<rt>마</rt>天<rt>천</rt>宮<rt>궁</rt>偈<rt>게</rt>讚<rt>찬</rt>品<rt>품</rt></ruby>

<ruby>十<rt>십</rt>行<rt>행</rt>品<rt>품</rt>與<rt>여</rt>無<rt>무</rt>盡<rt>진</rt>藏<rt>장</rt></ruby>

<ruby>佛<rt>불</rt>昇<rt>승</rt>兜<rt>도</rt>率<rt>솔</rt>天<rt>천</rt>宮<rt>궁</rt>品<rt>품</rt></ruby>

<ruby>兜<rt>도</rt>率<rt>솔</rt>天<rt>천</rt>宮<rt>궁</rt>偈<rt>게</rt>讚<rt>찬</rt>品<rt>품</rt></ruby>

<ruby>十<rt>십</rt>回<rt>회</rt>向<rt>향</rt>及<rt>급</rt>十<rt>십</rt>地<rt>지</rt>品<rt>품</rt></ruby>

승야마천궁품

야마천궁게찬품

십행품 십무진장품

불승도솔천궁품

도솔천궁게찬품

십회향품과 십지품

제4회 야마천, 제5회 도솔천, 제6회 타화자재천에서 이루어진 설법에 대한 내용이 이어집니다.

제4회 야마천에서 이루어진 설법은 제19품「승야마천궁품」부터 제22품「십무진장품」까지입니다. 설주는 공덕림보살이며 십행에 대해 설합니다. 제5회 도솔천에서의 설법은 제23품「승도솔천궁품」부터 제25품「십회향품」까지, 설주는 금강당보살입니다. 십회향에 대해 설법합니다. 제6회 타화자재천 설법은 제26품「십지품」이 해당됩니다. 설주는 금강장보살이며, 십지에 대해 설합니다.


불 승 야 마 천 궁 품
# 佛昇夜摩天宮品

### 「승야마천궁품」

"승야마천궁"은 부처님이 야마천궁 보장엄전으로 올라갔다는 말입니다. 부처님이 깨달음을 얻었던 보리수 아래와 수미산 꼭대기를 떠나지 아니하시고 야마천궁으로 향하셨음을 말합니다. 다시 말하면 부처님께선 보리수 아래 계속 계시면서 또 수미산 꼭대기에 나투시고, 거기 계시면서 야마천궁에 나투셨다는 이야기입니다. 법신, 보신, 화신으로 나투시는 겁니다. 그래서 야마천왕이 부처님을 맞이하고, 부처님의 선근과 길상을 게송으로 찬탄한 것이「승야마천궁품」입니다.

야 마 천 궁 게 찬 품
# 夜摩天宮偈讚品

「야마천궁게찬품」

수많은 보살이 부처님의 위신력, 부처님의 공덕, 부처님의 지혜에 대해 비유를 들어서 게송으로 설합니다. 그중 잘 알려진 게송을 소개합니다.

심여공화사　　心如工畵師

능화제세간　　能畵諸世間

오온실종생　　五蘊實從生

무법이부조　　無法而不造

마음은 그림을 그리는 화가와 같아서

능히 모든 세간을 그리네.

오온이 모두 마음으로부터 생기며

만들지 않는 것이 없네.

길흉화복吉凶禍福, 흥망성쇠興亡盛衰, 희로애락喜怒哀樂 등 세상의 모든 일은 밖으로부터 오는 것이 아니라 '나'의 마음이 짓는다는 겁니다.

약인욕요지　　若人慾了知

삼세일체불　　三世一切佛

응관법계성　應觀法界性
일체유심조　一切唯心造

만약에 어떤 사람이
일체의 부처님을 알고자 한다면
마땅히 법계의 성품을 관찰하라.
모든 것은 오직 마음으로 창조한 것이다.


『화엄경』에서 가장 유명한 게송입니다. 불교는 관찰의 종교라는
사실을 가장 잘 표현한 게송이기도 합니다. 『금강경』의 "일체유위법
一切有爲法 여몽환포영如夢幻泡影 여로역여전如露亦如電 응작여시관應作如
是觀"이라는 게송과도 일맥상통합니다. 관찰이야말로 불교를 불교답
게 만들어주는 핵심입니다. 기도는 다른 종교에도 다 있습니다. 『반
야심경』의 "조견오온개공照見五蘊皆空 도일체고액度一切苦厄"도 마찬가
지입니다. 관찰을 해야 주인공이 될 수 있다는 것입니다.


심불급중생　心佛及衆生
시삼무차별　是三無差別

마음과 부처 그리고 중생
이 셋은 차별이 없다.

내 마음이 곧 부처이고, 내 마음이 곧 중생인데 밖에서 찾을 필요가 없습니다. 관찰을 통해 본래 구족되어 있고 항상 보름달인 자신의 모습을 발견하는 것이 불교입니다.


## 십 행 품 여 무 진 장
# 十行品與無盡藏

### 「십행품」

십행품은 공덕림보살이 참선에 들었다가 깨어나서 보살의 열 가지 행을 말씀하신 부분입니다. 십행은 다음과 같습니다.


- 환희행 : 일체중생에게 보시하여 기쁘게 하는 행
- 요익행 : 중생을 이롭게 하는 일체의 행
- 무위역행 : 나와 남에게 어김이 없는 행
- 무굴요행 : 꾸준히 노력하여 구부림이 없는 행
- 무치란행 : 어리석거나 어지러움이 없는 행
- 선현행 : 마음을 비워 진리를 잘 나타나는 행
- 무착행 : 집착이 없어 자비와 선근을 증장케 하는 행
- 난득행 : 얻기 어려운 선근을 쌓는 행
- 선법행 : 법을 잘 설하는 행
- 진실행 : 아주 진실할 행

「십무진장품」

무진장이란 다함이 없다는 말입니다. 여기서는 열 가지의 무진한 행상을 말합니다. 그 열 가지는 믿음, 계의, 참회, 참괴, 들음, 베풂, 지혜, 지님, 변재로 보살이 무상보리를 성취할 수 있게 합니다.


불 승 도 솔 천 궁 품
# 佛昇兜率天宮品

「승도솔천궁품」

"승도솔천궁"은 부처님이 도솔천궁으로 올라갔다는 말입니다. 부처님은 다시 보리수 아래와 야마천궁을 떠나지 않고서 도솔천으로 향하셨고, 도솔천왕에 의해서 설법처가 마련됩니다.


도 솔 천 궁 게 찬 품
# 兜率天宮偈讚品

「도솔천궁게찬품」

금강당 보살을 위시하여 수많은 보살이 부처님께 예배하고 게송으로 찬탄하는 내용입니다.


색신비시불　　色身非是佛
음성역부연　　音聲亦復然

역불리색성    亦不離色聲
견불신통력    見佛神通力


몸뚱이는 부처가 아니고
음성도 또한 그러하다.
그러나 몸뚱이와 음성을 떠나서
부처님의 신통력을 볼 수 있는 것도 아니다.


아주 획기적인 내용의 게송입니다. '몸뚱이나 음성은 부처가 아니다.'까지는 『금강경』의 가르침과 같습니다. 그러나 『화엄경』에서는 부처가 몸뚱이와 음성을 떠나서 따로 있는 것도 아니라고 말합니다. 즉 몸뚱이와 음성을 잘 쓰는 것이 부처의 행이라는 겁니다. 그래서 화엄 사상을 활인검活人劍, 사람을 살리는 검이라고 합니다. 개성을 살리는 가르침이라는 뜻입니다.


십 회 향 급 십 지 품
## 十回向及十地品

### 「십회향품」

보살의 열 가지 회향을 말합니다. 회향은 '회진향소廻眞向所' 또는 '회자향타廻自向他'의 준말입니다. 자신의 것을 돌이켜서 남에게 향하게 한다는 말입니다. 또 진리를 향하는 마음을 돌이켜서 세속으로 향하게 한다는 말입니다. 보살은 선근 공덕을 짓습니다. 아는 만큼 전하고 가진 만큼 베풀다 보면 공덕이 됩니다. 그 공덕을 자기 혼자만 누리는 것이 아니고 다시 중생에게 나누는 것이 회향입니다. 공덕은 마치 샘물 같아서 회향을 잘해야 합니다. 자기가 지은 공덕을 잘 회향해야 공덕이 점점 불어나는 겁니다. 「십회향품」에서는 열 가지 회향하는 마음가짐에 대해서 설하고 있습니다. 그 열 가지 회향은 다음과 같습니다.

- 구호일체중생리중생상회향 : 모든 중생을 차별하지 않고 구제하고 보호함
- 불괴회향 : 굳은 믿음을 중생에게 돌려 이롭게 함
- 등일체불회향 : 모든 부처가 한 것과 같이 공덕을 중생에게 돌려 줌
- 지일체처회향 : 자신이 닦은 청정한 일을 두루 중생에게 이르게 함
- 무진공덕장회향 : 끝없는 공덕을 중생에게 돌려 중생이 그 공덕을 얻도록 함
- 수순평등선근회향 : 자신이 닦은 청정한 일을 중생에게 돌려 중생이 청정한 일을 하게 함
- 수순등관일체중생회향 : 자신이 닦은 모든 청정한 일을 중생에게 돌려 모든 중생을 이롭게 함
- 여상회향 : 자신이 닦은 청정한 일을 있는 그대로

중생에게 돌려 줌

* 무박무착해탈회향 : 집착하지 않고 자신이 닦은
  청정한 일을 중생에게 돌려 줌
* 법계무량회향 : 한량없는 청정한 일을 거듭 닦아
  이를 중생에게 돌려 중생을 진리의 세계에 들게 함

「십지품」

십지는 보살의 열 가지 경지를 말합니다. 차례를 만들어 먼저 언급되는 것은 있지만 본래는 한 가지 지위가 모든 지위를 포함하고, 한 가지 행이 모든 행을 포함하고 있습니다. 보살의 열 가지 지위는 다음과 같습니다.

* 환희지 : 기쁨에 넘치는 지위
* 이구지 : 번뇌의 때를 벗는 지위
* 발광지 : 지혜의 광명이 나타나는 지위
* 염혜지 : 지혜가 매우 치성한 지위
* 난승지 : 진속을 조화하여 이기기 어려운 지위
* 현전지 : 지혜와 진여를 나타내는 지위
* 원행지 : 광대한 진리의 세계에 이르는 지위
* 부동지 : 다시 동요하지 않는 지위
* 선혜지 : 바른 지혜로 설법하는 지위
* 법운지 : 법의 비를 내리는 지위

『화엄경』에서는 또 바다의 열 가지 이익에 비유해서 십지의 경계를 설하고 있습니다.

차례로 점점 깊어진다.

송장을 받아 주지 않는다.

다른 물이 들어가면 모두 본래 이름을 잃는다.

모두가 다 한 맛이다.

한량없는 보물이 있다.

바닥까지 이를 수 없다.

넓고 커서 한량이 없다.

큰 짐승들이 사는 곳이다.

조수가 기한을 넘기지 않는다.

큰 비를 받아도 넘치지 않는다.

제4장

<ruby>十<rt>십</rt></ruby><ruby>定<rt>정</rt></ruby><ruby>十<rt>십</rt></ruby><ruby>通<rt>통</rt></ruby><ruby>十<rt>십</rt></ruby><ruby>忍<rt>인</rt></ruby><ruby>品<rt>품</rt></ruby>

십 정 십 통 십 인 품
十定十通十忍品

아 승 지 품 여 수 량
阿僧祇品與壽量

보 살 주 처 불 부 사
菩薩住處佛不思

여 래 십 신 상 해 품
如來十身相海品

여 래 수 호 공 덕 품
如來隨好功德品

보 현 행 급 여 래 출
普賢行及如來出


십정품 십통품 십인품

아승지품 여래수량품

보살주처품 불부사의법품

여래십신상해품

여래수호광명공덕품

보현행품 여래출현품

제7회 설법은 천상의 세계에서 다시 지상으로 내려와 보광명전에서 이루어집니다. 두 번째 보광명전 설법은 제27품 「십정품」부터 제37품 「여래출현품」까지입니다. 설주는 부처님과 보현보살이며, 등각等覺과 묘각妙覺에 대해 설합니다.

십 정 십 통 십 인 품
# 十定十通十忍品

### 「십정품」

"십정"은 지혜의 근본인 열 가지 선정을 말합니다. 여기서는 보현보살이 부처님의 명을 받고 열 가지 삼매를 말합니다. 그 열 가지 삼매란 넓은 광명 삼매, 묘한 광명 삼매, 여러 부처님 국토에 차례로 가는 삼매, 청정하고 깊은 마음의 행 삼매, 과거에 장엄한 갈무리를 아는 삼매, 지혜 광명의 갈무리 삼매, 모든 세계 부처님의 장엄을 아는 삼매, 일체중생의 차별한 몸 삼매, 법계에 자재한 삼매, 걸림 없는 바퀴 삼매입니다.

연잎에는 물이 떨어져도 잎에 스며드는 것이 아니라 그 위에서 굴러 갑니다. 보살이 모든 세계에 들어가지만 그 세계에 집착하지 않는 것도 연꽃에 떨어진 물방울과 같습니다.

### 「십통품」

여기에서는 십통, 열 가지 신통력에 대해서 설합니다. 십통은 다음과 같습니다.

- 타심통他心通 : 다른 이의 마음을 아는 신통
- 천안통天眼通 : 시공의 제약 없이 볼 수 있는 신통
- 숙명통宿命通 : 무량전생을 아는 신통
- 지미래통知未來通 : 내생 일을 아는 신통
- 천이통天耳通 : 모든 소리를 들을 수 있는 신통
- 왕일체찰통往一切刹通 : 마음으로 모든 세계를 갈 수 있는 신통
- 선별언사통善別言辭通 : 비유, 예언, 진언을 쓰면서 모든 말을 분별하는 신통
- 무수색신통無數色身通 : 수없는 형상으로 몸을 나투는 신통
- 달일체법통達一切法通 : 세상의 모든 이치를 아는 신통
- 입일체멸진법삼매통入一切滅盡法三昧通 : 일체상과 일체법을 여의고 삼매에 들어가는 신통

「십인품」

열 가지 신통의 의지가 되는 지혜인 인忍을 말합니다. 그 열 가지 인은 다음과 같습니다.

- 음성인音聲忍 : 음성을 따르는 인

- 순인順忍 : 순응하는 인

- 무생인無生忍 : 생멸하는 법이 없다는 인

- 여환인如幻忍 : 환영幻影과 같은 인

- 여염인如焰忍 : 아지랑이 같다는 인

- 여몽인如夢忍 : 꿈과 같다는 인

- 여향인如響忍 : 메아리와 같다는 인

- 여화인如化忍 : 허깨비와 같다는 인

- 여영인如影忍 : 그림자 같다는 인

- 여공인如空忍 : 허공과 같다는 인


아 승 지 품 여 수 량
# 阿僧祇品與壽量

## 「아승지품」

"아승지"는 말할 수 없이 큰 수를 말합니다. 숫자라는 것은 어느 정도 이상이 되면 피부에 와 닿지가 않습니다. 그나마 익숙한 숫자가 항하사입니다. 갠지스 강의 모래와 같은 숫자라는 말입니다. 가히 헤아릴 수 없는 숫자입니다. 경전에서 이와 같이 큰 수를 말하는 것은 부처님의 공덕이 이 숫자보다 훨씬 더 크다는 것을 말하기 위해서입니다. 부처님의 공덕은 불가설, 가히 설할 수가 없는 겁니다. 부처님이 친히 설한 품입니다.

「여래수량품」

"여래수량"은 '여래의 수명의 양은 얼마나 될까?'라는 말입니다. 부처님 세계에 따라 수명이 다르다고 합니다. 석가모니 부처님이 계시는 이 사바세계의 한 겁은 아미타 부처님이 계시는 극락세계에서 하루 밤낮이라고 합니다.

결국 이 시간이라는 것은 상대적인 개념입니다. 시간은 장소에 따라서 바뀌게 됩니다. 어느 장소에 있느냐에 따라서 시간 개념이 완전히 달라지는 겁니다. 그러함에도 그 수없는 시간 동안 보살들이 가득하였다는 것입니다.


보 살 주 처 불 부 사
菩薩住處佛不思

「보살주처품」

시방에서 모든 보살이 각각 자기의 권속들과 함께 법을 설하고 있다는 것입니다. 예를 들어 동북방 청량산에는 문수보살이 그의 권속 일만 보살과 함께 머물며 법을 설하고 있습니다.


「불부사의법품」

연화장보살이 부처님의 국토와 공덕은 사량할 수 없음을 말하는 품입니다. 우리의 사고방식과 깜냥으로는 부처님의 경계, 부처님의 국토, 부처님의 수명, 부처님의 덕성 등 차원이 다른 것을 설명할 수 없다는 것입니다. 마치 축생인 돼지가 인간을 설명할 수 없는 것과 같습니다. 그 반대도 마찬가지입니다.


여 래 십 신 상 해 품
# 如來十身相海品

「여래십신상해품」

여래에게는 세계의 티끌 수만큼 거룩한 모습이 있다는 내용입니다. 우리가 알고 있는 32상 80종호는 가장 대표적인 덕상만을 말한 겁니다.


여 래 수 호 공 덕 품
# 如來隨好功德品

「여래수호광명공덕품」

여래에게 갖춰져 있는 광명과 잘생긴 모습의 공덕을 설한 것입니다.


보 현 행 급 여 래 출
# 普賢行及如來出

「보현행품」

지금까지는 차별한 인과를 말하였고, 이 품과 「여래출현품」은 평등한 인과를 말합니다. 「보현행품」에서는 보현보살의 평등한 인행을 말합니다. 부처님의 세계를 중생 앞에 펼쳐 보이는 인과가 둘이 아니며 인행과 과행이 바로 보현행이라는 겁니다. 우리는 어떤 인을 심어서 어떤 과를 얻는다고 인과 과를 나눠서 설명을 합니다. 그러나 인과 과가 둘이 아니라는 겁니다. 즉, 수행과 깨달음이 둘이 아니라는 뜻입니다. 우리는 수행을 통해서 깨달음을 얻는다고 생각하지만 그것은 벌써 인과 과가 나눠져 있습니다. 바로 분별심입니다. 그런 분별 자체를 쉬는 게 깨달음입니다. 보현행에 들어서면 수행이 곧 깨달음이고, 깨달음이 곧 수행입니다.

불자여!
나는 어떤 법의 허물이라도
보살이 다른 보살에게
성내는 마음을 일으키는 것보다
더 큰 것을 보지 못하였다.
왜냐면 만약 보살이 다른 보살에게
성내는 마음을 일으키면
백만 가지 장애의 문을 이루게 되는 까닭이다.

보살행이라 하면 우리는 무엇을 할 것인지를 생각합니다. 그러나 그것보다 더 중요한 것은 무엇을 안 할 것인가에 있습니다. 탐욕을 줄이고, 성질을 내지 않고, 어리석은 생각을 하지 않는 게 더 중요한 것입니다.

## 「여래출현품」

"여래출현"이란 '우리는 여래에서 출현했다.', '우리가 본래 여래이다.'라는 뜻입니다. 우리가 본래 부처라는 말입니다. 여래의 지혜가 이미 모든 중생에게 갖춰져 있기 때문에 밖에서 찾을 필요가 없다는 겁니다. 모든 것을 갖추고 있지만 허망한 생각과 집착으로 그것을 모르고, 모르기 때문에 그것을 써먹을 수도 없다는 겁니다.

> 여래께서 청정한 지혜의 눈으로
> 법계의 모든 중생을
> 두루 관찰하고 말씀하시기를
> 기이하고 기이하도다.
> 중생이 여래의 지혜를 갖추고 있으면서도
> 어리석고 미혹하여
> 알지 못하고 보지도 못하는구나.
> 내가 마땅히 성인의 도를 가르쳐서
> 허망한 생각과 집착을 떠나고
> 자기의 몸속에
> 여래의 방대한 지혜가
> 부처와 다름없음을 보게 하리라.

그래서 부처님은 이와 같은 원을 세우신 겁니다. 부처님이 보시기에 중생은 허망한 생각과 집착으로 밖에서 주인을 찾고 있는 겁니다. 돈을 주인으로 삼아 돈의 노예가 되던가, 술을 주인으로 삼아 술의 종이 되던가, 또는 신을 주인으로 삼아 신의 종이 되는 등의 삶을 살고 있었던 겁니다. 그래서 스스로가 주인임을 알게 하기 위하여 부처님이 오셨던 겁니다.

# 제5장

이 세 간 품 입 법 계
## 離世間品入法界

시 위 십 만 게 송 경
## 是爲十萬偈頌經

삼 십 구 품 원 만 교
## 三十九品圓滿敎


이세간품 입법계품

십만 게송을 이루고

삼십구품 원만한 가르침 되네.

마지막은 제8회 보광명전에서 이루어진 설법과 제9회 서다림 기
원정사에서 이루어진 설법에 대한 내용입니다.

제8회 설법에서 설해진 「이세간품」은 세 번째로 보광명전에서 이
루어진 것입니다. 설주는 보현보살이며, 행문行門에 대해 설합니다.

마지막 제9회 서다림 기원정사에서 설해진 「입법계품」의 설주는
보현보살, 문수보살 및 53선지식이며, 설법 내용은 증과證果입니다.

이 세 간 품 입 법 계
# 離世間品入法界

## 「이세간품」

"이세간"은 세간을 여읜다는 말입니다. 여읜다는 것은 '처염상정
處染常淨'의 뜻을 가지고 있습니다. 오염된 곳에 처해 있으면서도 항상
청정하다는 뜻입니다. 마치 연꽃이 진흙탕 속에 뿌리를 박고 있으면
서도 수면 위로 아름다운 꽃을 피우는 것과 같습니다.

신중단에 공양을 올리고 기원을 할 때 축원문에 '처세간 여허공여
연화불착수 심청정초어피處世間 如虛空如蓮花不着水 心淸淨超於彼'라는 말
이 나옵니다. 세간에 처하기를 마치 허공처럼 걸림 없이, 마치 연꽃이
물에 젖지 않듯이, 마음이 청정해서 저것을 초월하기를 바란다는 뜻
입니다.

「입법계품」

마침내 『화엄경』이라는 기나긴 여정의 마지막에 도달했습니다. "입법계"는 법계에 들어간다는 말입니다. 선재 동자가 선지식들을 차례차례 만나면서 공부하는 과정이 바로「입법계품」입니다.

찰진심념가수지  刹塵心念可數知
대해중수가음진  大海中水可飲盡
허공가량풍가계  虛空可量風可繫
무능진설불공덕  無能盡說佛功德

온 세계의 티끌들을 한 생각에 헤아리고
큰 바다의 모든 물을 남김없이 다 마시고
허공을 재어 알고 바람을 엮는데도
부처님의 무량공덕 다 말할 수 없도다.

「입법계품」 마지막 부분에 나오는 게송입니다. 우리는 헤아릴 수 없는 부처님의 공덕을 입고 있다는 말입니다. 부처님의 공덕으로 이 세상이 이루어졌고, 우리가 이 세상에 태어났고, 지금도 살고 있으며, 앞으로도 살아가는 겁니다.

시 위 십 만 게 송 경
## 是爲十萬偈頌經

삼 십 구 품 원 만 교
## 三十九品圓滿敎

    80권 『화엄경』은 39품, 4만 5천 게송으로 이루어졌습니다. 십만 게송은 원만수로써의 의미를 담고 있습니다.

제6부

『화엄경』의
공덕

## 제1장

풍송차경신수지
諷誦此經信受持

초발심시변정각
初發心時便正覺

안좌여시국토해
安坐如是國土海

시명비로자나불
是名毘盧遮那佛

이 경을 읽고 외어 믿어 지니면
첫 마음 낼 때가 곧 깨친 때이니
이와 같은 국토 바다 편히 앉으면
이 이름이 비로자나 부처님이네.

풍 송 차 경 신 수 지
# 諷誦此經信受持

   마지막으로『화엄경』의 공덕을 말합니다. 보현보살은 선재 동자에게 다음과 같이 말씀하셨습니다.

> 선남자여! 저 중생이
> 이 열 가지 원을 듣고 믿고 받아 가지고
> 읽고 외우며 남을 위하여 연설하면,
> 그 공덕은 부처님 세존을 제외하고는
> 알 사람이 없느니라.
> 그러므로 그대들은 이 원을 듣거든
> 의심을 내지 말고 자세히 받으며,
> 받고는 읽고, 읽고는 외우고, 외우고는 항상 지니며,
> 쓰고 남에게 말하여 주라.
> 이런 사람들은 잠깐 동안에
> 모든 행과 원이 모두 성취되고,
> 얻는 복덕은 한량없고 가없으며,
> 미혹의 고통 바다에서
> 중생을 건져내어 생사를 멀리 여의고,
> 아미타불의 극락세계에 가서 나게 되리라.

   경전을 수지, 독송, 서사, 해설하면 서원을 성취할 수 있다고 하셨

습니다. 보리심을 내어 깨달음을 얻고 보살행을 실현하겠다는 큰 서
원은 바로 『화엄경』을 읽고 외워서 믿고 지니는 것으로 더욱 굳건해
질 것입니다.


## 初發心時便正覺
초 발 심 시 변 정 각

보리심을 내는 첫 마음 그대로가 깨달음을 성취하게 되는 것입니
다. 깊은 믿음으로 보리심을 내면 마치 야무진 씨앗 하나에 뿌리와 줄
기와 잎과 열매가 완전히 있는 것과 같은 이치입니다. 간절하면 진실
해지고 진실이 사무치면 보리심을 일으키게 됩니다. 보리심은 깨달음
과 상응하여 시작과 끝이 둘이 아니게 됩니다. 깨달음의 세계란 따로
있는 것이 아니고 내가 서 있는 지금 여기입니다. 모든 불보살님이 법
신, 보신, 화신으로 시공간을 초월하여 상주해 있기 때문이며, 나 또
한 보살행의 주인공이기 때문입니다. 『화엄경』은 보현보살의 '십행
원'으로 귀결됩니다. 모든 수행과 선근 공덕을 회향하는 것입니다. 십
행원은 다음과 같습니다.


- 예경제불원禮敬諸佛願 : 과거 · 현재 · 미래에 거쳐 이
  세계에 두루 계시는 모든 부처님께 예를 표하고
  공경하겠다는 서원
- 칭찬여래원稱讚如來願 : 지고한 부처님께 간절한 마

음과 지극한 정성으로 최상의 영광과 찬양을 올리
겠다는 서원

• 광수공양원廣修供養願 : 모든 부처님께 두루 공양함
은 물론 진리를 펴고 올곧은 수행을 하며 중생을
이롭게 하는 공양을 널리 닦아나가겠다는 서원

• 참제업장원懺除業障願 : 탐욕과 질투, 그리고 어리석
음으로 인해 자신이 지은 잘못을 뉘우치고 용서를
구하겠다는 서원

• 수희공덕원隨喜功德願 : 항상 불보살과 이웃이 지은
공덕에 감사를 표하며 기뻐하겠다는 서원

• 청불세주원請佛世住願 : 불보살님이 열반에 드시지
말고 항상 이 세계에 머물러 계시기를 간청하는
서원

• 청전법륜원請轉法輪願 : 진리의 수레바퀴가 이 세상
에서 언제나 굴러갈 수 있기를 청하는 서원

• 상수불학원常修佛學願 : 항상 치열한 각오로 불도를
닦겠다는 서원

• 항순중생원恒順衆生願 : 언제나 모든 중생의 바람을
보살펴 섬기기를 부모님이나 스승, 부처님 모시듯
하겠다는 서원

• 보개회향원普皆廻向願 : 모든 공덕을 이웃에게 베풀
기 위해 중생의 세계로 되돌아오겠다는 서원

안 좌 여 시 국 토 해
安坐如是國土海

시 명 비 로 자 나 불
是名毘盧遮那佛

『화엄경』을 수지하면 우리는 중생이 아니라 곧바로 비로자나 부처님과 다름이 없게 됩니다. 40권본 『화엄경』의 마지막 게송은 다음과 같습니다.

아차보현수승행　我此普賢殊勝行
무변승복개회향　無邊勝福皆回向
보원침익제중생　普願沈溺諸衆生
속왕무량광불찰　速往無量光佛刹

바라건대 보현보살 거룩한 행의
그지없는 훌륭한 복 회향하여서
삼계 고해 빠져 있는 모든 중생
아미타불 극락세계 어서 가소서.

부처님이 거룩한 여러 보살과 함께 이 헤아릴 수 없는 해탈 경계의 훌륭한 법문을 연설하실 때에 문수보살을 상수로 한 여러 보살들과 그들이 성숙한 육천 비구, 미륵보살을 상수로 한 현겁의 모든 보살, 보현보살을 상수로 한 일생보처로서 관정의 지위에 있는 모든 보살, 시방의 여러 세계에서 모여 온 모든 세계의 티끌 수 같은 모든 보살, 사리불·목건련을 상수로 한 모든 성문, 천상·인간의 모든 세간 차지, 하늘·용왕·야차·건달바·아수라·가루라·긴나라·마후라가, 그리고 사람인 듯 아닌 듯한 모든 대중이 부처님의 말씀을 듣고 모두 즐거워서 믿어 받고 받들어 행하였다고 하는 것으로 『화엄경』은 끝을 맺습니다.

부록

화엄경
약찬게 전문

대방광불화엄경 용수보살약찬게

# 大方廣佛華嚴經 龍樹菩薩略纂偈

나무화장세계해
南無華藏世界海

비로자나진법신
毘盧遮那眞法身

현재설법노사나
現在說法盧舍那

석가모니제여래
釋迦牟尼諸如來

과거현재미래세
過去現在未來世

시방일체제대성
十方一切諸大聖

근본화엄전법륜
根本華嚴轉法輪

해인삼매세력고
海印三昧勢力故

보현보살제대중
普賢菩薩諸大衆

집금강신신중신
執金剛神身衆神

족행신중도량신
足行神衆道場神

주성신중주지신
主城神衆主地神

326

주산신중주림신<br>
主山神衆主林神

주약신중주가신<br>
主藥神衆主稼神

주하신중주해신<br>
主河神衆主海神

주수신중주화신<br>
主水神衆主火神

주풍신중주공신<br>
主風神衆主空神

주방신중주야신<br>
主方神衆主夜神

주주신중아수라<br>
主晝神衆阿修羅

가루라왕긴나라<br>
迦樓羅王緊那羅

마후라가야차왕<br>
摩睺羅伽夜叉王

제대용왕구반다<br>
諸大龍王鳩槃茶

건달바왕월천자<br>
乾闥婆王月天子

일천자중도리천<br>
日天子衆忉利天

야마천왕도솔천<br>
夜摩天王兜率天

화락천왕타화천<br>
化樂天王他化天

대범천왕광음천<br>
大梵天王光音天

변정천왕광과천<br>
遍淨天王廣果天

대자재왕불가설<br>
大自在王不可說

보현문수대보살<br>
普賢文殊大菩薩

법혜공덕금강당<br>
法慧功德金剛幢

금강장급금강혜<br>
金剛藏及金剛慧

광염당급수미당<br>
光焰幢及修彌幢

대덕성문사리자<br>
大德聲聞舍利子

급여비구해각등  
及與比丘海覺等

우바새장우바이  
優婆塞長優婆夷

선재동자동남녀  
善財童子童男女

기수무량불가설  
其數無量不可說

선재동자선지식  
善財童子善知識

문수사리최제일  
文殊舍利最第一

덕운해운선주승  
德雲海雲善住僧

미가해탈여해당  
彌伽解脫與海幢

휴사비목구사선  
休舍毘目瞿沙仙

승열바라자행녀  
勝熱婆羅慈行女

선견자재주동자  
善見自在主童子

구족우바명지사  
具足優婆明智士

법보계장여보안  
法寶髻長與普眼

무염족왕대광왕  
無厭足王大光王

부동우바변행외  
不動優婆遍行外

우바라화장자인  
優婆羅華長者人

바시라선무상승  
婆施羅船無上勝

사자빈신바수밀  
獅子嚬伸婆須蜜

비슬지라거사인  
毘瑟祇羅居士人

관자재존여정취  
觀自在尊與正趣

대천안주주지신  
大天安住主地神

바산바연주야신  
婆珊婆演主夜神

보덕정광주야신　　　　　희목관찰중생신
普德淨光主夜神　　　　　喜目觀察衆生神

보구중생묘덕신　　　　　적정음해주야신
普救衆生妙德神　　　　　寂靜音海主夜神

수호일체주야신　　　　　개부수화주야신
守護一切主夜神　　　　　開敷樹華主夜神

대원정진력구호　　　　　묘덕원만구바녀
大願精進力救護　　　　　妙德圓滿瞿婆女

마야부인천주광　　　　　변우동자중예각
摩耶夫人天主光　　　　　遍友童子衆藝覺

현승견고해탈장　　　　　묘월장자무승군
賢勝堅固解脫長　　　　　妙月長者無勝軍

최적정바라문자　　　　　덕생동자유덕녀
最寂靜婆羅門者　　　　　德生童子有德女

미륵보살문수등　　　　　보현보살미진중
彌勒菩薩文殊等　　　　　普賢菩薩微塵衆

어차법회운집래　　　　　상수비로자나불
於此法會雲集來　　　　　常隨毘盧遮那佛

어연화장세계해　　　　　조화장엄대법륜
於蓮華藏世界海　　　　　造化莊嚴大法輪

시방허공제세계　　　　　역부여시상설법
十方虛空諸世界　　　　　亦復如是常說法

육 육 육 사 급 여 삼
六六六四及與三

일 십 일 일 역 부 일
一十一一亦復一

세 주 묘 엄 여 래 상
世主妙嚴如來相

보 현 삼 매 세 계 성
普賢三昧世界成

화 장 세 계 노 사 나
華藏世界盧舍那

여 래 명 호 사 성 제
如來名號四聖諦

광 명 각 품 문 명 품
光明覺品問明品

정 행 현 수 수 미 정
淨行賢首須彌頂

수 미 정 상 게 찬 품
須彌頂上偈讚品

보 살 십 주 범 행 품
菩薩十住梵行品

발 심 공 덕 명 법 품
發心功德明法品

불 승 야 마 천 궁 품
佛昇夜摩天宮品

야 마 천 궁 게 찬 품
夜摩天宮偈讚品

십 행 품 여 무 진 장
十行品與無盡藏

불 승 도 솔 천 궁 품
佛昇兜率天宮品

도 솔 천 궁 게 찬 품
兜率天宮偈讚品

십 회 향 급 십 지 품
十回向及十地品

십 정 십 통 십 인 품
十定十通十忍品

아 승 지 품 여 수 량
阿僧祇品與壽量

보 살 주 처 불 부 사
菩薩住處佛不思

여 래 십 신 상 해 품
如來十身相海品

여 래 수 호 공 덕 품
如來隨好功德品

보현행급여래출
普賢行及如來出

이세간품입법계
離世間品入法界

시위십만게송경
是爲十萬偈頌經

삼십구품원만교
三十九品圓滿教

풍송차경신수지
諷誦此經信受持

초발심시변정각
初發心時便正覺

안좌여시국토해
安坐如是國土海

시명비로자나불
是名毘盧遮那佛

# 월호 스님의 화엄경 약찬게 강설

초판 1쇄 펴냄  2016년 2월 29일
초판 5쇄 펴냄  2025년 2월 1일

강   설    월호
발 행 인    원명
대    표    남배현
펴 낸 곳    (주)조계종출판사

출판등록    제300-2007-78호(2007.04.27.)
주    소    서울시 종로구 삼봉로 81 두산위브파빌리온 1308호
전    화    02-720-6107
팩    스    02-733-6708
홈페이지    www.jbbook.co.kr

ⓒ 월호, 2016
ISBN 979-11-5580-070-6 03220

조계종 출판사 지혜와 자비의 눈으로 세상을 바라봅니다.